中国古代名将

陈 娇 编著

中国商业出版社

图书在版编目（CIP）数据

中国古代名将／陈娇编著. -- 北京：中国商业出
版社，2015.5

ISBN 978 - 7 - 5044 - 8524 - 3

Ⅰ. ①中… Ⅱ. ①陈… Ⅲ. ①军事人物 - 生平事迹 -
中国 - 古代 Ⅳ. ①K825.2

中国版本图书馆 CIP 数据核字（2015）第 117128 号

责任编辑：王彦

中国商业出版社出版发行

010 - 63180647　　www.c-cbook.com

（100053 北京广安门内报国寺 1 号）

新华书店总店北京发行所经销

北京飞达印刷有限责任公司

＊

710×1000 毫米　16 开　12.5 印张　200 千字

2015 年 8 月第 1 版　2015 年 8 月第 1 次印刷

定价：25.00 元

＊　　＊　　＊　　＊

（如有印装质量问题可更换）

《中国传统民俗文化》编委

序　言

　　中国是举世闻名的文明古国,在漫长的历史发展过程中,勤劳智慧的中国人,创造了丰富多彩、绚丽多姿的文化,可以说人创造了文化,文化创造了人,这些经过锤炼和沉淀的古代传统文化,凝聚着华夏各族人民的性格、精神、智慧,是中华民族相互认同的标志和纽带。在人类文化的百花园中摇曳生姿,展现着自己独特的风采,对人类文化的多样性发展做出了巨大贡献。中国传统民俗文化内容广博,风格独特,深深地吸引着世界人民的眼光。

　　正因如此,我们必须深入学习贯彻十八届三中全会精神,按照中央的规定,加强文化建设。2006 年 5 月,时任浙江省委书记的习近平同志就已提出:"文化通过传承为社会进步发挥基础作用,文化会促进或制约经济乃至整个社会的发展。"又说:"文化的力量最终可以转化为物质的力量,文化的软实力最终可以转化为经济的硬实力"(《浙江文化研究工程成果文库总序》)。今年他去山东考察时,又再次强调:中华民族伟大复兴,需要以中华文化发展繁荣为条件。

　　学习习近平同志的重要讲话,确可体会到,在政治、经济、军事、社会和自然要素之中,文化是协调各个要素协同发展、相关耦合的关健。正因为此,我们应该对华夏民族文化进行广阔、全面的检视。我们应该唤醒我们民族的集体记忆,复兴我们民族的伟大精神,发展和繁荣中华民族的优秀文化,为我们民族在强国之路上阔步前行创设先决条件。

实现民族文化的复兴，更必须传承中华文化的优秀传统。现代中国人，特别是年轻人，对传统文化十分感兴趣，蕴含感情。但当下也有人对具体典籍、历史事实不甚了解，比如说，中国是书法大国，谈起书法，有些人或许只知道些书法大家如王羲之、柳公权等等的名字，知道《兰亭集序》是千古书法珍品，仅此而已。再比如说，我们都知道中国是闻名于世的瓷器大国，中国的瓷器令西方人叹为观止，中国也因此而获得了"瓷器之国"（英语 china 的另一义即为瓷器）的美誉。然而关于瓷器的由来、形制的演变、纹饰的演化、烧制等等瓷器文化的内涵，就知之甚少了。中国还是武术大国，然而国人的武术知识，或许更多地来源于一部部精彩的武侠影视作品，对于真正的武术文化，我们也难以窥其堂奥了。我们还是崇尚玉文化的国度，我们的祖先，发现了这种"温润而有光泽的美石"，并赋予了这种冰冷的自然物以鲜活的生命力和文化性格，例如"君子当温润如玉"、女子应"冰清玉洁"、"守身如玉"；"玉有五德"，即"仁"、"义"、"智"、"勇"、"洁"，等等。今天，熟悉这些玉文化的内涵的国人，也为数不多了。

也许正有鉴于此，有忧于此，近年来，已有不少有志之士，开始了复兴中国传统文化的努力，读经热开始风靡海峡两岸，不少孩童乃至成人，开始重拾经典，在故纸旧书中品味古人的智慧，发现古文化历久弥新的魅力。电视讲坛里一波又一波对古文化的讲述，也吸引着数以万计的人们，重新审视古文化的价值。现在放在读者眼前的这套"中国传统民俗文化丛书"，也是这一努力的又一体现。我们现在确应注重研究成果的学术价值和应用价值，充分发挥其认识世界、传承文化、创新理论、咨政育人的重要作用。

中国的传统文化内容博大，体系庞杂，该如何下手，如何呈现？这套丛书处理得可谓系统性强，别具心思。编者分别按物质文化、制度文化、精神文化等方面来分门别类地进行组织编写，例如在物质文化的层面，就有中国古代纺织、中国古代酒具、中国古代农具、中国古代青铜器、中国古代钱币、中国古代石刻、中国古代木雕、中国古代建筑、中国古代砖瓦、中国古代玉器、中国古代陶器、中国古代漆器、中国古代桥梁等等。

在精神文化的层面，就有中国古代书法、中国古代绘画、中国古代音乐、中国古代艺术、中国古代篆刻、中国古代家训、中国古代戏曲、中国古代版画等等；在制度文化的层面，就有中国古代科举、中国古代官制、中国古代教育、中国古代军队、中国古代法律等等。

此外，在历史的发展长河中，中国各行各业还涌现出一大批杰出的人物，至今闪耀着夺目的光辉，启迪后人，示范来者，对此，这套丛书也给予了应有的重视，中国古代名将、中国古代名相、中国古代名帝、中国古代文人、中国古代高僧等等，就是这方面的体现。

生活在 21 世纪的我们，或许对古人的生活颇感好奇，他们的吃穿住用如何？他们如何过节？如何安排婚丧嫁娶？如何交通？孩子如何玩耍？等等。这些饶有兴趣的内容，这套中国传统民俗文化丛书，都有所涉猎，例如中国古代婚姻、中国古代丧葬、中国古代节日、中国古代风俗、中国古代礼仪、中国古代饮食、中国古代交通、中国古代家具、中国古代玩具、中国古代鞋帽等等，这些书籍介绍的，都是人们深感兴趣，平时却无从知晓的内容。

在经济生活的层面，这套丛书安排了中国古代农业、中国古代纺织、中国古代经济、中国古代贸易、中国古代水利、中国古代车马、中国古代赋税等等内容，足以勾勒出古人经济生活的主要内容，让今人得以窥见自己祖先曾经的经济生活情状。

在物质遗存方面，这套丛书则选择了中国古镇、中国古楼、中国古寺、中国古陵墓、中国古塔、中国古战场、中国古村落、中国古街、中国古代宫殿、中国古代城墙、中国古关等内容。相信读罢这些书，喜欢中国古代物质遗存的读者，已经能大致掌握这一领域的大多数知识了。

除了上述内容外，其实还有很多难以归类却饶有兴趣的内容，例如中国古代的乞丐这样的社会史内容，也许有助于我们深入了解这些古代社会底层民众的真实生活情状，走出武侠小说家们加诸他们身上的虚幻不实的丐帮色彩，还原他们的本来面目，加深我们对历史真实的了解。继承和发扬中华民族几千年创造的的优秀文化和民族精神是我们责无旁贷的历史责任。

不难看出,单就内容所涵盖的范围广度来说,有物质遗产,有非物质遗产,还有国粹。这套丛书无疑当得起"中国传统文化的百科全书"的美誉了。这套书还邀约了大批相关的专家、教授参与并指导了稿件的编写工作。应当指出的是,这套书在写作中,既钩稽、爬梳大量古代文化文献典籍,又参照近人与今人的研究成果,将宏观把握与微观考察相结合。在论述、阐释中,既注意重点突出,又着重于论证层次清晰,从多角度、多层面对文化现象与发展加以考察。这套丛书的出版,有助于我们走进古人的世界,了解他们的美好生活,去回望我们来时的路。学史使人明智。历史的回眸,有助于我们汲取古人的智慧,借历史的明灯,照亮未来的路,为我们中华民族的伟大崛起添砖加瓦。

　　是为序。

傅璇琮

2014 年 2 月 8 日

前 言

　　"江山代有人才出，各领风骚数百年，"每个时代都必然会出现属于这个时代的军事家。

　　世界著名军事家拿破仑曾经说过："每一个士兵的背囊里都有一根元帅杖。"细细地品味这句名言，它告诉我们：每一位将帅都不是天生的，都是从士兵或基层军官成长起来的；同时，任何一个士兵，都有可能通过自己的努力而一步步地获得晋升。

　　历数古今中外的著名将帅或军事家，吕望、曹刿、孙武、吴起、田忌、孙膑、韩信、李广、曹操、诸葛亮、周瑜、祖逖、拓跋焘、李世民、李存勖、狄青、岳飞、成吉思汗、朱元璋、戚继光、努尔哈赤、郑成功，等等，这些灿若星辰的军事翘楚，又有哪一位天生就是将帅或军事家的呢？不论他们是出身官宦商贾之家，还是出身布衣贫民之室；也不论他们曾受训于著名的军事院校，还是博古通今自学成才；更不论他们是文官，还是武将或是文武兼备，他们都共同地经受了一定的军事理论和相关知识的熏陶，特别是经历了战争或军事实践的锤炼，于是才有了一个由低级军阶到高级军阶的发展进步历程。他们的高度军事智慧，至今仍然启示和引导着人们运用计谋去克服困难，战胜敌人，从而达到预期的目的。特别应当指出的是，这些名将中的大多数人都具有一种崇高的爱国主义精神。这种精神激励着一代又一代中华儿女不畏强权，不甘屈辱，为维护国家民族的独立和尊严而英勇奋斗；鼓舞着那些为国为民的军人们不管敌人如何强大，不论环境如何险恶，都勇于置个人身家性命于度外，为国家民族利益而奋勇杀敌，建功立业。

中华民族是一个英雄辈出的民族，是一个尊崇英雄的民族。历史不是个别英雄人物创造的，但英雄人物在历史发展中的作用则是不可低估的。战争中，英雄人物在一定客观条件下更是一种起决定性作用的因素。没有英雄的战争，是蠢猪奔逐式的战争；没有英雄的时代，是灰暗的时代。人人学英雄，人人争做英雄，这是国家民族生机勃勃、创造新时代的奋斗目标。英雄虽不都是来自于战场，但战场毕竟是铸造英雄的最好熔炉。战争中英雄人物的英雄主义精神，不仅对从事战争的人们，而且对一切为创造社会物质文明和精神文明而奋斗的人们，都是非常宝贵的精神力量。

当然，本书中这些历史名将的爱国主义和英雄主义，同我们现如今的爱国主义和英雄主义有着很大不同；但二者又有许多相通之处，后者是前者的继承和发展。这种继承和发展了的爱国主义和英雄主义，对今天社会的发展，对国家民族的繁荣昌盛，对当代的物质和精神文明的建设，都会产生巨大的作用。

目录

第一章 中国古代名将概述

第二章 先秦与秦汉时期的名将

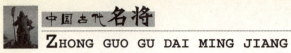

第三章　魏晋南北朝的名将

第四章　隋唐五代时期的名将

第五章　宋元时期的名将

第六章　明清时期的名将

第一章

中国古代名将概述

　　在中国的古代历史中,进行了无数次大大小小的战争,其中不乏以少胜多、以弱胜强的精彩战役。而它们的谛造者,诸如孙武、周瑜、李靖等,都是古往今来,罕世匹敌的伟大军事家,它们都是百年一遇的军事奇才。而这些人之所以能在百万人中出类拔萃,与其自身的素质是分不开的。

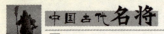

第一节
将帅的产生

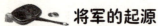
将军的起源

"将军"，作为军队高级指挥员的专用职称，早已为人们所熟悉。我国古代就有职掌统兵征战大权的大将军，有担负临时出征任务的扬威将军、靖难将军，还有作为荣誉称号的虎威将军、骁骑将军，等等。

从一些描写战争和军事人物的史书、传记中便可窥见，"将军"一称亦早已被采用。被恩格斯誉为"在军队组织编制方面具有丰富而确实史料的第一批军队"的雅典军队，即由人民选举将军 10 人，组成"十将军委员会"，负责征召和建立军队。可见，"将军"这一职称，无论中外，都是古已有之。

我国氏族制度的解体与建立国家的萌芽是从公元前 21 世纪的夏朝开始的。夏朝时已经有了战争，并建立起了阶级武装，即所谓"谋用是作，而兵由此起"。但当时还没有专职的武官，自然也就没有将军。

商朝创建了比较完整的国家机构，各种官职也已设立。但从卜辞和铭文中看到的武官官职，还只有"射"和"戍"，即管理射手的武官和管理奴隶戍守、征伐的武官。

西周灭商后，沿袭了商朝的制度，并加以充实。在军事上，周王拥有最高指挥权，并直接控制最主要的武装力量——六军。所设置的武官——司马，只负责管理军政和军赋，当时还没有将军一职。

史书证明，春秋中期的晋国已出现了分别统率一支军队，即所谓"将中军"、"将上军"和"将下军"的高级武官，被称作"军将"（其中中军主将统管三军，又称"元帅"），以后逐渐演变成了"将军"这一固定称号。这在春秋末期各国的设官中可以找到许多例证。例如：狐夜姑在晋为将军；孙武在吴为将军；子重、子常、屈完在楚为将军；司马穰苴在齐为将军；詹伯在郑为将军；慎子在鲁为将军；子文在卫为将军，等等。兵法《孙子》中十分重视将军的地位和作用，认为一个具备"智、信、仁、勇、严"的将军，是"民之司命，国家安危之主也"。可见，"将军"的产生在军制史上是一件大事。

"将军"的产生，如同军制建设上任何一项改革的出现一样，都不是个人意志的结果，而是一定历史条件、特别是阶级斗争形势和战争实践中发展的产物。随着这种发展不断地注意改革军制，对于赢得战争的胜利是有很大意义的。

将帅的选拔

选将用人，必须真正做到任人唯贤，避免任人唯亲。那么，古代选将是如何做到这一点呢？

一是唯才是举。《武经总要·卷一·选将》中说："择将之道，唯审其才之可用也，不以远而遗，不以贱而弃，不以诈而疏，不以罪而废。"明代文士丘也说过相同的话："欲得良将而用之，必不以远而遗，不以贱而弃，不以仇而疏，不以罪而废"。意思是说，选将不能论地位、论出身、论亲疏、论以往的过失，而是用人唯贤，唯才是举。这一点，古代兵家意见比较一致，而且历史上有很多典型的例子。

西汉开国之君刘邦在夺取天下的过程中，不看出身，不计经历，所用的大将多半出身微贱。如周勃是吹鼓手、樊哙是屠夫、灌婴是布贩子、黥布是个刑徒。特别值得一提的是韩信。他曾家贫如洗，靠乞讨度日，起先投入项羽军中，只当了个低级军官。再次投入到刘邦军中，也只当了个管理粮草的治粟都尉，于是弃官而去。可是，刘邦的谋士萧何在与韩信的接触中，得知韩信是个了不起的将才，于是将韩信追回。将这个曾为项羽服务如今又是"逃兵"的韩信，再次推荐给刘邦。刘邦终于看上了这位"国士无双"的将才，于是接受萧何的建议，"择良日，斋戒，设坛场工具礼"，以最隆重的礼节拜韩信为大将，统率全军。韩信果然在楚汉相争中"战必胜，攻必取"，立下赫赫战功，与张良、萧何并列为帮助刘邦建立汉朝的三位人杰。

三国时期的曹操，其之所以能扫平群雄，威震天下，善于选择将才是主要因素之一。史称曹操"知人善察，难眩以伪，拔于禁、乐进于行阵之间，取张辽、徐晃于亡虏之内，皆佐命立功，列为名将。其余拔出细微，登为牧守者，不可胜数。"（《三国志·魏书·武帝纪》）他四次下求贤令，提出了

曹操雕像

"唯才是举"、"举贤勿拘细行"的口号，要求大家举荐"负污辱之名，见笑之行，或不仁不孝而有治国用兵之术"的人才。用现在的眼光，曹操选拔将佐时似乎更偏重于才能，而轻视其德行。这个说法还有待于研究。但曹操求"才"若渴，唯才是举的思想，是非常具有借鉴意义的。

古代兵家选将在重视"唯才是举"原则的同时，也是比较注重德行的。例如明朝的抗倭将军，著名军事家戚继光在论将选将时，是相当重视道德、品行的。他说："才艺之类，必有不二之心，庶成其才，苟有人焉，以不二之心，发于事业，昼夜在公，即有一尺之才，必尽一尺之用。至于多才之徒，或巧为身谋，或明习祸福，用之自私，虽良平之智，孔明之术，我何所赖？"（《练兵实纪·储练通论》）所谓"不二之心"，即忠心耿耿，亦即将帅道德品行的核心。在戚继光看来，有了忠心，有一尺之才能尽一尺之用，如果没有忠心，才能只会为私利服务，纵然有张良、陈平、诸葛亮的本事，也丝毫不值得信赖。当然，他选将重德是力求在选拔出具有"卫国保民"之德的部将的同时，对于将帅的才能也有很高的要求。他是主张坚持唯才是举时，必须从将德、将心、将才这三个方面整体考察、选用和培养。

二是量才录用。古代兵家选将，强调应估量将帅才能大小，能力类型，恰当地选拔选用，以便达到人尽其才，才尽其用。

《武经总要》上说："兵家用人，贵随其长短用之……精锐者使斗，果敢者使攻，沉毅而性执者使处险阻，智而善断者可使与谋，轻健者使诱敌，刚愎者使当锋，利口者使用间。"这里讲了区分并按照精锐者、果敢者、智而善断者等七种不同的人才，采用不同的使用方法委派他们执行不同的任务。这里讲的是依据将帅才能的类型来录用。另外，量才录用，兵家们还讲到应依据将帅才能的层次，即能力大小来选拔使用。说得通俗一点，就是大才大用，小才小用，避免大才小用浪费人才或小才大用力不胜任。前面讲到的诸葛亮，在《将苑·将器》中把将分为"十夫之将"、"百夫之将"、"千夫之将"、"万夫之将"、"十万夫之将"以及"天下之将"六种层次，就体现了依据将才层次合理使用的思想。

三是扬长避短。唐代权德舆在他的文集《权文公集》中说："人之才行，自昔罕全，苟有所长，必有所短。若录长补短，则天下无不用之人；责短舍长，则天下无不弃之士。"还有前面说的，《武经总要》强调"兵家用人，贵随其长短用之"。这"随其长短用之"的主张，以及依据将才的不同类型确定不同使用方法的思想，其实就是一种扬长避短的原则。早在战国时期，子思就提出了用人须"取其所长、弃其所短"的思想，《资治通鉴》卷一记载了这件事：公元前378年，子思向卫侯推荐苟变，子思说苟变的军事才能可以统帅37500人的军队。可是卫侯却说："我知道他是个将才，但他在向老百姓征收田赋时，曾经白白吃过人家两个鸡蛋，所以不能用他为将。"子思针对卫侯这种思想，谈了下面一段话："圣明的君主用人，好比用木料，取其所长，弃其所短。合抱粗的大树，虽说烂了几尺，但好木匠决不会因此而把它丢掉。现在，你处在战争纷起的年代，选择勇猛的战士，怎么能因为两个鸡蛋而丢弃一员捍卫社稷的大将呢。"子思的一番话说服了卫侯，他恭敬地接受子思的意见。

扬长避短的原则是要求选将用人时，不在求其人为"完人"。吴起"杀妻求将"亦为魏侯所用，也是著名事例。吴起不愧为我国古代的一流名将，他本是卫国人，38岁到鲁国供职，不得重用，后又投奔到魏国来。魏文侯问大臣李克："吴起是怎样一个人？"李克说："吴起官瘾大而且好色"。魏文侯又说："听说他母亲死后不葬，为求官还杀掉了自己的妻子？"李克说："别的不敢说但是，吴起领兵打仗，就是兵家司马穰苴也超过不了他"。最后，魏文侯还是拜吴起为将。在魏国，吴起镇守黄河以西的边关，使秦、韩多年不敢进犯。不管吴起有无"不葬母"、"杀妻求将"的事，但在已有传闻的情况下，魏文侯敢于用其所长，确实要有一番胆量。

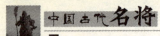

国君或中央政府如何用将的问题，是一件十分重要的大事。这其中也包括主将如何使用偏将、裨将的问题。我国古代兵家历来认为，当将领选定之后，必须讲究"用将之道"。用将之道的关键有二：一是付以重任，授予军事指挥的全权；二是严格要求，厉行赏罚。"兵权贵一"的观点，就是说，指挥权要统一集中。如果指挥权分散，令出多门，即使优势之军，善战之将，也难免失利。军队的作战要求高度集中统一的指挥，小部队作战如此，大部队作战更是如此。许多军事家和军事评论家，常常以这一战例为戒，告诉人们："兵无将则乱，将无帅则争"。"兵权贵一"这个军事原则，对于赢得战争的胜利是很有价值的。

当然，这并不意味着提倡专制独断，一意孤行。许多古人在用兵中不但重视兵权的统一，也很注意集思广益。所谓"经武之略，在于贵谋，济众之方，本乎从善"，就是这个意思。对于将帅要授以实权，充分发挥其临战指挥的能动性，这是用将的一个方面。另一方面，对将领又要有严格的要求，使之成为全军军风的体现者。《尉缭子·重刑令》认为，凡是统兵千人以上的将领，都身负着国家的重托，如果临阵退逃，就应宣布为"国贼"，给以最严厉的刑罚。凡有作为的国君，都应当"明制度于前，重威刑于后"，对各级将领提出明确的要求，违反者就加以重刑。

将帅对士卒的选拔

自有"兵民之分"以来，凡有见识的将帅大都十分重视对军队士卒的选拔。他们认为："选士而无去取，是驱市人而战也。有去取而无分别，则车辕、舟桨违用而不可致远"。这就是说，招兵而无选择取舍，等于是驱乌合之众去作战；有取舍而不能按情况合理编排，则战车、战船必不能远行。"就像人参、茯苓、草乌、附子都是有用的药材，若无取舍，甚至误用，会让人丧生。所以，招兵首先应重视选择取舍，其次是编伍成军。正如著名军事家戚继光在《纪效新书》的《束伍》篇中说的："兵之贵选，尚矣……将有章程，兵有额数，饷有限给，其法惟精。"那么，我国古代军队是如何对士卒进行选取的呢？

1. 选取标准

历朝历代，选取士卒的具体标准不尽一致，但又有其相同的地方，概括起来主要是两个方面：一是重视体质、膂力；二是"必胆为主"。

秦陵兵马俑

体质、膂力。春秋以前，几乎是"全民皆兵"，即够称得上"民"者都有参军作战的义务。其中免征的只限于爵高位显的、德行高尚的、才能出众的、执行公务的、年事已高的、残废有病的，所以选拔并不十分严格。到了战国时期，战争规模扩大，时间延续，且有了常备军，因此对士卒体质及战术技术的要求大为提高，各国也普遍提高了对士卒的选拔标准。据《荀子·议兵》记述，当时齐国选拔步兵是重拳术技巧，魏国军队重视士卒的耐力和行军速度。对车兵的要求是：年龄在 40 岁以下，身高在 173 公分以上，能追逐奔马，在战车急驰中能从车的各个方向张弓射箭，御手（驭手）则要经过四年训练，达到熟练操纵战车的程度。骑兵的标准更高：年龄在 40 岁以下，身高 173 厘米以上，身强力壮，反应灵敏，能在乘马急驰中张弓射箭，前后左右都能周旋进退自如，敢于冲击敌阵，破坏敌人战斗队形。这些规定，已经得到了秦陵兵马俑坑中骑兵俑的证实，其骑兵的高度、体型、神态，完全与之相似。以后各代选取士卒，体质、膂力、技艺等，始终是重要条件。

"必胆为主"。选拔士卒注意精神状态，"必以胆为主"，也是大多数有实战经验和长于治军者的共同主张。何良臣在《阵纪》卷一中说："最喜欢诚实，独忌游闲；不在武技勇伟，而在胆气精神；宜于乡落田农，深畏井市狡猎……首取精神胆气，次取膂力便捷。"为何要"首取精神胆气"？他认为：
"伶俐而无胆者，临敌必自利；有艺而无胆者，临敌忘其技；（身体）伟大而
无胆者，临敌必累赘；有力而无胆者，临敌必先怯；俱败之道也。"这一段论
述，可算是把"胆"之必要，以及体、艺、力与胆的关系说得淋漓尽致了。
既然主张"必胆为主"、"首取精神"。那么哪些人合适？哪些人需慎重选取
呢？戚继光说："第一切忌，不可用城市游滑之人"；"第一可用，只是乡野老
实之人"。他认为乡野老实之人者，黑大粗壮，手脚舒长，皮肉坚实，有土作
之色。《江南经略》卷一中也说："凡选兵之法，市井游滑之人不可用，花枪花
刀之艺不可用，偏见执拗者不可用，好为高论者不可用，懦弱胆小者不可用，
衙门积年放刁玩法之人不可用。"意思是，当取"有精神貌类朴实，身体便捷，
手足舒长，知畏官府稍有福气而年又在三十上下者。至于武艺，则可学而成
之，临选之时不可以此为主"。当然，这种完全以地域、职业划分人等优劣的
看法有失偏颇，但其重胆气、重精神的主张，却能代表大多数军事家的看法。

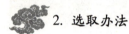

2. 选取办法

古代选取士卒，一般采用以下几种办法。

一是靠"目测"和量身高之类进行体检。如汉代规定士卒的身高标准不
能低于六尺二寸，合今 155 厘米。宋代也曾规定征兵的身高标准为五尺二寸
至五尺六寸，合今 162—181 厘米。选取中央禁军更为严格，最看重"琵琶
腿、车轴身"的壮健者。欧阳修说："州郡官吏以尺度测量民之高低，而且试
验其壮健情况，合格者即应招为禁军；不够标准尺度而且身体瘦弱者，编籍
以为厢兵。"金代选兵最看重弓弩手，其身高标准是六尺，合今 187 公分，而
且，还要"能踏弩三石，铺张、解索、登踏、闲习，射六箭皆上垛，内二箭
中贴者"方能入选。

二是在招募时进行考核，合格者方能入选。早在战国之时，魏国招募"武
卒"就有如下考试科目："在穿三层衣甲，操张力十二石的弓弩，负服矢五十
个，肩扛戈矛，腰佩长剑，背负三日干粮的情况下，能一天走一百里路。"中试
者，方能取之。据大唐卫公李靖兵法说，诸兵士战将身貌眶，弱不胜衣甲又戎
具所施，理须坚劲，须简取强兵，并令试练器杖。兵须胜举衣甲器杖，须彻札
陷坚，须取甲试令研射，然后取中。也是讲士卒是要着衣甲、执刀枪，上战场
厮杀，听从号令的，身体瘦弱者力不胜任，故而要现场操练试验，中试者取之。

三是当即注册隶籍。古代军队，在征兵、募兵中，一经面试考试合格，立

即登记注册，编入军中。按照戚继光的说法："编立队伍，记年貌贯址之法，必在选时一日内了当，若待次日，则我所选中之人又更换一半矣。"为什么呢？凭他的带兵经验，这是因为，来参加应选招兵的乡民，并不清楚军队中的纪律、法度，往往是听别人的传闻，生发了投兵的念头，选拔时恨不得立即入选，生怕落选。而一旦真正选中入军，眼见军队严格的纪律将要临头，或者担心以后的生死祸福，便又会萌发反悔之心，于是就要回家去了。这个时候，他刚刚入选，未受到纪律约束，又未得到钱粮军饷，无所畏惧、牵挂，说走真会走掉的。真要是这样，则会今天选，明天换，到哪一天才能选够定额！所以，有效的办法是：选中立即登记注册。选拔场中，分成几个地方，分别用白牌写着"一号编营"在此，负责集合选中的对象；"二号记县分都图在此"，负责登记籍贯；"三号记年龄疤记在此"，负责登记入选者的年龄、相貌及身记特征；"四号记尺寸筋力在此"，负责登记入选者的身高、体力及技艺状况；"五号记居住地名填年月在此"，负责登记入选者现在住址地名及入伍年月；"六号登录文册在此"，负责汇总各种册表文书。同时又另择一块宝地，立一旗，标明候选人场地。各处都有专人负责领带，逐项完成。这样选中一个，就登记一个，登记一个就固定一个，他想换、想走，因已注册也就不可能了。

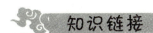

任仇人为帅

　　春秋时期的管仲，在辅助齐国的公子纠时，曾经想杀死公子纠的政敌公子小白。只因为箭中带钩，公子小白得以幸免，后来小白即位，他就是历史上赫赫有名的齐桓公。

　　齐桓公选拔人才时，接受了鲍叔牙的推荐，仍重用管仲，拜他为相。命其统率全国军队，屡战屡胜，使齐国成为当时诸侯国的霸主。齐桓公不计旧恶，重用管仲，鲍叔牙荐贤任能，乐意屈居其下，这成为了我国任人唯才的著名佳话。

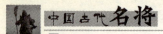

第二节
将帅的职责与基本素质

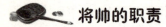 **将帅的职责**

著名军事家孙武说："夫将者，国之辅也，辅周则国必强，辅隙则国必弱。""知兵之将，生民之司命，国家安危之主也。"在这里，他把国家的命运、民众的安危与将帅直接相联系。将帅的地位、作用如此之重要，那么，他的职责是什么呢？具体说来，将帅的职责，有以下一些观点。

 1. 谋 "安国之道"

历代兵家，都认为兵者为"谋国"、"治国"、"经国"、"理国"、"立国"、"安国"之道。国家强盛安危，当然有着许多错综复杂的因素，但在不少情况下，是直接与将帅能否谋定安国之策有关的。历代兵家要求将帅谋"安国之道"，主要是强调要"决胜于庙堂"。

古时候，进行重大政治、军事决策时，都要在宗庙举行会仪，谋划大计，称之为"庙算"。古人强调"决胜于庙堂"的"庙算"，有两层意思：一是谋求"不战而屈人之兵"，获取"全胜"的战略"庙算"。兵家尉缭曾对如何取得战争胜利作过这样的分析，他认为：凡用兵有"道胜"、"威胜"、"力胜"三种情况。宣讲武事，分析敌情，设法造成敌人士气衰落而部队涣散，它虽然形式完整，却不能用来作战，这是"道胜"；加强完善武器装备，使士兵有果敢战斗的决心，这是"威胜"；攻破敌军杀其将帅，登上敌城发动机弩，击溃敌众夺取土地，然后胜利而归，这是"力胜"。他主张求"道胜"，以"不战而屈人之兵"。孙子也认为：百战百胜，不算最好的，不战而使敌人屈服，才算是好中之好的。二是"先计而后战"的战术庙算。早在春秋时期，管仲

庙堂是古代举行重大军事决策的场所

就说过："凡攻伐之为道也，计必先定于内，然后兵出于境。计未定于内而兵出于境，是则战之自败，攻则自毁也。"三国时期的军事家、政治家曹操也说："欲攻敌，先定谋。"宋代民族英雄岳飞从丰富的实践经验总结出："勇不足恃，用兵在先定谋。"如此等等，可以看出作战当"以计为先"，战前进行计算、谋划是将帅的重要职责。

 2. 治强盛之军

这里所指的"治强盛之军"，主要指未作战之时将帅对军队的管理、训练、教育而言。这是将帅最重要、最经常的职责和任务之一，为"治强盛之军"，对将帅提出了诸多要求，"知兵"、"和众"就是重要内容之一。"知兵"，就是要了解、熟悉自己的部队，做到"知兵善任"。兵家所言"知己知彼"中的"知己"，就是要求了解自己的部队，特别是了解自己下辖的各级将佐。《武经总要》上说：大将受领任务，必须首先估计部属的能力，知道他们胆力的勇怯、技能的精粗，使所用的人都恰如其分，这才是好将帅。《草庐经略·任贤》也说："谁谓任贤而非军中之首务也？天下贤才，自足供一代之用。不患世无人，而患不知人；不患不知人，而患知人而不能用。知而不善用之，与无人等。"可见古代十分重视"将识兵情，兵识将意"，力求"投之而往，如手之使指"。"和众"，古代也叫"得众"、"得士心"、"将士就力"。用今天的话说，就是要使军内各方面团结一心，和衷共济，生死与共，使军队与地方、与老百姓紧密合作，团结对敌。"和众"，在军队内部关系上，古代要求将帅要"诚信"，以"诚信"来团结全军将士。要"公平"，即赏罚、执法要公平，不能偏私。因为"将以民为本，而民以将为心。心诚则支体亲习，心疑则支体挠北（通败）。心不专一，则体不节动。将不诚心，则卒不勇敢。"

 ### 3. 决疆场之胜

战争爆发后，将帅的主要职责是指挥作战。作为古代将帅，凭着机智、果断、沉着、勇敢的指挥才能，凭着精湛，高超的竞技在战场上"折冲千里"，积小胜为大胜，积战斗的胜利为整个战争的胜利，则是责无旁贷的。因为，战争毕竟是力的较量，它要求将帅组织战役和战斗，直接指挥和带领部队在战场上守城攻坚、拚死厮杀。在冷兵器时代，除把将帅披坚执锐、身先士卒，拚死厮杀作为"决疆场之胜"的重要条件之外，也十分重视为将者"察情"、"任势"的智慧，十分强调"将在谋，不在勇"的道理。

"察情"，就是在临战之前迅速而准确地掌握有关的各种情况，做到"知彼知己"。这就包括对天时、地利、敌情、我情的考察与了解。

"任势"，就是要懂得利用有利形势，古代兵家强调"任势"，认为关键在于"乘势"和"造势"两点上。

宋代尹宾商总结前代兵法之精华。写出《兵罢》三十六字，其中关于"乘"、"捭"，讲的就是"乘势"问题。"乘"即利用，"捭"即分开，就是分析、辨别。尹宾商说："乘者，乘人之不及，攻其所不戒焉耳。""骄可乘，劳可乘，懈可乘，饥可乘，渴可乘，乱可乘，疑可乘，怖可乘，用可乘，险可乘，可乘者敌也，揣其可乘而乘之善制敌也。"他一口气举出了十种可"乘"之势。

同时，他又看到，战争双方相互保密。在战争的迷雾中，最难以捉模的是敌人的行动企图，真真假假，虚虚实实，使人眼花缭乱的现象给军事判断带来许多困难。因此，为将者要做到利用有利态势，就要对战争的情况辨真伪、分虚实、定奇正……把现象极相似而本质对立的混杂在一起的各种情况分解开来，这就是"捭"。

通过"捭"，找出可"乘"之势。除"乘势"外，还要善于"造势"。《六韬·龙韬》中记载，周武王问太公："凡用兵之法，其大要如何？"太公答道："其成与败，皆由于神与势的运用。"这里的"神"即"神化"，"势"即"形势"，太公认为由神化莫测之计谋所造成的兵势，使敌人自然无法加以抵抗，他还具体列举了20种战术行动，认为这些是造成"神"与"势"的重要方法。孙子的"诡道十二法"，更是倍受兵家推崇的重要"造势"方法。

将帅的品德

古代军事家非常重视将帅的德行，他们认为"将者不可以无德，无德则无力，无力则三军之利不得。对将德的基本要求，主要是以下几个方面：

一是忠贞报国。要求将帅一旦受命临敌，就必须把家业、亲人和自己的生死置之度外。《尉缭子·武议》中说："将受命之日忘其家，张军宿野忘其亲，援枹而鼓忘其身。"这种"三忘"思想，可以说是将帅"忠贞报国"的集中表现，也是兵家的共同主张。

二是清廉不贪。《草庐经略》卷二《将廉》中鲜明地指出："（指败）事之将，恒由于贪。贪则刻剥军中，觊觎望外，是以军怒而怨之，敌诡而赏之，失机堕术，士卒离心。"在这里，较深刻地论述了将贪必败的道理。传说中的兵书《军谶》，提出为将"十二能"："能清（清廉）、能静（镇静）、能平（公平）、能整（整肃军旅）、能受谏、能听讼、能纳入、能采言、能知国俗、能图山川、能表险难（指地形之险阻）、能制军权。"其中，把"清廉"作为将帅的首要条件。另外，史籍中还记载着大量的为将清廉不贪的事迹。如凡得赏赐辄分其麾下，饮食与士共之，为二千石（年俸）四十余年，"家无余财，终不言家事"的汉代"飞将军"李广；"匈奴未灭，胡以家为"，托辞婉言谢绝皇帝御赐豪华府第的汉代名将霍去病；身居丞相高位，而蓄财无余，妻无副服的诸葛亮；每征行，与将士同劳苦，军赏不足，辄以家财颁赐，士卒皆愿为用的曹魏大将曹征；等等。

三是推功揽过。将帅应怎样对待功过是非、名利荣誉？孙武说：将帅"进不求名，退不避罪，唯民是保，而利于主，国之宝也"。另一位兵家司马穰苴也说："不伐（不自夸）之士，上之器也。苟不伐则无求，无求则不争。""若使不胜，取过在己，复战，则誓己居前。"这就是说，古人要求将帅在功名面前，应表现出"不求名"、"不自夸"；在过错、失败面前则应表现

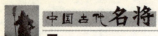

出"不避罪"、"取过在已"。在古人看来，倘若将帅之间争功诿过，争名夺利，引起内讧，胜利之师会转强为弱，失败之旅会加速瓦解。《草庐经略·戒骄》中指出："盖将之轻敌也，始于骄。骄，则自高其功，自神其智，自矜其勇，不忧其寇，不怕其下，忠言逆耳，良士疏斥，战则轻进，守则弛备。"这些见解，在今天看来也不无道理。

四是热爱部属。在将帅与士兵、下属的关系上，古代兵家从战事得失、士气高低出发，也十分强调将帅必须具有关心部属、热爱士兵的美德，重视从感情上协调官兵关系。孙子关于"视卒如婴儿，故可与之赴深谷；视卒如爱子，故可与之俱死"的思想，一直受兵家推崇。不仅如此，而且还在战争实践中总结了不少尊重部属、热爱部属，加强官兵团结的方法。归纳起来，大致如下：首先思想上要"与众同好，与众同恶"，感情上不要怀疑对立；其次，战斗中将帅与士兵要"共安危、同生死"。如《医时六言·将篇》中说："为将之道……遇危险之地，不可舍众而自全，不可临难而苟免，护卫周旋，同其生死"，"势在危急，上下同命。"再次，生活上将帅要与士卒"同甘若，共劳逸"。在我国军事史籍中，关于将帅与士卒最下者同衣食，"军井未建，将不言渴；军幕未办，将不言倦"，或者是"冬不服裘，雨不张伞，卧不设席，行不骑乘"的记载，俯拾皆是。

五是以身为教。《黄石公三略》中说："舍己而教人者逆，正己而化者顺。逆者乱之招，顺者治之要。"这是说，将帅不正己而教育别人，违背常理；先正己而后感化人的，合乎常理。违背常理是祸乱的根源，合乎常理是安定的关键。对于将帅以身为教的重要性，他说的够透辟了。"以身为教"的内容，极其广泛而且丰富，此处不可能一一细述。但值得一提的是，《六韬》主张将帅在士卒面前不仅要以"长官"身份出现，更重要的是以"长者"的身份出现，即时时处处，要以一个有修养、有风度的长辈的形象出现，既要十分爱护士卒，又要严格要求士卒，特别是要让自己的言行去影响士卒，以"身教"的具体表现为全军作出表率，使士卒对自己又敬又爱。只有这样，才能使"三军之众，攻城争先登，野战争先赴，闻金声而怒，闻鼓声而喜（古代金声指退却的命令，鼓声指进攻的命令）。

以身为教

将帅最重要的一个方面，必须"以身为教"，要时时事事对自己的行为有严格的要求，以"身教"的具体表现为全军的表率，以"身教"的鲜明特点培养出全军的作风。作为一个将帅，在治军之中的表率作用主要有以下几个方面：带头执行军法军令；关心士卒，热爱部队，与士卒同甘共苦；上了战场能身先士卒，与士卒生死与共。若能如此，这个将帅就可以得到部下的尊敬与拥护，他的命令在任何时候都可以得到坚决执行，他的指挥意图在战斗中就很容易被部下所理解并得到实现。这在古代就叫作"得众"、"得士心"、"将士死力"，也就是"人和"。

所谓"人和"，应包括军政、军民、军内三个方面。许洞的《虎钤经》卷三在论述"何谓必胜"时，认为应"先务三和"。"何谓三和？曰和于国，然后可以出军；和于军，然后可以出阵；和于阵，然后可以出战。国不和则人心离，军不和则教令乱，阵不和则行列不整。不先务此三和之道，何其可战耶！"这种议论是很有道理的。"三和"，又可以归结为两个方面，一是军队内部的关系，二是军队与军外的关系。

作为将帅，要使军内关系协和，团结一致，达到"使什伍如亲戚，卒伯（即指士兵与军官）如朋友，止如堵墙，动如风雨，车不结辙（指战车在相同的轨道之中拥挤摩擦），士不旋踵（不向后退），此本战之道也"（《尉缭子·战威》）。如果更进一步要求，还应当做到"务令将吏与军士情同父子，义若兄弟，疾病相扶，患难相救，寒暑饥饱，苦乐均之，不得倚强梁而凌卑弱，恃先进而欺后来"（何良臣《阵纪》卷一）。而要能达到这种境界，古人特别强调两点：一是将帅要"推诚"，要以"诚信"来团结全军将士；二是要"公平"，即赏罚、执法要公平，不能偏私。军队和外部的关系，又包括两个方面：一是与广大庶民百姓的关系，二是与执政者中非军事将领，即古代所谓文武大臣之间的关系。作为一个掌握武装的将帅，如果不能做到这方面的"人和"，就会失去支持，失去民心；而如果做到了这方面的"人和"，则能得民心，受到强有力的支持，这是很显然的。

智者诡道

"兵者，诡道也"，孙子这个论断已是古今中外军事家所公认的至理名言。

诡道，就是运用奇、正、分、合、虚、实等手段，创造出各种欺诈的办法去战胜敌人，它靠的是"计算"、"谋略"和"权变"，而其实质就是斗智，即以智力取胜。如司马穰苴就说："凡战，智也"，"战以智决。"因此，将帅的智力，智慧是其必备素质。

古人讲将帅的智力、智慧，主要集中在下面几个方面：

1. 精于 "诡道"

孙子在提出"兵者，诡道"的主张之后，又具体提出了著名的"诡道十二法"，即"能而示之不能，用而示之不用，近而示之远，远而示之近，利而诱之，乱而取之，实而备之，强而避之，怒而挠之，卑而骄之，佚而劳之，亲而离之"。这"十二法"中，除了"实而备之"与"强而避之"不应包含在"诡道"之中，其余"十法"都与"诡道"有关，其要旨是先斗智，后胜敌。

只有精于"诡道"，善于设奇，才能真正做到：出兵就要指向敌人无法急救的地方，行动于敌人意料不到的方向；我进攻，则要使敌人不知怎样防守才好；我防守，则敌人不知怎样进攻才好；我若求战，敌人即使坚守深沟高垒，也不得不出来与我交战……这本身就是非常微妙的东西，微妙到看不出一点形迹；这也是异常神奇的，神奇到听不出一点声息。"由此可看出，精于"诡道"的奥妙与必要。

孙武塑像

2. 富于创造

《登坛必究》中讲：将帅若一定要照搬书本上的知识指挥作战，那与按照棋谱下棋有什么两样；《阵记·因敌》趣说："所以善兵者，必因敌而用变化。"他们都强调将帅用兵必须"不师古法"，富于创造。所以，有创新的勇气，敢于破格越轨，冲出清规戒律，"敢为天下先"，这是将帅聪明才智的具体表现之一。富于创造的将帅，往往都受到人们的称颂。孙武之所以被人称为"兵家鼻祖"、"兵圣"，就是因为他的《孙子兵法》鲜明地表现出军事思想方面的创新精神。

孙武以前，人们信奉"仁义之战"，主张"成列而鼓"（即等对方列好方阵后再击鼓开战）的"堂堂之阵"，而且把这看成是不能违背的金科玉律。而孙武冲破这些陈腐观念，在兵书中主张"兵者，诡道也"、"兵以诈立"，提出"凡战者，以正合，以奇胜，故善出奇者，无穷如天地，不竭如江河"的思想。孙武的军事见解，可谓标新立异，石破天惊，震撼了当时的军事学术界，搅得当时"君子不言奇"的迂腐观念波翻浪涌。自此，被古代兵法视为"不仁"的关于袭击、伏击、侧击等各种新战术被广泛应用。

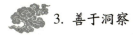

3. 善于洞察

洞察力对于将帅是至关重要的。实际生活中，有的将帅表现出"事前诸葛亮"，有的却总是"事后诸葛亮"。这种"事前"与"事后"的差别，与洞察力的强弱有关。

孙子说："用兵之法，一是'度'，二是'量'，三是'数'，四是'称'，五是'胜'"。吴起说："兵有四机，气机、地机、事机、力机，知此四者，乃可为将"。诸葛亮又说："机形其道有三，军、势、情，事机作而不能应，非智也；势动而不能动，非贤也。"这些论述，核心讲的都是为将者的洞察力问题。

有了洞察力，将帅才能在迷离混乱、纷繁复杂、变幻莫测、真假难分的情况下，拨开笼罩在事物表面的云雾和面纱，迅速看清本质，抓住关键，做出正确的判断。将帅的洞察力，不仅表现在战场上根据征兆、时机判断敌情，而且更重要地表现在善于通过军力、人心等多种因素，预见战局发展趋势的能力。

公元208年秋天，曹操在统一北方后，乘胜调转矛头，挥师南下。荆州刘琮之辈吓得魂飞魄散，不战而降；刘备新败长坂，无力反击，只好撤退；

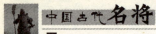

江东张昭之流，为曹操气势所慑，不敢言战，极力主降。此时，将士们的失败情绪，投降议论，笼罩着江东，连孙权也举棋不定。

独周瑜、鲁肃、诸葛亮等人不为表面现象所迷惑。尤其是诸葛亮，向孙权分析战局陈述利害，说："曹军远道而来，人马疲倦。而且北方人不擅水战；荆州水军新近降曹，出于无奈，人心未附；曹军虽然人多，几战之后，已是强弩之末。因此，只要派猛将领兵数万，和刘备同心协作，那么攻破曹军是必定无疑的。"

赤壁之战，大破曹军。诸葛亮这个透彻的分析、正确的预测与战争实际胜利，证明他洞察力的深邃、高明。

 **勇者无敌**

血气之勇是为将者的基本素质。古代，对于只能运筹帷幄、出谋划策的人虽然可以让其统军为帅，但一般不称为将，而称为谋士或军师，如孙膑、陈平、诸葛亮、刘基等。而临敌率军作战的"将"，必须具有超人的勇气，过人的膂力和使用各种兵器战胜敌人的能力，必须以英雄的气概、必胜的决心、视死如归的精神作为全军的表率。

1. 披坚执锐，身先士卒

"身先士卒"一语出于《资治通鉴》卷二二〇唐肃宗至德二年所载，唐军平定安史之乱的一次战斗中，唐军退却，军中惊乱，贼争取辎重。"李嗣业曰：'今日不以身饵贼，军无孑遗矣。'乃肉袒、执长刀，立于阵前，大呼奋击，当其刀者，人马俱碎，杀数十人，阵乃稍定。于是嗣业帅前军各执长刀，如墙而进，身先士卒，所向披靡。"从这一段史迹，也足以看出为将者，尤其是主将能"身先士卒"，在战场上对于振奋军心、提高部队战斗力、取得战斗胜利具有巨大作用。

2. 亲临前线，掌握战场

纵使将帅不能人人、次次横枪跃马，直冲敌营，古人也要求他必须亲临前线，掌握战场。之所以强调将帅必须亲临前线，这是因为古代战争中没有远距离的通讯与观察手段，将帅要观察敌情、指挥作战，必须在战场上方能实现。所以，作为一个将帅，能否亲临前线掌握战场形势，常常直接影响到战争的胜负。

金代的郿琼在分析宋金战争时说：金军"南战，每见之帅、国王亲临阵督战，矢石交集而王免胄指麾三军，意气自若，用兵制胜，皆与孙吴（指孙子、吴起）合，可谓命世雄才矣。至于亲冒锋镝，进不避难，将士视之，孰敢爱死乎！宜其所向无前，日辟国千里也"。宋军的情况则是"江南诸帅，才能不及中人。每当出兵，必身居数百里外，谓之持重。或督召军旅，易置将校，仅以一介之士持虚文谕之，谓之调发；制敌决胜，委之偏裨。是以智者解体，愚者丧师……纵或亲临，亦必先遁……不即覆亡，已为天幸，何能振起耶。"这里，将帅是否亲临前线成了宋败金胜的一个重要原因，虽然有失偏颇，但它揭示出的将帅指挥作战必须亲临前线方能保证获胜的原则却是不错的。

3. 临危不惧，意气自若

战争中将帅的一举一动对全军影响极大。将帅在瞬息万变的战场态势中，能够保持坚强的意志、冷静的头脑、必胜的信念，并通过自己的气度、情绪去稳定军心、增强斗志，也是"将勇"的重要内容。尉缭认为："将帅者心也，群下者支节也。其心动以诚，则支节必力；其心动以疑，则支节必背。"这就是说，在将帅的身上体现着全军的意志，部下的行动都受将帅意志的影响。故而将帅必须坚毅沉着，不能犹豫动摇。要做到这一点，将帅应镇静自若、临危不惧，"见敌静（镇静）、见敌暇（沉着）、见危难无忘其众"（《尉缭子·攻权》）。

当然，沉着不是拖延，更不是优柔寡断，狐疑不定，需要当机立断之时，又必须当机立断，无论在什么情况下，决不能表现出半点惊慌失措，使全军灰心丧气。

三国时，东吴名将陆逊与诸葛瑾率军队攻襄阳，所派出的信使被敌方抓去，机密不保。诸葛瑾"闻之甚惧"，沉不住气，劝陆逊立即撤兵。可是"逊未答，方催人种葑（即芜菁）、豆，与诸将奕棋射戏如常"。他事后告诉诸葛瑾说："兵将意动，且当自定以安之，施设变术，然后出耳。今便亦退，贼当谓吾怖，乃来相蹙，必败之势也。"正是陆逊的"临危不惧、意气自若"，使吴军度过了险关。

4. 大智大勇，智勇双全

古代兵家推崇、重视将帅的武勇，但并不是推崇一介武夫之勇，而是要求将帅"智勇双全"。

《吴子兵法·论将》中明确指出："夫总文武者，属之将也；兼刚柔者，兵之事也。凡人论将，常观于勇，勇之于将，乃数分之一尔。夫勇者，必轻令。轻令而不知利，未可也。"

《武经总要》卷一《选将》中也批驳了那种只重"一介武夫之勇"的认识，说："庸人偏将，常视于勇。夫勇者，才之偏尔，未必无害。盖勇必轻斗，未见所以必取胜之道也。"做到智勇双全、大智大勇，才能成为一个名将，否则就只配作一个冲锋陷阵的军士。

明代庄应会在《武经要略·圣猷庙算篇》中说："为将之道，智勇贵兼全。马弓便捷，所向无敌，勇也；计算深远，无所遗失，智也。智勇全而后可以建功业。勇而无智，一卒之能耳。"这确实是古代要求将帅智勇兼备的具有代表性的看法。

赏罚分明

历代军事家们都十分注重军纪的作用，有的甚至认为"兵当先严纪律，设谋制胜在后"。古人之所以注重军纪，大多是因为，军纪可"立武以威众，诛恶以禁邪"，即用严惩的手段来威慑部众、制止邪恶，是"经武御众之略"，治军之要法，可以保持军队的威严和统一。

严纪律也不光是惩罚，还包括奖赏。岳飞在回答张俊什么是"严"的问题时就说过："有功则重赏，无功者峻罚"。"兵当先严纪律"这个治军原则至今仍有其积极意义。至于剥削阶级军队中纪律含有阶级压迫的性质，因而以杀立威、以惩为主等等，是应予以批判而摒弃的。

古代军事家吴起在回答"兵以何为胜"的问题时，明确地认为，"不在众"，就是说不在人多。因为："若法令不行，赏罚不信，金之不止，鼓之不进，虽有百万何益于用？"相反，"进有重赏，退有重罚，行之以信。审能达此，胜之主也"（《吴子兵法·治兵》）。

另一位军事家孙膑认为"兵之胜在于篡卒（指挑选、组织部队），其勇在于制"；"不信于赏，百姓弗德；不敢去不善，百姓弗畏"（《孙膑兵法·篡卒》）。他又说："夫赏者，所以喜众，令士忘死也；罚者，所以正礼，令民上畏也。"（《孙膑兵法·威王问》）

据《韩非子·外储说右上》）记载，春秋五霸之一的晋文公向狐偃说，他给了士卒和百姓很多好处，如衣士卒、缓刑罚，济贫穷等，不知能不能使军队勇于作战。狐偃明确说：不足为战。晋文公又问："然则何如足以战民乎？"狐偃答复说："信赏必罚，其足以战。"就是说，其他办法都不是最重要的，只有"信赏必罚"，即该赏者一定要赏，该罚者一定要罚，方能对敌作战。

军队中必须赏罚严明，其主要作用有以下两个方面。

 ### 1. 赏勇罚怯，激励士气

《尉缭子·武议》中认为不靠鬼神，不靠上帝，应严明地制订与执行军法军令而取得战争的胜利。

孙膑说得更明确。当田忌问他："行阵已定，动而令士必听，奈何？"他答道："严而示之利"。古人之所以强调赏罚严明，是有其原因的。一是他们相信"重赏之下，必有勇夫"。用商鞅的话说："人情好爵禄，人君设二者以御民之志，而立所欲焉。夫民力尽而爵随之，功立而赏随之，内君能使民信于此如明日月，则兵无敌矣。"司马穰苴、黄石公等人对于这一点讲得更为明白，司马穰苴说，所有的人，都可以因为爱、怒、威、义、利而不怕死。黄石公引用《军谶》中的话说："军无财，士不来。军无赏，士不往。"二是认为"刑重则人畏，内畏则外坚。"《淮南子·兵略训》中说："夫人之乐者生也，而所憎者死也。然而高城深池，矢石若雨，平原广泽，白刃交接，而卒争先者，彼非轻死而乐伤者，为其赏信而罚明也"。兵家尉缭子曾用打比喻的方法挑明了这一点。他说，出兵直到士兵盔甲上都生了虱子，当然是为国家效劳用力了。这就像鸢鹰追逐的小雀，有的撞到别人的怀中，有的冲入人居住的卧室，这并不是出于本性，而是后面有着恐惧的缘故。所以他们认为，只要能够做到"严刑明赏"，就可望达到"发布号令而人乐闻，兴师动众而人乐战，交兵接刃

商鞅雕像

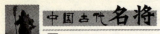

而人乐死"的必胜士气。

 2. 威慑心机，禁奸止过

商鞅说："禁奸止过，莫若重刑"。《司马法·严位》中说，人都有争胜之心，惟看敌情虚实然后可以争胜。人也都有畏惧之心，惟看所畏的是责任或是敌人。畏惧责任的则能争胜，将这争胜心与畏惧心交互比较一下，两下的利害看清楚，就可以决定一心了。这两心两利的比较职责，只是看作权变的手段。

司马穰苴在这里讲到，凡人都有争胜心与畏惧心，只要引导得法，都对战争有利。但是究竟何种情况下激励争胜心，何种情况下利用畏惧责任的畏惧心，要灵活掌握，善于变化。赏罚则可以有效地抑制畏惧心和激励争胜心，因为它可以起到威慑心机、劝善止过的作用。

吴起说：凡是鼙、鼓、金、铎一类，是以声音来传达上级号令的，它可以威慑下级的耳朵，而使之服从指挥、执行命令；凡是旌、旗、麾、帜一类，是以色彩来传达上级号令的，它可以威慑下级的眼睛，而使之服从指挥，执行命令；一切禁令、刑罚，是可以威慑部属的心机，使他们有所畏惧而不敢轻易违犯。

他还强调指出：心是威于刑的，所以在规定上、执行上、都要一丝不苟。只要能真正做到声清、色明、刑严，则将帅命令部队向某处移动，就没有不遵照指示而行动的，如果命令部队向敌人冲锋，就能赴汤蹈火而不辞，绝无畏缩之人。为什么能如此？这是因为"赏"所以"感"，"感心发，则玩心消"；"罚"可以"畏"，"畏心生，则怨心止"。军事家尉缭甚至说："善用兵的人执行纪律，能诛杀自己所统辖之士兵的一半者，威行天下，能杀掉十分之三者，称霸诸侯，能杀掉十分之一者，士兵听从命令。""行赏如日月那样明正，信用如四时那样可靠，命令如斧钺那样严厉，兵器如干将（古代利剑的名字）那样锋利，在这样的条件下，如果士兵还是不拼死效命，未曾有过。"

他不仅这样说，而且还在他统制的军队中制定了一整套严酷的军法军令。以战场纪律为例，其中对于将领的规定是：率领千人以上的将校，有作战吃了败仗、防守投降、擅离阵地弃军逃跑的，就宣布为"国贼"。对这种人，要杀头抄家，取消他的官籍，挖掘他的祖坟，把尸骨放在大街上示众，男女充为官奴。管带百人以上的军吏，有作战中吃了败仗、防守投降、擅离阵地弃军逃跑的，就宣布为"军贼"。对这种人，要杀头抄家，男女亲属充为官奴。

吴起于将吏与士卒相互关系方面规定："在作战中士兵丢下将吏不管，以及将吏丢下士兵独自败逃的，都要杀掉"；"三军大战，若大将战死，而跟随他的军吏，凡军职在管带五百人以上不能战死的要杀掉，大将左右的卫护人员也都要杀掉。其余士兵有军功的降一级，无军功的罚其戍边三年"。

知兵善任

将帅要了解、熟悉自己的部队，做到"知兵善任"。作为军事行动基本规律的"知己知彼"的"知己"，主要就是了解自己的部队，特别是了解自己下级的各级将佐。只有如此，才能"用其所欲，行其所能，废其不欲不能"（《司马法·定爵》）；才能"择人而任势"（《孙子·势篇》）。在上万人乃至数十万人的军队中，无论将佐还是士兵，情况不同，各有所短。有的敏捷，有的稳重，有的善攻，有的善守，有的长于奔袭，有的长于夜战。作为主将，要尽一切努力熟悉下情，发现人才。

《草庐经略·任贤》说："谁谓任贤而非军中之首务也？天生贤才，自足供一代之用。不患世无人，而患不知人；不患不知人，而患知人而不能用。知而不善用之，与无人等。知人者……是惟在听其言而观其行耳。"当然，要真正了解下属，并不如此容易，这是因为"有温良而为诈者，有外恭而内欺者，有外勇而内怯者，有尽力而不忠者"。

为此，古代兵家曾提出过一些考察下属的办法，例如："知人之道有七焉：一曰间之以是非而观其态，二曰穷之以词辩而观其变，三曰咨之以计谋而观其识，四曰告之以祸难而观其勇，五曰醉之以酒而观其性，六曰临之以利而观其廉，七曰期之以事而观其信。"（《心书·知人》）当然，今天看来，这一类办法并非都具有效法的价值，但却可以看出，要真正了解自己的下属，是需要做若干努力的。

对部队的了解，不仅是对下属将佐，就是对于士卒，也要尽可能了解并发挥其长处。《吴子兵法·料敌》说："一军之中，必有虎贲之士，力轻扛鼎，脚轻戎马。搴旗取将，必有能者。若此之等选而别之，爱而贵之，是谓军命。"选拔这种"军命"，正如今天选拔主力或突击队之类的行为。其他一些各有特长者，也应注意分别使用。

《六韬·龙韬·王翼》中曾认为军中应当："因能授职，各取所长"，可以分别选出用作参谋人员的"腹心"、"谋士"，观天象的"天文"，探地形的"地利"，备粮草的"通粮"，冲锋陷阵的"奋威"，修工事的"股肱"，跑联络的"通才"，做间谍的"游士"，搞侦察的"耳目"，做军医的"方士"，主财务的"法算"，等等。《心书·择材》中也说，应将军中各种人才，如好斗乐战、才力勇捷、轻脚善步、骑射若飞、有射必中、善发强弩等"六军之义士各因其能而用之"。

将帅要"知兵",除了知人善任、择贤使能的作用之外,还要尽可能上下了解通气,做到"将识士情,兵识将意",以便在战场上的风云变幻之中能尽可能地协调配合。

文天祥在著名的《正气歌》中曾经歌颂的"张睢阳",即唐代平定安史之乱中出现的名将张巡。他在率军守睢阳(今河南商丘)时,"士卒居人,一见问姓名,其后无不识"。由于上下级关系比较熟悉,上级便于对下级进行指挥,下级容易领会上级的意图,这就比较容易应付战事中出现的若干紧急情况。

张巡说:"今胡人务驰突,云合鸟散,变态百出。故吾止使兵识将意,将识士情,上下相习,人自为战耳。"(《新唐书·张巡传》)应当说这是很高明的见解。故清人徐京干在《兵镜全集》卷一《张巡语》中对此加以评论说:"临期应猝,在于呼息之间,而动询大将,事不相及,非知兵之变者也。使兵识将意,将识士隋,投之而往,如手之使指。"而要能做到这样的"知兵",又必须从平时做起,从时刻了解、关心部下做起。

戚继光说:"主将常察士卒饥饱劳逸、强弱勇怯、才技动静之情,使之依如父母,则和气生,气和则心齐。兵虽百万,指呼如一人。"(《练兵实纪》卷二)这是戚继光带兵多年的经验之谈。

 知识链接

以治为胜

战国时著名军事家吴起提出兵"以治为胜"。这里所说的"治",指的就是法令、纪律。他认为,有纪律的军队,驻扎时有条不紊,行动时十分威严,进击时锐不可当,退却时敌人不敢追击,在各种情况下都不散乱、不疲怠,保持严整而有力的阵容。"令严方可以肃兵威,命重始足以整纲纪",严格的纪律可以转化为强大的战斗力。纪律严明的部队,才能动若狡兔,静若处子,攻则克,战则胜,守则坚。纪废法弛的军队,被称为"乌合之众",往往"胜不相让,败不相救",甚至未阵先乱,遇战而散,是缺乏战斗力的。

第二章

先秦与秦汉时期的名将

　　先秦时期是我国军事理论的初创时期，诸如《孙子兵法》、《尉缭子》、《孙膑兵法》等都是这一时期的产物，而《孙子兵法》更是被奉为古今中外第一兵书。

　　秦汉时涌现出一批为人津津乐道的名将，像白起、韩信，又如卫青、霍去病，他们或是秦汉统一的奠基者，或是稳定国家的柱石，都国家的安危立下了汗马功劳。

第一节
西周、春秋时期的名将

 **姜尚**

姜尚，是民间传闻极广的西周初年的著名军事家。

姜尚又叫姜子牙，传说为炎帝之苗裔，其先祖因协助大禹治水、管理地方政务有功，曾被禹封在吕这个地方（今河南西南部南阳一带），其子孙又用封地为姓，所以姜尚又称吕尚。夏、商之际，姜氏的后代或受封为官，或在民间为庶人。根据一些学者的研究，姜氏就是姜族的首领，姜既是姓，也是族名。后来姜族勃兴，与姬姓的周族结盟通亲，姬、姜两族成为两个关系非常亲密的部族。

姜尚自幼熟谙军事，精通武艺，博闻强记，后来成为著名的军事家和政治家。商代末年，姜尚曾一度在商纣王手下当官。他看到商代政治腐败、朝政黑暗、纣王荒淫暴虐的种种情况，断然放弃了官职，到诸侯中去游说。希望借此实现自己的政治理想，但是没有人能赏识他。他一度生活穷困，或在朝歌（今河南淇县）屠牛卖肉，或在盟津（今河南偃师县以北）摆摊卖饮为生。姜尚长期在社会下层生活，更深刻地体会到了劳动人民生活的疾苦，使他更加痛恨商的暴政，虽然自己年纪越来越大了，但他始终不仕商朝，在渭水附近的山林田泽间过着隐居生活。

姜尚雕像

当时，活动在渭水流域的周族的

首领姬昌（周文王）领导着的周国，是一个生气勃勃的新兴的奴隶制国家。姬昌被商王封为西伯，成为商的一个附属小国。他看到商代朝政黑暗、民不聊生的现状，决心继承自己的祖父古公亶父、父亲王季开创周国的事业，发展周国的政治、经济、军事力量，联合一切受商压迫欺侮的部落小国，组成反商联盟，做灭商的准备工作。为了准备灭商，西伯昌虚心招贤。他经常想起自己的祖父临终前曾经嘱咐过他："将来会有一个真正的天才来帮助我们周国，你们要好好地重用他，周国就会兴旺了！"因此，他时刻留意找寻这位杰出的人才。

有一年的春天，西伯昌将去打猎，请官员占卜是吉还是凶。占卜的结果是：出猎所获得的结果不是虎、熊等野兽，而是霸王的辅佐。西伯昌大喜，连忙把这个消息告诉了他的第四子姬发（周武王）、第七子姬旦（周公旦），父子们一起骑上马，带上了弓矢，沿着渭水之滨出发了。

姬昌一行来到了渭水的支流磻溪，在一个森林茂密、清静幽美、人迹罕至的处所，见到溪边的大石上，盘坐着一位白发苍苍、道貌岸然的老人家，正在那里静静地钓鱼。姬昌父子便上前恭敬地向老人作揖，老人忙起身答礼，原来他正是著名的军事家姜尚。姬昌先向姜尚问候，逐渐谈起了天下的形势和自己的政治理想。老人看到姬昌举止不凡，和自己的志向也相同，便和姬昌攀谈起来。两人越说越投机，越谈越高兴。姬昌拉着姜尚的手，诚恳地说："我祖父太公（古公亶父）说过：'将来有圣人投靠周国，周国就兴盛了。'您就是太公所说的圣人，我祖父盼望您来已经很久很久了！"姜尚知道姬昌是个贤人，而且能尊重和信用老人，便投靠了周国。姬昌称他为"太公望"，也就是太公想望的人；又尊姜尚为师，称他为"师尚父"。

当时，西伯昌在国内发展生产，任用贤才，训练军队，对外联合诸侯，周国越来越强了。商纣王听说西伯昌别有异心，就把姬昌囚于羑里（今河南汤阴县北）。姜尚和散宜生、闳夭等周大臣一起，把美女、奇物贡献给纣王，纣王就释放了西伯。西伯归国后，加速了灭商的准备工作，姜尚帮姬昌出了很多奇计，介绍了很多军法。在姜尚等的辅佐下，姬昌修建了丰邑（今陕西西安市以西）作为周的国都，征伐崇、密须、犬夷等小国，形成了一个以周为首的反商联盟，在这期间姜尚出的计谋最多。

姬昌病死，其子武王即位，拜姜尚为师。第二年武王首次东征，以观察诸侯各国的反应。周军行至盟津准备过河时，姜尚左手操着黄铜剑，右手持着小白旗，领导全军举行誓师典礼，他骑在军马上发布军令说："庶民们：给你们舟船，奋勇地渡过黄河去！不进后退的一律斩首！"于是，姜尚陪同武王，率领大军，渡过了滔滔的黄河。当时，闻讯派军队前来会师共同伐纣的有八百诸侯。诸侯们都说："纣王罪恶太大，可以讨伐了！"武王考虑到当时商的军队还很强大，于是便和姜尚回师了。

又过了两年，纣王残杀了忠臣比干，囚禁了箕子，商的太师疵、少师疆带了商的乐器投奔了周，商朝的大军又征伐东夷，遭到东夷族的强烈反抗。商国内民怨沸腾，商纣王已经众叛亲离。周武王决定乘机伐纣。根据当时的习惯，在出师前要占卜吉凶，占卜的结果是"不吉"，顷刻间狂风暴雨骤至，群臣们便害怕起来，劝武王暂停东征。

唯独姜尚看到伐纣机不可失，不信天意，坚决劝武王出师伐纣。于是，武王发布了出师的命令，率领兵车 300 乘，精锐的军队 3000 人，穿甲的军队 45000 人，以姜尚为前锋，联合各诸侯军队，浩浩荡荡地出军东征。

正月甲子那天，周军攻至商都南郊的牧野，举行了隆重的誓师典礼。典礼结束，姜尚指挥周军向刚刚组合起来的庞大的商军猛冲过去，在黎明前的黑暗中，周军和商军在原野上喊声震天，杀成一团。周军战士个个以一挡十，越战越勇。商军斗志涣散，纷纷后退。原来商军的主力在东方，现在开上前线的都是被纣王临时征发来的奴隶兵，号称有 70 万，实际不过十几万人，人数虽多于周军，但都是早就希望摆脱奴隶制压迫剥削的奴隶。当周军猛烈进攻的时候，他们不顾将领的吆喝和责骂，顺着周军的攻势，齐声呐喊起来，声如奔雷，震天动地，掉转矛头，引导着周军向商都攻去。姜尚骑在马上，指挥着周军和已起义倒戈的商军冲进了纣王离宫的所在地朝歌，包围了纣王常常在上面喝酒享乐并屯积了无数财宝的鹿台。纣王被围在鹿台上，纵火自焚而死。

周军攻克了商的国都，灭亡了商朝，根据姜尚等的建议，武王采取了一系列安定社会秩序、巩固周的统治的措施；宣告商纣王的罪行，斩杀纣王及其宠妃妲己，将其首级悬在白旗上示众；散发鹿台的钱财和钜桥仓库中的粮食给商都中的贫民；修理忠臣比干的坟墓；从监狱中释放了箕子……周武王的这一系列政策，得到了商族贫苦大众和多数商贵族的支持，形成了一股反对商纣的力量，初步安定了周的统治。这些政策都是和姜尚的出谋划策分不开的。姜尚为武王灭商、安定周室作出了重大的贡献，成为周初最重要的功臣。

由于当时东方很不太平，叛乱时起，而姜尚又是一位久经阅历、经验丰富、文武全才、忠心耿耿的政治家和军事家，武王就分封姜尚到东方的营丘（今山东临淄市）设立统治据点，建立了齐国，姜尚就是齐国的始祖齐太公。武王去世后，其子成王年少，管叔蔡叔联合纣王子武庚叛乱，成王委托召公对齐太公姜尚说："东到大海，西到黄河，北到无棣（今辽西一带），南到穆陵（今淮南一带），在此境内的所有侯伯部族，凡是不服从周朝统治的，由您负责去征讨，以辅佐周室安定天下。"姜尚接受了成王的命令，在国内沿用本地传统的风俗习惯，实行精兵简政，发展渔盐之利，振兴工

姜太公

商业；对外打败了莱夷的进攻，平定了淮夷的叛乱，和周公旦东征的军队一起，终于扫平了东方的叛乱。东方各地的人民纷纷迁到齐国去居住，齐国成为周初人口众多、富裕强盛的诸侯国家。

姜尚在武王灭商、安定周朝，发展齐国的事业中作出了杰出的贡献。姜太公的名字3000年来在我国民间家喻户晓，妇孺皆知，劳动人民一直把姜太公作为正义、智慧、勇敢和神奇的化身而崇敬着。这充分表现了人民群众对这位周初著名的政治家、军事家的怀念和尊敬。

司马穰苴

司马穰苴，春秋时齐国司马，田氏，名穰苴。他精通兵法，治军以严著称。曾奉齐景公之命率军击退晋燕联军，收复失地。春秋时有一年，晋国联合燕国出兵攻打齐国，齐国的军队节节败退，形势十分危急。齐景公把满朝文武大臣召集起来，商量如何挽救危局。他看了看身边的相国晏婴，请他先讲，晏婴认为最重要的是选拔一个贤能的统帅。他说："臣保举一人，名叫田穰苴，他虽然出身微贱，但文能服众，武能慑敌，希望大王试一试。"

景公便命人将田穰苴召来，和他谈论用兵之法，退兵之计。田穰苴胸有成竹，应对如流。齐景公听了之后非常高兴，认为他果然如相国所说，是位杰出的帅才，便当场宣布任命田穰苴担任齐国的军事统帅，让他率军速去抵挡燕、晋两国之师，保卫齐国。

田穰苴受命之后，向齐景公请求说："我身份卑贱，大王虽然把我从下层

提拔为大将，位居大夫之上，但恐怕士卒不服，百姓不信任，人微言轻，请大王派一位您最信任，国人所尊敬的显贵宠臣为监军，才能发兵。"

齐景公马上同意，任命他最宠爱的贵戚大臣庄贾为监军，于是穰苴与庄贾相约："明日中午相会于军门。"

次日，穰苴提前来到军中，立木杆为表以观日影，设滴漏以记时刻，等待庄贾。结果，庄贾恃宠自傲，出发时间早已过了，他才大摇大摆地走来。

田穰苴责问说："你身为监军，为何不按时到来？"

庄贾满不在乎地说："亲戚朋友饯行相送，开怀畅饮，故晚来一步。"

田穰苴一听勃然大怒，说："作为一个将领，受命之后，就应忘其家；治理军队就应忘其亲，临阵对敌应忘其身，今敌军侵入我国深处，举国上下人心浮动，士卒于边境死战，国君寝食不安，老百姓生命难保，社稷危在旦夕，你还有心思饮酒作乐。"说罢便命令军中执法官将庄贾推出去依军法斩首示众。

齐景公听到田穰苴要斩庄贾，立即派使臣前去营救，使臣在军营中驾车奔跑，也犯了军令，本应斩首。但因持有君命，田穰苴命令斩其仆从及左骖，毁其车左边立木，以晓示三军，并派使者向景公回报，然后发兵。

从此三军将士没有一个人敢违犯军令，军威大振。晋、燕联军闻风丧胆，仓皇撤退。齐军乘追击，很快收复了全部失地。

齐景公闻捷大喜，他称赞晏婴推荐了田穰苴这个治国安邦的栋梁之材，田穰苴凯旋回朝时，齐景公率领满朝文武大臣到郊外迎接，并且任命田穰苴为齐国大司马。后来大家称他为司马穰苴。

孙武

孙武，字长卿，春秋末期齐国人，是我国古代著名的军事家。他写的《孙子兵法》一书，是世界上现存的最早兵书，在历史上有着重大的影响。

孙武的祖先田书是齐国的将军，因进攻莒国有功，齐景公赐他姓孙，把乐安（今山东惠民）封给他作为封邑，成为齐国著名的军事家。田书生子田冯，继续当了齐国的卿；田冯生了孙武。孙武幼年时，熟读兵书，精通武艺。研究军事学，成为祖传第三代的兵家。后来，齐国内乱，孙武奔吴，隐居于民间，继续研究军事学，写出了兵书82篇（今传世的13篇）。吴王阖闾登位后想富国强兵，吴国的相伍子胥把孙武推荐给吴王阖闾。孙武把自己写的兵法十三篇送给吴王，受到吴王的赞赏。吴王起用孙武为大将训练和指挥军队，吴国迅速强大起来，西败强楚，北威齐晋，显名诸侯，成为春秋后期的霸国。

孙武的军事思想是非常杰出的。

孙武在他写的兵法中首先强调的是战争的重要。《孙子兵法》一开头就说："战争是国家的大事，关系到军民的生死，国家的存亡，是不可以不认真研究的。"春秋后期，正是奴隶社会瓦解，新兴地主阶级兴起，兼并战争频繁的时期。孙武强调战争的重要性，反映当时社会的现象。战争既然重要，要夺取战争的胜利，《孙子兵法》认为要充分发挥将帅、士兵在战争中的主观能动作

孙武画像

用。将帅在作战中要以身作则，与士兵打成一片，爱护士兵，"对待兵卒像婴儿，就可以叫他们去冒险；对待兵卒像爱子，就可以叫他们去拼死。""政治，是讲要使民众和君主的愿望一致，可以叫他们为君主死，为君主生，而不怕危险。"只有将士一心一德，才能提高士气；只有君主和民众、指挥员和战斗员思想一致，才能使人民有不怕死的勇敢精神。《孙子兵法》认为，这是战胜敌人的重要条件。

《孙子兵法》提出了很多极有价值的战略战术。在作战指导思想上，孙武强调要善于深入调查研究，对敌我双方的情况要了如指掌、明察秋毫，指挥员才能运筹帷幄，"凡是能看清情况知道可以打或不可以打的，就能胜利；懂得多兵的用法也懂得少兵的用法的，就能胜利；官兵有共同欲望的，就能胜利；自己有准备以对付疏忽懈怠的敌人的，就能胜利；将帅有指挥才能而国君不加以牵制的，就能胜利。这五条，是预见胜利的方法。"在充分了解敌我双方的情况后，在作战中指挥员还要运用计谋，尽量隐蔽自己方面的真相，给敌方以误解和错觉，充分发挥自己各方面的长处，利用敌方的弱点，扩大敌方的矛盾，然后以奇兵制胜。

《孙子兵法》说："用兵是一种诡诈的行为。所以，能打，装做不能打；要打，装做不要打。要向近处，装做要向远处；要向远处，装做要向近处。给敌人以小利，去引诱它；迫使敌人混乱，然后攻取它。敌人力量充实，就要防范它；敌人兵力强大，就要避免决战。激怒敌人，却屈挠它；卑辞示弱，使敌人骄傲。敌人休整得好，要设法疲劳它；敌人内部和睦，要设法离间它。

攻击敌人无备的地方，出乎敌人意料的行动。这是军事家指挥的奥妙，是不能事先呆板规定的。""进军向敌人不及急救的地方，急进向敌人意料不到的方向。行军千里而不劳顿的，是因为走的是没有敌人阻碍的地区；进攻而必然会得手的，是因为进攻的是敌人不防守的地点；防御而必然能稳固的，是因为扼守的是敌人不进攻的地方。所以善于进攻的，敌人不知道怎么防守；善于防御的，敌人不知道怎么进攻。"

孙武认为进攻要迅速、坚决、顽强，防守要隐蔽、沉着，"用兵利于速胜，不利于持久，长久出兵在国外，就会使国家的财政发生困难。"要做到"军队的行动迅速起来像疾风，舒缓的时候像森林，攻击起来像烈火，不动的时候像山岳，难以窥测像阴天，一动起来像迅雷、闪电。""作战的规律是避开敌人坚实的地方而去攻击敌人的弱点"，"善于用兵的人，要避开敌人的锐气，等待敌人松懈疲惫时再去打它"。

《孙子兵法》还指出，将领们在制订战略战术时，必须考虑到敌我双方军力的对比，根据双方兵力的实际情况制订作战方案：当我方的兵力十倍于敌人时，可采用包围战；五倍于敌人时，可采用进攻战；兵力比敌人多一倍时，可分兵作战；和敌人兵力相等时，可合起来作战；兵力少于敌人时，可用防御战；兵力远少于敌人时，可以暂时躲避开。

孙武要求指挥员一定要根据战场上的实际情况而绝不能用个人的喜怒好恶来决定作战计划，"国君不可因愤怒而发动战争，将帅不可因气忿而出阵求战。"孙武还以朴素辩证的观点分析了战场上的优势和劣势，指出胜败的形势是可以转化的，有时看来已处于必败的绝境，但只要指挥员战斗员指挥得当，官兵同仇敌忾，团结一心，拼死作战，就可以转危为安，把军队投放在"亡地"上，可能会保存；把兵卒陷入于"死地"中，反而能得生。孙武还觉得，战争的主要目的是为了打败敌人，占领敌方的土地、人口和财产，如果每次打仗都要通过激烈的战争才能使敌人屈服，那么胜者所得到的必然是受到战争严重破坏的地方，并不能完全达到作战的目的。所以，他提出："百战百胜，还不算高明中最高明的，不战而使敌人屈服，才算是高明中最高明的。"孙武认为，如果能不用战争而使敌人降服，瓦解或收编敌方的军队，可以大大减少战争带来的损失，最大限度地达到战争的目的。

当吴王阖闾接到孙武送上的十三篇兵法，读到上述理论时，不禁拍案叫绝，称赞不已。他立即派人请孙武进宫，和他长时间的促膝谈心。孙武在和吴王阖闾的谈话中，进一步解释和发挥了他的军事思想，解答了吴王阖闾提出的应付当时战争中存在的一些具体问题需采用的战略战术。

阖闾高兴地说，"您献上的十三篇兵法，我全部看过了。假使敌人攻我城池，掠我田野，禁我采薪打柴，阻我道路，乘我空虚而来袭攻，怎么办呢？"孙武微微一笑，沉着地分析说："敌人是在城外郊野之区，以野外结营为家，一定会轻斗速战；而我们的兵在城内，必生怀土思家之情，和敌人在野外决战则不利。应该集合军队，积聚粮草，坚守城池，暗派轻兵断绝敌人粮道。敌人挑战不成，粮草不继，又无处可掠，必然困馁。那时我们可设计诱敌，或和敌人出战，在地形险要处设埋伏，或利用阴暗昏雾天气突袭敌人，就可以取胜了。"

阖闾觉得孙武说得很合心意，接着问道："如果我军进入敌境，没有守住险阻，士卒思归而大将欲进，上下异心；而敌人坚守城垒，或攻我前，或击我后，可有什么办法？"孙武回答说："不宜急战，也不宜接近敌城。可以考虑一面设疑军来佯惑敌人，使敌军误会我军将撤退；一面选择精兵掠夺敌人的牛马六畜。我军将士见了，一定会提高士气，作战勇敢起来。于是分兵埋伏，假使敌人追来，则偷袭敌人；假使不来，就撤退，也不会陷于失败。"阖闾点了点头，接着问道："如果两军争地，而敌军先得，守住险要，并派兵或出或守，阻住了我奇兵的进攻，又如之奈何？"孙武手指一卷展开了的地图说："大王知道吗？争地之法，让之者得，争之者失！敌人强夺我地，我军慎勿攻之。可以假装退兵，树旗击鼓，在马匹后面挂上树枝扬起灰尘，来迷惑敌人的耳目。我精兵可设埋伏偷袭敌军，敌人来救，则人欲我予，人弃我取，可袭取敌人空虚的城池。假使我军先夺得土地而敌人用此术来对付我们，我们要以锐兵固守其地，另选轻兵追击敌人，又在险要地形设伏兵，敌人还军作战时，伏兵四起，可以决胜于敌人了。"

阖闾微微地点了点头，表示赞同孙武的分析。又问道："两国接壤的边境地带，如果我方还没有修缮好城池，阻塞住敌人进攻的道路，而敌方已做了这样的准备，敌方可以来，而我方不能攻，双方兵力又相等，可想什么办法呢？"孙武答道："既然我们不可以去，而敌人可以来，我方就分兵埋伏；同时在敌军面前显出懈怠无能的样子。敌人必来进攻，我兵出其不意的攻击敌人，可以有功。"

阖闾又赞赏地微微点头，想起了另一个问题，说："孙子，如有重要通道必须先占为胜，而我方路远、出军迟，虽日夜驰车骤马，而不能先至，应用何法？"孙武哈哈一笑地说："道路是四通八达的，我方距离远，必有别国距离近的。可以派使臣，带重金，结好近旁国家，与之交亲结恩。我军虽后到，必有附近国家助我军事，资我军粮。这样，我方得众助而敌方寡助，我方成而敌方孤立无援。我们约会亲近国家，震鼓齐攻，敌军可以攻破了。"

吴王连说"对！对"他凝视着地图，又想出了一些问题向孙武请教。"如果我军已经进驻到敌方的土地上，敌军突然大至，围我军数重，我军想突围而出，而四路不通。那时激励士众，使兵士突围，应用什么办法？""这时不能急躁！我方应深沟高垒，给敌人以守备严固的感觉；我军安静不动，不让敌方了解我方的军力和动向。将士们饱餐一顿，然后杀牛焚车，烧尽粮食，填井夷灶，割发去冠，以有死无回的决心激励士兵，或合为一军，或分为两路，鸣鼓呼喊着冲入敌阵作殊死战，敌人也会害怕的。再派一支锐师攻入敌后方。这是被围而求生之法！所以说：'困而不谋者穷，穷而不战者亡！'""那么如果我们包围了敌人，又如何办呢？""大王，要知道敌人守在深山险谷之中，就是穷寇！我军宜伏军于隐蔽之处，让出道路，使其出走。彼求生逃出，必无斗志。我军因而击之，敌军虽众，必被击破。""有时敌人勇猛不惧，兵众而强，我军如何应付？""那好办，我军严守不战、耐心等待，顺从敌军的心意，久而久之，敌军必然懈怠。然后利用敌军的转移，潜伏等待。等前军已过，后军未到之时，突击其中军，敌军虽众，必可打败。但千万不可与敌军争锋。""有时敌军据守山泽险要，掌握了地方上的利益，粮食又足，我们挑战，他们不出，却乘我们的间隙出来侵掠，可用什么战术对付呢？""应分兵守住要地，时刻做好准备而勿松懈，暗暗派人探听敌军的虚实，等待敌方急惰的时候，就以利诱其出来，焚烧其四周的树木，敌军久而不得，当然会改变计划了。等敌人离开其根据地，我军就夺其要害，敌军也可攻破了。"

吴王阖闾滔滔不绝地和孙武谈论着彼此的意见，吴王不知疲倦地和孙武谈了几个时辰，兴致越来越高，对富国强兵的信心越来越足。他对孙武说："我多年来想到的一些军事上的问题，您都能解释得合情合理。您的兵法和学说真是治军之道啊！现在没有仗打，您能不能试验一下您的军法给我看看呢？"孙武说："我在《行军篇》中写道：'令素行以教其民，则民服；令不素行以教其民，则民不服。令素信著者，与众相得也。'作战要取得胜利，士兵一定要绝对服从指挥和军令，不妨在宫内集合军队，试验军法、军令吧！"阖闾说："官内没有那么多军队，可以用妇女来试验吗？"孙武说："可以"。吴王就把180名宫女交给孙武，由孙武来调配。孙武就把她们分作两队，以吴王宠爱的两个妃子为两队的队长。孙武对她们作了关于队伍操练要求的训话，然后击鼓发号。但是，从未训练过军事的宫女们以为是儿戏，没有照规定的动作去做，反而嘻嘻哈哈地笑了起来。孙武大声而严肃地说："约束不明，申令不熟，将之罪也。"他又三令五申地把操练的要求重新讲了几遍，又击鼓继续进行操练。宫女们仍然毫不在乎地嬉笑不止。孙武厉声说："约束不明，申令不熟，将之罪也；既已明，而不如法者，吏士之罪也。"说毕，就下令把左右两个队长抓起来按军法处斩。吴王在台上见到此状，急忙命令官吏对孙武说："我已经知道您能够带兵打仗了，这两人是我的爱妾，就不要杀她们了吧！"孙武正色地回答说："我已受命为将，就一定要依军法办事。将在外，君命有所不受！"于是，毅然杀掉了吴王的两个爱妾。孙武又用其次的两个宫女为队长，再次击鼓训练，宫女们在训练中前后左右跪起的动作，很快就都符合军令的要求了。孙武执法如山，不避亲疏，不分贵贱，严明军纪的治军方法，是他在军事指挥上取得成功的原因之一。

吴王深知孙武既精通军事，又善于指挥作战，就任命他为大将，日夜训练军队，振兴国力。吴王阖闾想急攻楚国，孙武说："吴国人民还很劳苦，不如再等待一下吧。"又过了一段时间，吴王阖闾又对孙武、伍子胥说："现在可以伐楚了吧？"孙武、伍子胥说："楚将子常贪得无厌，侵伐别国，唐、蔡等国非常怨恨。如果大王要想大打，攻灭楚国，需要结好唐、蔡才好。"吴王同意了，联合了唐、蔡两国。于是，孙武带领 3 万久经训练的精锐军队，运用正确的战略战术，大败楚军 20 万，杀死了从吴国逃亡到楚国去的二公子盖余、烛佣，五战五胜，一举攻克楚的郢都，楚昭王逃亡到云梦泽，楚国一度为吴国所灭亡。以后吴国又南胜越国，北胜齐晋，孙武作出了很大的贡献。

春秋战国时期各种性质的战争不断发生和军事行动的扩大，为军事理论的研究和战争经验的总结提供了条件。孙武杰出的军事理论的出现是当时时代的产物。由于时代和阶级的局限，孙武的军事理论中没有区分战争的正义性和非正义性，过分地强调了将帅和个人的作用；但在客观历史条件许可的范围内，孙武的军事理论达到了古代世界军事学的高峰。2000 多年来，历代很多著名的军事家和将领、保卫祖国的民族英雄、农民起义的杰出领袖，都受到《孙子兵法》的影响；伟大的无产阶级革命家毛泽东、周恩来、朱德等同志也运用和借鉴了孙武的军事思想来指挥人民战争，都取得了很大的胜利。在国际上，《孙子兵法》已被译成很多国家的文字，日本人把它誉为"世界古代第一兵书"。"知己知彼，百战不殆"，已成为军事学上的千古名言，而为世界各国所称赞。

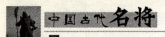
伍子胥

伍子胥（？－公元前484年），春秋末期吴国大夫、军事家，名员，字子胥，本楚国（今属湖北监利）人。

伍子胥之父伍奢为楚平王子建太傅，因受费无忌谗害，和其长子伍尚一同被楚平王杀害。伍子胥从楚国逃到吴国，成为吴王阖闾重臣，是姑苏城的营造者，至今苏州有胥门。公元前506年，伍子胥协同孙武带兵攻入楚都，伍子胥掘楚平王墓，鞭尸三百，以报父兄之仇。吴国倚重伍子胥等人之谋，西破强楚、北败徐、鲁、齐，成为诸侯一霸。

伍子胥本为楚国人。性格刚强，青少年时，即好文习武，勇而多谋。周景王二十三年（前522），因楚平王怀疑太子"外交诸侯，将入为乱"，于是迁怒于太子太傅伍奢，将其父、兄骗到郢都杀害，伍子胥只身逃往吴国。

在伍子胥入吴之前，跟随楚国太子建到齐国。后又到郑国。太子建和晋国君王私通。要做晋国攻打郑国的内应，伍子胥劝说建，郑国以忠义对待我们，我们怎么能背叛郑国呢？但是太子建说他已和晋国说好了，就没有听伍子胥的劝说。后来被郑国知道此事后，郑国国君就把太子建杀了。伍子胥就逃亡到吴国去。在他还没到吴国时，出了昭关之后还有一条河隔着。伍子胥看见没有船，内心非常焦急，突然河上出现了一条渔船，河帮伍子胥，下船

木雕伍子胥

之后，伍子胥怕渔翁把此事说出去，就对渔翁说不要把这件事情说出去。渔翁听后非常伤心，他想他诚心帮伍子胥渡河，但伍子胥非但不感激，反而还怀疑他，他非常敬重伍子胥，他没有抱怨他，渔翁将船划到江中心自沉了，以绝伍子胥的疑心。伍子胥看到后大哭，说是他害了渔翁。后来这个传说渡船的地方被人叫作胥浦（今天江苏仪征市胥浦）。但有的书上说渔翁没死，后来伍子胥要灭郑国为太子建报仇，渔翁的儿子就唱了一首歌，就是老渔翁对伍子胥唱的，伍子胥想起他的恩人在郑国就班师回去了，这是后话。

伍子胥入吴后，知公子光有大志，乃用专诸刺杀吴王僚，夺取王位，得进用为"行人"（掌朝觐聘问之官），与谋国政。辅佐吴王阖闾修法制以任贤能，奖农商以实仓廪，治城郭以设守备。又举荐深通兵学的孙武为将，选练兵士，整军经武，使吴成为东南地区一强国。根据吴与周边各国的强弱形势及利害关系，与孙武等制定先西破强楚，以解除对吴最大威胁，继而南服越国以除心腹之患的争霸方略。周敬王八年（前512年），针对楚国执政者众而不和，且互相推诿的弱点，伍子胥提出分吴军为三部轮番击楚，以诱楚全军出战，彼出则归，彼归则出，"亟肆以罢（疲）之，多方以误之"（《左传·昭公三十年》）。待楚军疲敝，再大举进攻。此后数年间，吴军连年扰楚，迫楚军被动应战，疲于奔命，实力大为削弱。随即展开大举攻楚的准备，争取与楚有矛盾的蔡、唐两国作为吴的盟国，使楚北方门户洞开，为尔后避开楚军防守正面实施突袭创造了条件。

又出兵攻越，给楚造成吴不会大举攻楚的假象，并施反间于楚，使楚不用知兵善战的子期，而用贪鄙无能的子常为帅。十四年，与孙武等佐阖闾统领大军沿淮水西进，由楚防备薄弱的东北部实施大纵深战略突袭，直捣楚腹地，以灵活机动的战法，击败楚军主力于柏举（今湖北麻城东北，一说今汉川北），并展开追击，长驱攻入楚都郢（今湖北荆州荆州城北三十公里纪南城），终成破楚之功（见柏举之战）。由于怀有强烈的个人复仇愿望，在楚未能安抚民心，激起楚国上下反对，致使吴军难以立足。（伍子胥到楚国后，听说楚平王已死，就把楚平王的坟墓撬开，用钢鞭鞭尸三百，楚国人民看到吴国人复仇心如此强，全国百姓大惧）。

"伍子胥于吴国为忠臣，于祖国——楚——却是罪人。"（《载敬堂集》）对于伍子胥为复一己之仇，劝吴攻楚，使祖国（楚国）无数生灵毁于被动战争，诗人陈志岁颇有微词，其诗《申胥》："知否申胥本楚人，引吴攻楚为私因。可怜祖国好儿女，半作伍家偿命身。"（《江南靖士诗稿》）伍子胥复仇之志终得实现，并因功受封于申，亦称申胥。阖闾死前并托伍氏辅佐少君，封他最高爵位称相国公。后继事吴王夫差。二十六年，吴、越夫椒之战，越惨败几乎亡国，夫差急于图霸中原，欲允越求和之时，伍子胥预见到两国不能共存之势，又洞察越王勾践图谋东山再起之心，力谏不可养痈遗患，而应乘势灭越。夫差不纳，坐视越国自大。

三十六年，及见夫差欲率大军攻齐，越王勾践率众朝贺，再度劝夫差暂不攻齐而先灭越，以除心腹之患，又遭夫差拒绝。知夫差昧于大势而不可谏，吴国必为越国所破灭，为避祸而托子于齐国鲍氏，反遭太宰伯嚭诬陷，被逼自杀。伯嚭本来也是楚国人。在伍子胥来吴国之后伯嚭才到吴国，当时有个相面的人就说伯嚭这个人没什么本事，只会拍马屁。让伍子胥提防他一点，但伍子胥想他和伯嚭来自同一个楚国，而且和楚国都有深仇大恨。最后由于勾践送给伯嚭大量财务和美女，伯嚭就在夫差面前屡进谗言。

他说伍子胥把儿子送到了齐国，就是背叛吴国。夫差用属镂剑赐伍子胥死。伍子胥视死如归，在死前对邻舍人说："我死后，将我眼睛挖出悬挂在吴京之东门上，用以看越国军队入城灭吴"，说完便自刎而死。他死后仅九年，越灭吴，终应其言。

春秋末期吴国兴亡，伍子胥举足轻重。其治国用兵，以务实为旨，远见卓识，谋略不凡。《汉书·艺文志》著录兵书《伍子胥》十篇、图一卷，虽已亡失，当证伍子胥生前有其军事著作。从春秋时期的战争中透露出来的历史亮点：吴国在吴国历代君王和名臣（如：伍子胥）等人不断努力下，组建出来的"混合舰队"，可称中国海军鼻祖而当之无愧！

知识链接

因一块羊肉而战败

公元前607年，郑国出兵攻打宋国。宋国派华元为主帅，统率宋军前往迎战。两国的军队在大棘，也就是现在的河南省柘城县西北地方交战。

两军交战之前，宋军主帅华元，为了鼓舞士气，杀羊犒劳将士。可是在分发羊肉的时候，却把为华元驾驭战车的羊斟忘掉了。羊斟没得到羊肉，便怀恨在心。

双方正在交战的时候，羊斟对华元说："战斗开始前，分发羊肉的事你说了算。现在，驾驭战车的事，可是由我说了算的。"说完，他就故意把战车赶到郑军阵地里去。结果，堂堂守军主帅华元，就这样轻易地被郑军活捉了。宋军失掉了主帅，因而惨遭失败。

第二节
战国时期的名将

吴起

　　吴起，战国前期卫国人。他在鲁国、魏国训练军队、指挥战争，取得了很大的成功，后来辅佐楚悼王变法，以身殉职。他是战国时期著名的地主阶级政治家和军事家。

　　吴起出身于卫国一个新兴的富商之家。当时新兴地主阶级已经登上政治舞台，向奴隶主贵族展开夺权斗争；原来身份低贱的庶人、工商，提高了社会地位。他们通过读书、游说等各种途径，逐渐参与各国的政治活动。吴起青年时，抱着改革旧制度、富国强兵的雄心壮志，到处奔走游说，希望借此实现自己的政治理想，结果"游仕不遂"，反把千金家产丢个精光。卫国的旧贵族乘机煽动一批人对年轻的吴起进行攻击、讥刺、诽谤，吴起杀谤己者三十余人，辞别了老母，离开了家乡，来到被称为"礼义之邦"的鲁国，一面跟孔子的学生曾参学习，一面在鲁君手下当官。不久，吴起的老母去世了。吴起破除传统的习惯，决心坚持在鲁国学习，不回去带孝送丧。但是，这却违反了强调孝道的儒家的规矩，曾参竟为此和吴起断绝了师徒关系。从此，吴起摆脱了儒家的影响，在鲁国学习

吴起雕像

代表新兴地主阶级激进派利益的法家学说和兵法，逐渐成长为一个著名的法家政治家和军事家。

公元前411年，齐国发兵攻鲁，鲁君命年仅20岁左右的吴起为大将，带兵抵抗。吴起充分发挥了他的军事才能，使弱小的鲁国打败了强大的齐国，取得了以少胜多的军事胜利，他的声望也就越来越高了。但是，这样一个有才有功的青年军事家，却遭到鲁国一些大夫们的忌恨和攻击，鲁君也对他怀疑起来。吴起知道鲁国保守势力强大，没有施展才能的机会，于是，他被迫离开了鲁国，来到了战国初年最强盛的国家魏国。当时著名法家学者李悝正协助魏文侯变法，李悝深知吴起熟悉军事，善于用兵，连当时齐国著名的用兵专家司马穰苴也及不上他，便把吴起推荐给了魏文侯。魏文侯正需要一位指挥军事的将官，便任命吴起为大将。吴起在魏国充分发挥了自己的军事才能，对魏国振兴武备、富国强兵起了很大作用。

吴起认为，打仗靠的是军士。士兵的身体素质、军事技术和斗志对战争的胜负很重要，因此他在魏国时对士兵进行严格的挑选、训练和考核。考核的标准是：士兵身穿三层甲，头戴铁盔，腰佩利剑，能操十二石的强弩，带箭50支，肩扛长矛一杆，背三天干粮，半天能行一百里。凡考核及格者，其家就免去徭役，并奖给田宅。这样便促进了士兵训练军事技术的积极性，选拔出了一批刻苦耐劳、勇敢善战的战士。接着吴起改革了魏国军队的编制法，把身强力壮、善于近战的编在一起，吃苦耐劳、能长途跋涉的编在一起；使每个士兵的优点能得到充分的发挥，遇到战争时便能灵活地编排使用。在治军中，吴起也和孙武一样，强调"进有重赏，退有重刑"，严明军纪，赏罚分明。他还深入士兵队伍，和最下等、最辛苦的士兵一起生活。魏文侯派吴起带兵攻打秦国时，吴起在行军中和士兵吃同样的饭，穿同样的衣服，晚上和士兵睡在一起，行军时不骑马，背着粮袋和武器跟着队伍步行。有一个士兵生了疮疖，吴起像父母一样关心他，用自己的嘴凑在士兵的疖子上把脓水吸出来，士兵纷纷称道吴起爱兵的事迹。那个生疮疖的士兵的母亲听到这个消息后，不禁大哭起来说："吴将军如此爱护士兵，士兵更应爱护吴将军了呀！打起仗来，个个拼命作战，过去吴将军曾替我参军的丈夫吸过脓水，我的丈夫感激吴将军的恩德，战死在沙场。现在吴将军又替我的儿子吸脓水，恐怕他又要战死在沙场上了，我怎么能不悲痛呢？"这个故事反映了吴起爱兵起到了治好军队、提高军队战斗力的效果。重视士兵的作用，强调军事技术和士兵素质的训练，强调军令军纪和官兵一致，这是吴起军事思想中很有价值的部分，也是吴起在士兵中赢得威信、将士们愿意听他指挥、打仗经常取得胜利的重要原因。

吴起建立的这一套军事制度，历史上称为武卒制。根据现存的吴起练军的遗址来看，当年吴起练军的规模是很大的。在今河南省延津县北发现了当年吴起筑城的遗址，称为吴起城。这个城形状如鹅头，坐落在古黄河的北岸、太行堤以下。现在在西城"鹅脖"处，还有一座高达数米的黄沙岗，相传为吴起所筑的"鼓楼"，当年吴起就在这里威武雄壮地鸣金击鼓、指挥和训练军队的。

吴起以他卓越的军事思想和杰出的军事才能，为魏国训练出了一支训练有素、勇敢善战的军队。他在与敌国作战中，运用时隐时明、诱敌深入、灵活机动的战略战术，屡次获胜。公元前408年，魏文侯命吴起伐秦，吴起攻占了秦国在洛水以东的五座城池，在那里设立了西河郡，由吴起任郡守，使"秦兵不敢东向"。总计他与敌国作战76次，获得全胜的就有64次。这些辉煌的战果，无一证明了吴起军事思想的正确。吴起本人既是卓越的军事家，又是杰出的政治家。他一面治军练武，一面改革政治。他在西河郡守的任期内，大兴屯田，发展农业，聚集军粮，"治百官，亲万民，实府库"，厉行法治，赏罚分明，严重地打击了旧贵族势力，威震西河。当地老百姓中流传着"吴起阎兵，斩妖拿鬼，百里五谷丰登"的故事，来颂扬他的政绩。吴起根据他长时期训练、指挥军队和从事政治改革的实践，总结了要使新兴地主阶级国家富国强兵的经验。他强调了法家重视农战的思想，指出历史上有的国君"修德废武"，强调仁义，不修武备，结果国家灭亡；有的国君"恃众好勇"，只注意打仗，不修内政，结果也导致社稷的沦丧。吴起认为，要想巩固新兴地主阶级政权和社会制度，"必内修文德，外治武备"，既要搞好政治，又要重视军事。他总结了自己治军的经验，写出《吴子兵法》四十八篇（现存六篇），受到人们的称颂。吴起治军、治政的思想和成就，为李悝在魏国变法的成功和魏国的富强，做出了重要贡献。

吴起在魏任职近30年，后来魏文侯死了，魏武侯即位，吴起受到旧贵族势力的排挤和迫害，被迫离开魏国。他于公元前384年左右来到了楚国，当时，楚国的政治军事经济大权还掌握在奴隶主贵族手里。他们专横跋扈，奢侈腐化，"上逼主而下虐民"，反对政治革新。地大物博的楚国，在战国初期陷于政治腐败、经济凋敝、民不聊生、积贫积弱的境地，国内阶级矛盾十分尖锐，对外战争连年失利。楚悼王为了富国强兵，下令求贤，实行变革。吴起受到了楚悼王的重用，被任用为相，主持变法。吴起坚持推行法家的革新主张，首先废除了楚国的世卿世禄制度，裁去了无能、无用、不急的冗官，疏远的公族一律除去族籍，规定凡是封君的子孙已传三代的，收回爵禄，把节省下来的钱用来训练军队，从而有力地打击了奴隶主贵族的势力，加强了新兴地主阶级的势力；其次，吴起把民愤很大的旧贵族流放到边疆地区去开荒，废除了他们原来分封的领地，进一步削弱了奴隶主贵族的势力，减轻了人民的负担，增加了国家的收入；第三，"明法审令"，加强国王的权力，统一全国的政令、舆论，使政权牢固地掌握在以国王为代表的新兴地主阶级势力手里，禁止奴隶主贵族来干预、议论国家的法令。吴起在楚国雷厉风行地推行的这些改革，虽然时间不长，但影响很大。楚国迅速强盛起来，南面平服了百越，势力深入到今湖南南部和广西北部的苍梧郡，北面兼并了陈、蔡两国，西面进攻了秦国，并阻住了三晋势力的南下，"诸侯患楚之强"。吴起在楚国变法的初步成功，打击了奴隶主贵族的势力，促进了楚国封建制度的建立。但是，由于楚国旧贵族势力强大，他们时刻准备复辟，而吴起在推行变法过程中并没有依靠人民，所以没有争取到统治集团内部多数人的支持，楚国国内拥护变法的力量很薄弱。当公元前 381 年楚悼王死去后，奴隶主贵族立刻发动政变，把吴起包围在楚悼王治丧的地方，吴起被迫伏在楚悼王的尸体上，旧贵族就用乱箭射死了吴起，还把吴起的尸体残酷地肢解了。

吴起为自己的事业献出了宝贵的生命，他在楚国的变法最后也失败了。但是，吴起在魏国近 30 年的军事、政治活动，特别是他在治军和指挥战争中取得的重要成就，以及他在楚国的变法在当时影响很大，对推动战国初年的变法革新运动起了到积极作用。他作为战国初年杰出的军事家和政治改革家，一直受到人们的纪念。

廉颇

廉颇是战国时期赵国杰出的将领，生卒年不详。他登上历史舞台活动的时候，正是公元前 3 世纪的战国后期。此时，齐、楚、燕、韩、赵、魏、秦七个大的诸侯国进行着激烈的兼并战争，战火连绵不断，燃遍了全中国。作为赵国大将的廉颇，前后征战 40 多年，为赵国的强盛作出了重大的贡献。

公元前 306 年秦昭王即位后，派兵进攻赵国。廉颇统率赵国大军，几次打败了秦军，迫使秦昭王于公元前 285 年与赵惠文王在中阳（山西中阳县西）

会谈讲和。赵惠文王十六年（公元前283年），廉颇又领兵打败了齐国，夺取了阳晋（今山东郓城县西），被授予上卿（当时的最高官职）。秦、齐都是当时的头等强国，被较弱小的赵国打败，引起了各国的注目。从此，赵国大将廉颇英勇善战的名声传遍了各诸侯国。

廉颇不仅是一员虎将，而且还是一位识大体顾大局、知错必改的忠臣，他"负荆请罪"的故事，一直为人们所传颂。公元前283年，不可一世的秦昭王企图强骗赵国的稀世之宝——和氏璧，赵国派出身低微的蔺相如出使秦国，蔺相如不畏强秦，机智勇敢，揭露了秦的阴谋，保全了和氏璧"完

大将军廉颇

璧归赵"，出色的完成了使者的任务。公元前279年，秦赵两国相约在渑池（今河南渑池西）相会，会上，秦昭王侮辱赵惠文王，蔺相如挺身而出，不顾生命危险，针锋相对，以牙还牙，保住了赵国的尊严。因此，他被任命为上卿，地位在廉颇之上。廉颇对此很不服气，他说："我当赵国的将军，有攻城野战的大功劳，而蔺相如只凭口舌立功，地位反而在我之上。况且蔺相如本来是个卑贱的人，我感到羞耻，在他之下我受不了！"并公开宣扬："如果我碰见他，一定要当面叫他丢脸。"蔺相如知道这些情况后，便回避与他相会，每逢上朝总是推托有病不去。有一次乘车出门，远远望见廉颇来了，就赶紧命令把车拉到一旁躲开他。蔺相如手下的人实在忍不住了，非常气愤，问他："为什么要这样低三下四的害怕廉将军？你这样做，我们都感到羞耻，如果你以后还是这样，就让我们离开你回家吧！"蔺相如说："你们知道，秦昭王那么威风，各国诸侯都害怕他，可是我却敢在朝廷上当面责骂他。我虽然没有本领，难道会害怕廉将军吗？我只是考虑，强横的秦国不敢把战争强加给赵国，其原因就是有我们两个人能同心协力对付秦国。如果我们两人冲突，如两头猛虎拼命恶斗，结果只会给秦国以可乘之机。我忍耐让步，是以国家安危为重，不计较个人的私怨。"手下人听了他的话后都很敬重他。这番话不久

便传到了廉颇的耳里，他非常感动，感到自己眼光短浅，气度狭窄，为了一时意气，险些误了国家大事。这位劳苦功高为国忠诚的老将，心里十分惭愧，他立即敞开衣服（自认为有罪的表示），背着荆条，登门向蔺相如请罪说："我是一个没有见识、心胸狭小的人，不知你竟如此宽恕我，你应该责打我啊！"蔺相如也为这位老将公开认错的精神所感动，赶忙上前把他扶起来。从此，两人结成生死之交，将相共同治国。

以后廉颇连年带兵，屡次战胜齐、魏等国。公元前270年，秦、赵两国在阏与（今山西和顺县西）大战，赵国名将赵奢又大败秦军。8年以后，秦国再度调动大军进攻赵国，赵国派大将廉颇率领倾全国之师应战，双方在长平（今山西高平）展开了战国时期最大的一次攻守战。富有军事指挥才能的廉颇分析了敌我双方的情况，认为秦强赵弱，秦是攻，赵是守。而且秦长途远征，供应粮草有困难，利于速决战。于是廉颇采用持久战，筑垒坚持固守，不与秦军直接交锋，秦军多次挑战，廉颇都不应战，双方坚持了三年，不分胜负。秦军深知，廉颇不去，赵军难破。于是，秦用反间计，散布谣言说："廉颇老了，容易对付，而且他有降秦之意，秦国真正害怕的是赵括。"赵王中了反间计，任命只会"纸上谈兵"的赵括为大将代替廉颇。赵括代替廉颇统军后，一反廉颇的做法，轻易主动出击，被秦军打得大败，全军40多万人全部被秦将白起坑杀。

赵孝成王十五年（公元前251年），燕国大将栗腹带兵攻赵，孝成王再度起用廉颇为大将率军抵抗，在鄗（今河北柏乡）大败燕军，杀栗腹，接着乘胜进军围燕，迫使燕国割五座城池请和。得胜回朝后，廉颇被封为信平君，任相国。6年后，廉颇又奉命领兵击魏，攻占了繁阳（今河南内黄东北）。

赵悼襄王时期，赵国国内政局日趋紊乱。郭开专权，嫉贤妒能，唆使赵王用乐乘代替廉颇，剥夺了廉颇的兵权。廉颇一怒之下赶走了乐乘，自己也逃到了魏国首都大梁（今河南省开封）。他到魏后，仍怀念赵国，很想回来。赵悼襄王也想再次起用廉颇，曾派人到魏国探视廉颇的身体如何。廉颇在赵使面前，吃了一斗米的饭、十斤肉，吃完披甲上马，威风凛凛地来回奔驰，表示他仍可以打仗。但是，由于郭开贿赂了使者，使者便向赵王虚报，廉颇虽能吃饭，但坐一会功夫就要大便三次。赵王认为廉颇老了，身体不行了，便没有将他召回去。后来，楚国派人偷偷的把廉颇接到国都寿春（今安徽寿县），虽被任为楚将，但再也没有立什么功劳了。廉颇70多岁高龄时，在楚国逝世。

乐毅

　　乐毅的祖先名叫乐羊，是魏文侯时的将领。公元前408年，魏文侯派乐羊率领军队去攻打中山国（在今河北中部偏西，活动中心在今定县），战事持续了三年，终于把中山国灭掉。为了嘉奖乐羊的战功，魏文侯把乐羊封在灵寿（在今河北平山县），乐羊死后便葬在这里，乐羊的后代也在这里定居。由于魏国和中山国之间还隔着一个赵国，所以魏国很难控制中山国。大约在公元前380年前后，中山国又重新建国，并把国都设在灵寿。公元前300年，赵武灵王派兵进攻中山国，5年以后，即公元前296年，又把中山国灭掉。这样，乐毅又成了赵国人。赵国人见乐毅有才能，善用兵，便推举他在赵国做官。到公元前299年，赵国发生内乱，赵武灵王被围困在沙丘（在今河北巨鹿东南）宫，活活饿死。乐毅便乘机离开赵国，跑到魏国的国部大梁（在今河南开封）。

　　乐毅听说燕国发生内乱，齐国乘机破燕；燕昭王为了向齐国报仇，正礼遇郭隗，招贤纳士，便想到燕国去。说也凑巧，魏昭王正要派使者赴燕，乐毅便作为魏国的使者来到了燕国。燕昭王早就听说乐毅很有才干，对他十分敬重；乐毅便请求留在燕国，燕昭王任命他为亚卿。于是，乐毅一方面帮助燕国训练军队，一方面积极进行政治改革。燕国经过20多年的努力，国家殷富，士卒乐战，为进攻齐国准备了条件。

　　当时，齐国号称东方强国，土地肥沃，蓄积丰富；不过齐湣王（公元前300年—前284年在位）连年征战，南败宋楚，西击三晋，并帮助赵国灭掉了中山国。连年的战争，激化了齐国内部的矛盾，引起了齐国百姓和各国诸侯的不满；加上齐湣王目空一切，骄傲自满，既瞧不起其他各国，又对燕国疏于戒备。

　　燕昭王觉得形势对自己有利，便跟乐毅商量攻打齐国的大计。乐毅认为，齐国曾是五霸之一，至今实力尚存，加上它地广千里，人口众多，如果仅凭燕国的力量单独攻齐，很难取胜。他向燕昭王建议，在进攻齐国之前，应该利用各国同齐国的矛盾，先去联络赵、韩、魏三国，共同出兵。这样，削

战国名将——乐毅

弱并孤立了齐国，燕国才有胜利的把握。燕昭王接受了乐毅的主张，派他去联络赵国，派其他使者去联络韩、魏等国，赵国又去联络秦国。经过频繁的外交活动，不仅赵、韩、魏三国支持燕国，同意出兵，而且秦国也想打败齐国，夺取定陶（在今山东定陶北）。

公元前284年，燕昭王动员全国兵力，拜乐毅为上将军。秦国也派大将斯离带兵与三晋之师会合，赵惠文王把相国印绶交给乐毅。乐毅统帅燕、秦、赵、韩、魏五国大军，浩浩荡荡，大举伐齐。

齐湣王听说五国大军前来进犯，便任命触子为将，亲自调集全国兵众，沿济水设置防线，进行抵抗。他唯恐齐军战败，对触子下死命令说，只许胜，不许败；败了，就要掘你的祖坟。齐湣王昏聩残暴，他这样做，反而涣散了军心，瓦解了斗志。所以，当双方在济水以西接触时，触子一战失利，便丢下大队人马，只身脱逃，齐军大败。

乐毅在打败了齐军的主力之后，便遣还了秦、韩两国的军队，让魏军去攻取宋国的故地，让赵军去攻占河间，自己准备统率燕军，长驱直入，继续追击。这时，剧辛对乐毅说，齐国是个大国，燕国是个小国，这次能打败齐国，主要靠其他国家的援助。从长远考虑，应该及时占领齐国边境的城池，不应该贸然深入。乐毅不同意剧辛的看法，他认为齐湣王早已不得人心，如果燕军乘胜前进，就会使齐国离心离德，爆发内乱，燕军正好趁此机会征服齐国；如果贻误军机，齐国就会整顿内部，卷土重来，那就很难征服齐国了。于是他抓紧战机，轻卒锐兵，直取齐国的国都临淄（在今山东淄博），临淄很快陷落。乐毅把齐国宫室的财物、珍宝和祭器全部缴获，运回燕国，献给燕昭王。燕昭王非常高兴，亲自到济上慰劳将士，并封乐毅为昌国（在今山东淄川东）君。

这时，燕军威雄壮，士气高昂。为了控制并占领齐国全境，乐毅分兵五路：左军东渡胶水，攻占胶东、东莱（在今山东平度、莱阳、乳山一带）；右军沿黄河和济水，向西攻占阿城（在今山东东阿）、鄄城（在今山东鄄城北），跟魏军相接应；前军沿泰山东麓直至黄海，攻取琅邪（在今山东沂南至日照一带）；后军沿着临淄东北的海岸，攻占千乘（在今山东高青东北）；中军镇守齐都临淄。

由于乐毅注意约束将士，严明军纪，禁止抢掠，尊重当地习俗，并且废除了齐湣王的暴令，减轻了百姓的租赋负担，对当地名流也很优待，所以，进展十分顺利，在不到半年的时间里，就连下70余城。当时，除莒城（在今山东莒县）、即墨（在今山东平度东南）没有攻占以外，其他地方都被乐毅改设为郡县。乐毅还为齐桓公和管仲修建庙宇，进行祭祀，并在齐国封了20多个拥有燕国封邑的封君，把100多个燕国的爵位赏赐给齐国的名人，以便拉拢地主阶级，长期占领齐国。

再说齐湣王从临淄逃出以后，先是跑到卫国的国都濮阳（在今河南濮阳西南）；没有多久，又被卫国人赶了出来。以后他东逃西奔，到处碰壁，只得回到莒城，并向楚国求援。楚国派大将淖齿率兵救齐，实际上是想以救齐为名，乘机瓜分齐国，跟燕国平分秋色。齐湣王走投无路，饥不择食，把淖齿当成了"救星"，并拜他为相国。没过几天，齐湣王就被淖齿杀掉了。第二年，齐人王孙贾又攻杀淖齿，齐湣王的儿子法章自立为齐王。这样，号称东帝的齐国在几个月之间，就国破君亡。如果不是燕国的形势发生了变化和齐国的田单崛起于即墨，齐国说不定真要灭亡了。

李牧

公元前228年，秦军向赵国大举进攻。秦军一举攻破赵国国都邯郸，赵王迁也做了秦军俘虏，建国200多年的赵国至此灭亡。曾经国富民强的赵国为什么会迅速走向灭亡？原因固然是多方面的，但是，"赵有李牧，秦王罢东并之势"，杀死李牧，赵王自毁长城，是其中的重要原因。正如史学家们所说："李牧生，赵国存；李牧死，赵国亡。"李牧，战国末期赵国的名将，主要活动于赵孝成王、赵悼襄王及赵王迁时期，卒于公元前229年，即赵国灭亡的前一年。

李牧前期的军事活动主要是抗击北部匈奴军队的入侵，时间大概是赵孝成王时期。

在赵武灵王实行"胡服骑射"的年代，赵国的北部边境是安宁的。但从赵惠文王时代（公元前298—前266年）起，匈奴逐渐强大起来，经常骚扰赵国的北部边疆。赵孝成王时期，李牧奉命驻守雁门，独当北部戍边之责。

上任之后，李牧仔细分析了当时的军事形势，他认为，匈奴善于骑射，没有固定的驻军地点；雁门一带边地荒凉、兵少防线长；赵国连年征战、军费不足。在这种情况下，短时间内很难一下子消灭匈奴军队，只有积蓄力量，从长计议，伺机反击。为此，李牧采取了如下的戍边措施：使士兵与边民共同守边，以增强战斗力，巩固防务；鼓励当地居民发展生产，并设市场收租税以充军费；大力加强部队的骑射训练和烽火报警联络设施的建设，同时派出大批间谍侦察人员，监视匈奴军队的行动；在作战指导上，采取骄纵敌军、后发制人，严戒备、不轻战的原则。

就这样，一直过了数年。匈奴虽然常常袭扰，但一无所获。由于屡屡出兵，而赵军总是不予还击，匈奴军队的战斗力大减，轻敌情绪却大增。而赵军的戍边作战能力有了长足的进展，在军事态势上也逐渐取得了优势。

然而，李牧在边关严守不战的状况，却引起了赵王的误解，他派将领接替了李牧之职。

新任将领来到雁门后，一反李牧的戍边原则，在一年多的时间里，他连续出击；凡匈奴来犯，他都下令出战。结果，赵军损失惨重，边区生产也受到很大的破坏。在这种情况下，赵王只好再请李牧前去防守边疆。起初，李牧不肯就职。在赵王的一再坚持下，李牧说："如果一定要用我，请允许我仍用过去的老办法，我才会接受命令，"赵王只好答应了他的要求。李牧再次回到雁门后，继续采用以前的戍边之策。几年后，雁门一带人财两旺，民富而军蓄足，赵军战斗力又有了进一步提高。此时，李牧认为，反攻决战的时机已经成熟，于是，他挑选了1300辆战车、3000匹战马、50000名勇士、10000名弓弩手，加紧战前训练，积极备战。

一天，李牧故意让边民将大群牛羊放出去，以引诱匈奴军队。匈奴见到大群牛羊，果然派出军队前来抢掠。李牧事先已把主力部队埋伏在纵深地区的两翼，这时只派少数部队与敌周旋，且战且退，诱敌深入。当匈奴主力进入赵军设伏地区时，李牧一声令下，埋伏在左右两翼的赵军一齐杀出，一举歼敌10万多人。接着，李牧又指挥赵军乘胜追击，降伏了东胡、林胡等许多部落。雁门大捷后，李牧声名远播列国。从这以后的十几年，匈奴再也没敢侵犯赵国的边疆。

李牧后期的军事活动主要是抗击秦国的进攻以及燕、韩、魏等国的侵袭，保卫赵国领土和稳定赵国局势，时间大概是赵悼襄王和赵王迁时期。

赵悼襄王元年，即公元前245年，国内主持军务的老将廉颇因受离间被解除职务。而此时，赵国又受秦国进攻，形势危急。于是，李牧被召回内地，成为赵国后期抗秦的主要将领。

公元前236年，秦军趁燕、赵大战之机，兵分两路对赵发起大举进攻，企图夹击赵都邯郸。当时，邯郸以南秦军虽来势汹汹，但中途有长城阻挡，漳水隔断，从南路进攻邯郸是非常困难的。所以，南路军在进占平阳之后，分师北上，直抵肥下（今河北肥乡西），以配合北路的攻击。面对这种态势，李牧决定采取"击溃南部秦兵，阻遏北部秦兵"的作战方针，集中力量首先消灭南路秦军的部队，以便阻止两路秦军的汇合。于是，他率军急速迎战南路军所部于肥下。秦军猝不及防，被李牧一举击败。李牧获得了这一战的决定性胜利，同时也解除了北部的威胁。因为北部王翦失去南路的配合，已不可能实现夹击邯郸这一目标了。赵王为了表彰李牧的功绩，封李牧为武安君。

公元前233年，秦军又发动了对赵国的第二次大举进攻，这次进攻，秦军仍分南北两路，但同时派出援军分别增援南北两路秦军，并由秦王亲自指挥。针对秦军的大举进犯，李牧仍然采取了集中兵力先打一路的作战方针。他首先以强大的攻势一举打败了北路的秦军，然后又迅速控制了太行山要隘，阻止秦军主力前来增援。秦军主力遭到赵军顽强阻击，又听说赵将仍是声名赫赫的李牧，畏怯不敢再战，只好罢兵回撤。这样，秦军第二次大举攻赵的计划，又一次被李牧粉碎了。

两次抗秦作战的胜利，都是由于李牧正确选择防御方向，灵活运用集中兵力、各个歼敌的作战方略的结果，这显示出李牧在用兵、指挥上颇有造诣。

公元前229年，秦军对赵国又进行了第三次大规模进攻。这次进攻，秦军还是分南北两路。北路由王翦率领进攻井陉，南路由端和率领直指邯郸。在这之前，李牧虽然两次战胜秦军，但赵军也损失了不少的兵力，形势不容乐观。为此，赵王决定，由李牧率军抵御北部，另派将军司马尚率军阻敌于南路。李牧鉴于军事上处于劣势，采取坚固防守，消耗秦军的战略，使秦军攻势屡屡受阻，陷入劳师无功的地步。这时，秦军运用"反间计"重金收买了赵王宠臣郭开，他到处诽谤李牧和司马尚要造反。赵王误信谗言，派不懂军事的赵葱以及齐将颜聚代替李牧、司马尚。正在前线督军奋战的李牧得到被贬的消息，悲愤交集，不肯受命。不久，赵王下令将李牧斩首。

李牧死后第二年，秦军发动全面进攻。北路赵将赵葱惨败被杀，南路齐将颜聚闻讯弃军逃跑，秦军一举攻破邯郸，赵国从此灭亡。

白起

"料敌合变，出奇无穷，声震天下"，这是大史学家司马迁在《史记·白起王翦列传》中对白起的评价。白起究竟有什么军事业绩，为什么司马迁对他做出如此评价？

白起，战国时期秦国首屈一指的军事统帅。公元前294年，白起作为左庶长率秦兵攻韩，拔取新城，显露出过人的军事才华。这年，魏冉向秦王推荐白起为将。从此，白起率秦军征战沙场37年之久，攻必克，守必固，"战胜攻取者七十余城"，先后歼灭三晋和楚国军队达100万之多，因战功卓著晋升至国尉、大良造等职位。公元前278年，白起被封为武安君，成为秦昭襄王兵出关东、剪灭六国的主要军事统帅。

白起一生戎马倥偬，战功卓著，其中最有代表性的军事活动主要有三次：

一是中原大战。秦国原来只是地处西陲的一个小国，后来不断向外扩张，连年用兵中原，南破强楚，东败赵、魏、韩，把势力推进到太行山地区。在这一系列逐鹿中原的战争中，白起几乎无役不为统帅，且无役不获大胜。公元前293年，白起率军与魏、韩联军大战于伊阙（山名，今在河南洛阳西南）。此战，白起根据魏、韩两军既联合更自保的情势，采取集中兵力，先打弱敌魏军，然后各个击破的战法，一举歼敌24万，连拔城池5座，并俘虏韩军大将公孙喜，迫使魏、韩割地求和。次年，白起又率军伐魏，所向披靡，两年之中，攻取大小城池61座。公元前280年，白起再率军攻赵，大败赵军，夺取光狼城。此后，秦国把进攻重点转向楚国。公元前279年，白起率秦军数万，连克5座楚城；第二年，白起又抓住"楚王恃其国大，不恤其政"，而群臣相争，百姓离心，守备松弛等弱点，率军深入楚国腹地，拔取楚都，迫使楚王迁都。在重创楚国后，白起又回师伐魏，于公元前273年，在华阳城下大败魏军，歼敌13万，迫使魏国割让土地向秦求和。自公元前264年起，根据秦国"逐中原先取三晋，攻三晋先打韩国"的战略方针，白起又率军攻韩，公元前264年，先后歼敌5万，连拔9城。次年，又攻略单阳、陉城等城池，把势力推进到太行山南端。

二是长平大战。公元前262年，为争夺重镇上党郡（今山西长治一带），秦赵之间爆发了战国史上规模最大、死伤最惨的长平大战，白起的军事成就

鬼谷子文化园白起像

也在这次大战中达到了巅峰。当时的战况是这样的：赵王派大将廉颇驻守长平（今山西高平西北），廉颇根据彼强己弱的形势，采取了筑垒固守、疲惫秦军的战略。秦军多次挑战，"廉颇坚壁不出"，双方处于相持局面。公元前260年，秦国派出间谍，身带千金，到赵国进行反间活动，诱使赵王罢免了廉颇的职务，任用只知纸上谈兵、没有实际才能的赵括为将。秦国见赵国落入圈套，便秘密派白起任秦军主将，将此前主将王龁改为副将。白起抵达前线后，决定采取后退

诱敌、分割围歼的战法。战役部署是：以原在第一线的部队担任诱敌任务，待敌进攻时即佯败后退，诱敌脱离壁垒，进入秦军包围圈；以 25000 官兵为骑兵，部署在壁垒两翼，准备迂回赵军侧后，断其退路，协同主力围歼赵军；以骑兵 5000 插入赵军营垒中间，实施分割。赵括不明秦军意图，贸然进攻，果然中计。赵军不仅被分割为二，而且处处受击，粮运被断，退路被切。白起指挥秦军对被困赵军"围而不歼，待其自毙"，共达 46 日之久，而被困赵军内无粮草，外无援兵，饥疲交困。面对窘境，赵括只好组织部队轮番突围，但均被击退，损失惨重。后来赵括亲率精锐做最后突围，结果被乱箭射死。赵军失去主帅，慌乱不堪，无心再战，只好全部投降。长平大战，是白起指挥的一次最出色的战役，他创造了我国古代战争史上大规模歼灭战的范例。但遗憾的是，对于长平大战中赵国的 40 万降军，白起担心他们将来叛乱，除释放240 名年幼者外，其余的全部残酷地坑杀了。

三是邯郸大战。经长平大战之后，赵国全国震恐，人心浮动。白起看到灭赵的时机已经成熟，决定乘长平之战的余威，兵分三路，继续打击赵军残余，兵锋直指赵都邯郸。其中，一路由王龄率领，东向越过太行山，攻战武安（今河北武安县西南），直逼赵都邯郸；一路由司马梗率领，北上平定太原郡（今山西中部地区）；一路由白起亲自率领，驻守上党，待机进围邯郸。这样，就从战略上形成了由西至东威逼赵国之势。然而，就在此时，秦相范雎出于个人私利，说服秦王停止攻赵，接受赵、韩两国的求和。白起卓绝的攻赵战略就此流产，乘胜灭赵的战机也就此丧失。公元前259年，秦王因赵国未能如约割地，决定再次伐赵，命白起率军出战。白起认为，赵国已恢复元气，又得到其他诸侯国的支援，马上进攻已经没有可能，所以拒不受命。对于白起这一正确的分析和主张，秦王拒不采纳，仍然执意出兵。他派王陵为将，率兵攻赵。结果，连续战败，损失惨重。秦王焦急万分，再次强令白起出兵，白起仍不从命，被秦王革去官职，被逼离开咸阳。范雎又向秦王进谗言，说白起愤恨不平。秦王大怒之下，派人赐剑一柄，令白起自杀，一代名将就这样结束了一生。后来，战局的发展，完全不出白起生前所料，这也就进一步证实了白起是一个有远见卓识的军事家。

王翦

王翦，战国晚期秦国频阳东乡（今陕西蒲城县西）人，是在秦王政（秦始皇）统一六国的战争中立下赫赫战功的名将；其子王贲，也是著名将领。

公元前246年，秦王嬴政登位。这时，东方的韩、魏、赵、齐、燕、楚六国，经过长期的战争，力量都已大大削弱，唯独经过商鞅变法后的秦国，国力蒸蒸日上，对外战争不断胜利，形成独霸中国的局面。统一，是当时中国历史发展的必然趋势，是各族人民群众的根本要求；由秦国来完成统一中国的任务，已经是当时历史发展的必然结果。在这样的历史条件下，雄心勃勃的地主阶级政治家秦王嬴政开始了一场规模宏大的兼并六国、统一中国的战争。

王翦成长在战国晚期的秦国，年少时就爱好武艺，熟读兵书，成为一名著名的将领。秦王政十一年（公元前236年），王翦率秦军进攻赵国的阏於（今山西省和顺县），占领了赵国的9个城市；十八年（公元前229年），秦国已经攻灭了韩国，准备灭亡赵国。秦国利用赵国发生大地震和大灾荒的机会，派王翦领兵攻赵；赵国派李牧、司马尚领兵抵御。李牧是赵国镇守北方长城、抵抗匈奴的名将，他的军队战斗力很强，开始时秦军为赵军所打败。后来，王翦通过调查了解，知道赵军的善战主要是由于李牧指挥得当，便实行反间计，用重金买通了赵王迁的宠臣郭开，散布李牧、司马尚要谋反的流言。赵王迁轻信流言，杀死李牧，废了司马尚，以赵葱、颜聚两人来指挥赵军。秦王政十九年（公元前228年），王翦乘李牧被害、赵军易将的机会，大举进攻，击败赵军，一举攻占了赵都邯郸，赵王迁被迫献赵国地图降秦。秦把赵地设为郡，杀了赵葱，俘虏了赵王迁，进一步扫清了赵国的残余势力，赵公子嘉带了一批人逃到代郡（郡治在今河北蔚县东北）自立为代王，赵国也败亡了。

王翦率秦军灭赵过程中，兵临燕国边虢，准备进攻燕国。燕国在军事力量上已无力与秦军相抗。于是，燕太子丹派刺客荆轲以献燕国督亢地方（今河北涿县、定兴、新城、固安一带）的地图和秦国的逃将樊于期的头颅为名，前来咸阳晋见秦王政。荆轲在献地图时乘机行刺秦王政，未成。秦王政大怒，急令王翦攻燕，燕军大败。秦王政二十一年（公元前226年），燕国残余力量退至辽东，王翦率秦军占领了燕的国都蓟城（今北京市）和燕国的大部分地方，燕王只得杀了太子丹向秦国请罪。由于辽东离中原太远，秦军暂时停止了对辽东的进攻，集中力量先攻打魏国。燕国也名存实亡了。

秦王政二十二年（公元前225年），秦军在王翦的儿子、名将王贲的率领下，攻打魏国，包围了魏都大梁，并放黄河、海沟的水灌进大梁城内。三个月后，大梁城被秦军攻破，魏王假投降，魏国灭亡。

韩、赵、魏先后败亡，燕国名存实亡，齐国远在东方，于是秦王政把兼并战争的对象指向了土地最大的楚国。秦王政曾派王翦的儿子王贲攻打楚国，数次打败了楚军。那时有一位青年将军李信，气壮胆勇，曾以数千军队追逐燕太子丹至辽东，受到秦王政的称赞。秦王政想把灭楚的军事重任交给李信，问李信说："我想去攻灭楚国，如果由将军去完成这个任务，要带多少人去呢？"李信说："不过用二十万人够了。"秦王政又问王翦，王翦却说："非要用六十万人不可。"秦王政笑笑说："王将军老了，怎么这样胆小啊！李将军年青气壮，他的话不错呀！"于是，秦王政就派李信和蒙武带20万大军南伐楚国。王翦看到秦王政不用自己的意见，就托病辞去将职，回到频阳家乡养老去了。李信率秦军攻楚的平舆（今河南省平舆县北），蒙武率秦军攻寝（今安徽临泉县），打败了楚军，两军会师于城父（今安徽亳县东南）。当李信由于累胜楚军而产生轻敌思想时，楚国名将项燕率领的军队紧紧跟随在秦军的背后，连续追击了三天三夜，击败了李信的军队，攻进了秦军的营垒，杀死了秦军的七个都尉，秦军败退而回。第二年，项燕立昌文君为楚王，把秦国的势力驱逐出淮南地区，并向秦的南郡发动进攻。秦王政闻讯大怒，将李信撤职，亲自前往频阳王翦的家里，承认错误说："我没有采纳将军的意见，结果李信果然给秦军丢了丑。现在楚军日夜不停地向西边进攻过来，将军虽然有病，难道就忍心丢开我不管吗？"王翦说："我年老多病了，望大王另选贤将吧！"秦王政再三恳求王翦重新带兵攻楚。王翦说："大王如果一定要用我率领军队，那么非用六十万大军不可。"秦王政说："一切听将军的意见办吧！"于是，在秦的统一战争进行到关键的时刻，王翦重新担任了秦军的主要统帅。

秦王政二十三年（公元前224年），王翦率领秦倾国之师60万人攻打楚国，秦王政亲自送他到灞上。楚国听到王翦率大军前来，也悉发全国的军队来抵抗。王翦总结了轻敌冒进的教训，采取扎营坚守、训练士卒，以逸待劳、伺机破敌的战略。楚军屡次挑战，王翦均置之不理，在营中和士兵一起吃饭，一起生活，一起练武，像对待自己的孩子那样爱护每一个士兵，深得士兵的爱戴。秦、楚两军就这样对峙了一年多，秦军不断得到后方的支援，斗志旺盛，而楚军的斗志松懈，粮草逐渐不继，开始向东撤退。王翦就问部将说："今天士兵们在搞什么活动？"部将说："天天按照您的军令，在那里扔石头，跳壕沟，劲头很足呢！"王翦说："士卒可用了！"于是，他率领秦国的大军，追击楚军，派出最精锐的前锋部队对楚军发起了猛烈的攻击，大败楚军于蕲（今安徽宿县东南），楚将项燕被迫自杀，秦军把楚国的主力部队全部消灭。秦军一举攻破了楚都寿春（今安徽寿县），俘虏了楚王负刍，楚国灭亡，楚国江北的土地全部为秦占领，在那里设立了秦的郡县。秦王政二十五年（公元前222年)，王翦又攻入了楚的江南地方，降服了越君，设置了会稽郡。当年，王翦的儿子王贲率秦军进攻辽东，俘虏了燕王喜，燕亡；又回兵进攻代郡，俘虏了代王嘉，赵国的残余势力也最后失败。第二年，王贲率军攻打齐国，迅速地占领了齐都临淄，齐王投降，齐国最后灭亡，秦在这些地区设立了辽东郡、代郡、齐郡和琅琊郡。王翦因功被封为武成侯，王贲被封为通武侯。

从秦王政十七年（公元前230年）到二十六年（公元前221年），在中国已面临统一的形势下，秦王政以十年时间，用武力逐渐消灭了东方六国，完成了统一中国的历史任务。从此，我国由诸侯割据称雄的封建国家进入了统一的专制主义中央集权的封建国家，开启了历史的新的一页，对我国的历史发展起到了重大的影响。秦的统一，是劳动人民几百年来生产斗争、阶级斗争的必然结果，是当时历史发展的客观要求，但是和个别人物的积极活动也是分不开的。在这一过程中，王翦父子为秦的统一事业贡献了自己的毕生力量，立下了不朽的战功。他们和秦始皇一样，将永远作为对实现祖国统一有贡献的杰出的历史人物而名传于后世。

知识链接

三世必败

公元前207年，秦朝已经到了统治末期，各地农民及六国贵族起义不断。秦命大将王离带兵围攻赵王歇及其将领张耳于巨鹿城中。

当时大多数人认为王离是秦国的名将，又带的是精兵，攻刚刚成立的赵国，必然能攻克。但有人却提出为将三世者必败。为何会必败，因为他的父祖以前带兵打仗时杀伐太重，他们的子孙就承受着不祥。现在王离已是三世将了。

不久，项羽破釜沉舟，渡河救赵，与秦军相遇，绝甬道，断粮饷，九战秦军，全都大破，王离被项羽所俘，他麾下的军队也将投降了。

而王离的祖父就是王翦，父亲是王贲，当年秦王扫六合时，父子二人就灭了五个国。

第三节
秦汉时期的名将

 **蒙恬**

蒙恬，秦朝守卫北部边疆的将领。他的祖父蒙骜、父亲蒙武都是在秦兼并六国战争中，攻城略地，战功卓著的名将。祖父、父亲死后，蒙恬因家世被封为将军，当时，持续254年的诸侯战争已接近尾声，除了齐国以外，燕、赵、楚、韩、魏都先后被秦国消灭了。公元前221年，蒙恬率军攻齐，一举获胜，从而完成了秦王朝统一全国的大业。

秦国虽然统一了六国，但在战国时期就一直活跃在北方边境的匈奴势力，却趁机入侵。匈奴首领头曼单于率军沿黄河河套不断南下，兵锋距秦都咸阳仅数百里。所以，秦始皇在建立和完成封建专制统治的过程中，急欲对匈奴作战。蒙恬作为秦始皇的得力将领，遂奉命北逐匈奴，守卫边境。

匈奴，是一个以游牧为特点的民族。《史记》记载，它"逐水草迁徙，毋（无）城郭常处耕田之业"，常年以"射猎禽兽为生业"。"士力能弯弓，尽为甲骑"。因而在作战上短于攻坚，长于野战。当时丞相李斯坚决反对蒙恬北进，其主要原因也正是认为"得其地不足以为利"。"遇其民不可役而守"，担心边地辽阔，匈奴又"别散分离"，向无定居，"难得而制"。蒙恬正是考虑到这些因素，因而

蒙恬带领士兵北击匈奴

针对匈奴军队的特点，采取了谨慎的态度和正确的作战方针。他的基本方针是：首先以强大攻势打击敌人，抢占要地，控制边塞，然后筑城固守，以主待客，以静制动。

公元前214年，蒙恬率军30万从咸阳出发，沿黄河北上。一路上"复军杀将，系虏单于"，迫使匈奴部落纷纷降服，很快占领了榆中（内蒙伊金霍洛旗及陕西榆林一带）。头曼单于见抵敌不住，仓皇率军后撤，秦军一鼓作气，乘胜直追，"却匈奴七百余里"，夺取了黄河南岸全部地区（亦称"河南地"）。第二年，蒙恬又率兵北流黄河占领了高阙（内蒙潮格旗南）、北假（内蒙乌加河一带），控制了阴山和阳山之间的孔道。匈奴因受到沉重打击，北走遥远，民"不敢南下而牧马，士不敢弯弓而报怨"，蒙恬从此"威镇匈奴"。在夺占边塞要地以后，蒙恬一方面将所有新辟之地作为"新秦地"，划分为44个县（亦说34县），设官置吏，并调来大批所谓"罪人"，开发耕作；另一方面征调天下男丁"因河为塞"，修筑了一系列城障。经过十年的努力，咸阳北部边疆有了三道防御带。第一道位于黄河北岸阴山和阳山之间；第二道起于九原郡西，沿阴山山脉东向与赵长城连接；第兰道是秦国旧有长城。蒙恬常驻上郡（陕西榆林县东南），又常发数十万大军扼要戍守，从根本上解除了来自北部匈奴势力的威胁。被逐至广阔沙漠地带的匈奴军队，完全失去了南下入侵的地形依托。

韩信雕像

与此同时，蒙恬还动用巨大民力，将长城沿漫长的边境向东延展。当时，北部边疆除了秦长城以外，还有战国时期燕赵两国修筑的长城。蒙恬在下令将其整补的同时，沿秦朝更广大的边境线重新扩建。新建的长城凝结着当时劳动人民的智慧和血汗，"因地形，用制险塞"，巍峨婉蜒，雄伟壮观，西起临洮（甘肃岷县），东至辽东，延袤一万余里，即是人们常说的"万里长城"。除此之外，还从京都咸阳向北部边整开辟了一条驰道。这样，平时边地军民屯垦耕作，一旦有警，长城戍卒立燃烽火，边防各军可迅速驰往御敌，且可沿驰道随时调内地的部队。蒙恬在外戍边十余年，为秦朝拓地千余里，边防日益强固，深得秦始皇宠信。

秦始皇死后，宦官赵高扶秦二世篡位，大批忠良被诛，先害了恬弟蒙毅，又假传始皇手令，逼蒙恬自杀。蒙恬上书屡述忠言，不得采纳，最后终于被逼死于阳周（陕西绥德县西）。

韩信

韩信是秦末淮阴（今江苏淮阴西南）人，父母早亡，家境贫寒。他既不会经商，又不会务农，少年时常靠乞食度日。不久，陈胜、吴广掀起了声势浩大的秦末农民大起义。韩信也带着宝剑，投奔了项梁、项羽的队伍，但一直没被重用。两年后，他又改投刘邦。经过多次自荐，韩信好不容易才当了一个管理粮草的小官，有一次还差点因发牢骚被处死。韩信感到很失望，很苦恼。一天夜里，他溜出军营，不辞而别。刘邦的丞相萧何听说韩信逃走，来不及向刘邦打招呼，就追了出去。一直追了两天，终于追上了韩信，并把韩信追了回来。这就是"萧何月下追韩信"的故事。

萧何身为刘邦的大丞相，为什么跑了那么多将士不追，偏偏要月下追回粮草小官韩信？韩信有何德何能呢？

萧何追回韩信后，向刘邦道出了其中的缘由。他说："诸将易得耳，至如信者，国士无双。王必欲长王汉中，无所事信；必欲争天下，非信无所与计事者。"意思是，韩信是个十分难得的军事奇才，要争天下，必须拜韩信为大将。刘邦听后，采纳了萧何的意见，亲自登坛拜韩信为大将。

韩信果然不负众望。登坛拜将之后，韩信不但为刘邦谋划和制定了夺取天下的军事战略，而且还身率大军导演了许多精彩绝伦、名垂千古的战争"活剧"，为刘邦争夺天下做出了决定性的贡献。正如大史学家司马光所说："汉之所以得天下者，大抵皆信之功也。"刘邦被封为汉王，进驻关中时，曾烧毁了关中到汉中的栈道。这样的目的，一是表示不再东归，让项羽放心，麻痹项羽；二是杜绝关中与汉中的出入，防止雍王章邯等人袭击。这年八月，刘邦见项羽亲自领兵攻齐，楚都彭城空虚，决定乘隙东进，"争权天下"。韩信献上一计叫做"明修栈道、暗度陈仓"：首先派出部分兵卒，去佯修栈道，大军则悄悄从南郑出发，潜出故道，直指陈仓。章邯得知一些汉兵在修栈道，便大笑道："既想出兵，何以又烧栈道？现在重修，栈道三百里，尽是悬崖峭壁，何年何月，方能修成？真笨贼也。"说完，又问韩信何人，左右忙把韩信的历史说明，他又大笑道："胯下庸夫，有何将才。"于是毫无防备。八月中旬，有人报告，汉兵已到陈仓，章邯说，栈道并没修好，汉兵从哪里出来的？这根本不可能。不久，忽有陈仓败兵逃至废邱，章邯方知中了韩信的"奸计"，于是慌忙引军迎战。然而，这时战机已失。在韩信的指挥下，汉军一出陈仓便兵分三路，迅速推进，势如破竹。雍王章邯很快被汉军打败，拔剑自刎。翟王董翳、塞王司马欣，本都是章邯手下的属将，闻知章邯兵败自杀，便先后向汉军投降。这样，三秦之地，不到一个月全归了汉王刘邦。

三秦平定之后，汉王刘邦调集 56 万人马，浩浩荡荡直取楚都彭城。项羽闻讯，率 3 万精兵，在谷水、泗水、睢水大破汉军。汉军死伤 20 余万，刘邦只带领几十人逃出重围。这时，原先归顺汉王的翟王、塞王、齐王、魏王等人都相继"变节"，反对刘邦而与项羽合作，局势十分危急。公元 205 年八月，刘邦任命韩信为左丞相，率军攻打魏王，以首先解除汉军的侧翼威胁。为阻止汉军渡河攻魏，魏王豹将主力部署于地势险要、易守难攻的蒲坂（今山西永济西）。蒲坂在黄河东岸，同西岸的主要渡口临晋相对，是攻魏的必经之地。韩信见魏军正面有重兵防守，从临晋强渡黄河已不可能，于是采取了"临晋设疑、夏阳偷渡"，声东击西、避实击虚的战法，把船只和兵力集中起来摆出要由临晋渡河的架势，而在暗中调集主力，出其不意地从夏阳（今陕西韩城南）用木罂（用木条缚扎陶瓮而成的临时渡河工具）偷渡过河，然后直奔魏军的后方安邑（今山西夏县北）。而魏王豹见韩信在临晋布下重兵，沿岸摆列无数战船，料定汉军必由此渡河，于是集中兵力，严加防守。就这样，汉军出其不意地渡过黄河，并迅速占领了魏城安邑。魏王豹得报后，大吃一惊，方知中计，慌忙引兵赶到安邑，迎击韩信，结果被韩信杀得大败。不久，韩信又俘虏了魏王豹，并平定了魏地，在那里建立了河东郡。这一战，不仅解除了汉军的侧翼威胁，扩大了汉王的势力范围，而且为汉军主战场的作战建立了一个极其重要的支援基地。

平定魏国之后，韩信又率领 2 万汉军东征赵国。赵王歇与将军陈余闻讯后立即率 20 万大军在井陉口（今河北获鹿西）据险设防，严阵以待。井陉口乃太行山八大隘口之一，地形险要，易守难攻，它既是历代兵家必争之地，又是东西必由之途。很明显，当时的形势对韩信非常不利。韩信率军在距井陉口 30 里处安营扎寨，经过分析运筹，韩信作出如此部署：派轻骑 2000 人，每人带一面汉旗，于深夜绕至赵营附近山间埋伏待机，第二天，赵军倾巢出动时，趁机冲进赵营，拔赵旗竖汉旗；再派 1 万兵力于凌晨进至绵蔓河东岸，背水列阵，伺机破敌；自己率部分兵力大张旗鼓，阵前向赵军挑战。第二天拂晓，韩信传令三军：今天破赵后会食（会餐）。将士们听后，都不敢相信，但又只得齐声应令。天明之后，韩信亲率部分汉军，击响战鼓，向井陉口发起攻击，赵军立即出兵迎战。打了一阵后，韩信佯装抵挡不住，命将士丢旗弃鼓，纷纷向绵蔓河退去。赵军哪肯轻易放过，一见韩信军队后撤，即刻倾巢出动，追杀过来。这时，绵蔓河岸的汉军，背靠河水，后退无路，只有拼死向前，因而个个以一当十，拼力死战；同时，深夜埋伏在赵营附近的2000名汉军见赵军倾巢出动，迅速冲进赵军营中，拔掉赵旗，换上汉旗。赵军久战不胜，正准备收兵回营，忽见营中插满汉旗，以为汉军已攻占赵营，顿时军心大乱。韩信乘势反击，全歼赵军，陈余被杀，赵王被擒。战后，有人问韩信为什么要背水列阵，韩信回答：兵法上说不能背水列阵，但也说"陷之死地而后生，置之亡地而后存"，这一战敌众我寡，只有背水列阵，自绝后路，才会人人奋战，死里求生。

井陉口之战刚刚落下帷幕，韩信又奉命率兵进攻齐国。齐王田广闻知汉军来攻，一面领兵退守高密，一面派人向项羽求救。不久，项羽派大将龙且率20万大军前去救齐。楚、齐军合为一股，与汉军在潍水两岸列阵对峙。龙且在河东，韩信在河西。韩信仔细观察战场地形，决定再用水战破敌。他令士卒连夜秘密装满一万多个沙袋，将潍水上游堵起来，使下游河水变浅。拂晓时，韩信乘水势陡浅之际，率部分汉军涉过潍水前去挑战。没战几个回合，他便佯装战败，慌忙向河西逃去。龙且是员悍将，不知是计，抚掌大笑道："我早就知道韩信是个胆小鬼。"于是，他下令全军过河追击。当龙且的先头部队渡河后，韩信即令在上游的汉军把堵截潍水的沙袋移去，河水顿时奔流直下，把齐楚联军截为两段。韩信立即率兵反击，迅速歼灭了已经过河的齐楚军队，龙且当场被杀。接着，韩信又挥军渡河，乘胜追击，"皆虏楚卒"，尽占齐地。

韩信连克魏、楚、赵、燕、齐五国后，还参加并筹划了垓下之战等一系列战役，致使项羽自刎于乌江。

汉朝建立后，韩信被封为楚王，不久被降为淮阴侯。后来，吕后以谋反之名将他杀害。

 **周亚夫**

周亚夫（公元前？前143年），西汉初沛县（今江苏沛县）人，是汉文帝

时丞相周勃次子。周勃死后，周亚夫承袭条侯爵位。

周亚夫初为河内（郡治在今河南怀县）太守。公元前158年，匈奴扰边，汉文帝命刘礼、徐厉和周亚夫等人为将军，分别领兵驻守霸上（今西安西北）、棘门（西安正北）和细柳（西安正西），防御匈奴。亚夫严格治军，忠于职守，为此还发生了一段感人的故事。

一天，文帝带着官室人员到各军驻地慰劳。当到霸上和棘门时，刘礼和徐厉兴师动众，举行隆重的迎送仪式，任文帝一行在营内横冲直撞。汉文帝到了细柳，却与前两地迥然不同。只见营门紧闭，营兵持刀挂箭，森列两旁，像准备迎敌一样严整，并不因皇帝驾到产生变化。文帝暗暗称奇。周亚夫查看过皇帝的符节后，传令开门接驾。营门一开，皇帝的车马蜂拥而入。营兵高声喝道："将军定下了规矩，在军营里不许策马疾驰！"文帝听见，忙叫驭手勒缰慢行。到了里面，周亚夫披甲佩剑出帐，只作一个长揖说："铠甲在身，照规矩是不下拜的，臣只行军礼，请陛下原谅。"文帝寒暄几句，返驾回宫。周亚夫并不远送，仍然紧闭营门，严整如故。文帝不禁惊叹："哎呀，这才是真正的将军呀！霸上、棘门那里的军队，散漫无纪，形同儿戏，岂不可袭可虏？至于亚夫军，敌怎敢侵犯他！"不久，便提升周亚夫为中尉（京城警备司令）。文帝临终时嘱咐景帝："万一军情紧急，周亚夫是可以做统帅的。"

汉景帝即位不久，果然发生了紧急军情。原来，刘邦建立西汉王朝后，大封同姓子弟为王，没料到这些刘姓藩王逐渐割据一方，与汉中央分庭抗礼。御史大夫晁错献"削藩"之策，主张削减各藩王封地，收归中央。各藩王对此大为不满，于是胶西王（都城在高苑，今山东桓台县）、胶东王（都城在山东即墨）、菑川王（都城在剧，今山东寿光县）、济南王（都城在东平陵，今山东历城）、楚王（都城在彭城，今江苏徐州）、赵王（都城在邯郸）和吴王（都城在广陵，今江苏扬州北）互相勾结起来，以武力反叛汉中央。领头的就是吴王刘濞。

公元前154年正月，吴王决定以"诛晁错清君"侧为名，扯起叛旗，发兵北上。其基本企图是以诸王军队从南、东、北三方面包围关中，夹击长安，夺取汉朝天下。吴王率20万大军从广陵出发，北渡淮河，会合楚王的兵马后，首先把进攻矛头指向梁国。梁王是汉景帝的弟弟，梁国是吴楚进攻长安的必经之路。吴王以主力攻梁，另派精锐分队潜赴崤（今函谷关南崤山）、渑间设伏，准备阻击从长安出发的汉中央军。

汉景帝见吴楚等七王发动军事进攻，先是取妥协政策，杀了晁错，答应恢复藩王封地。但叛军不以为然，继续进攻。于是景帝决心发兵平叛。任命周亚夫为太尉，统率36将军东向迎战吴楚；另派曲周侯郦寄攻赵，将军栾布攻齐；以窦婴为大将军屯兵荥阳，警戒齐赵等国。

周亚夫领受任务后，先向景帝分析了双方军事形势，指出："楚兵剽轻，难与交锋，愿以梁委之，绝其粮道，乃可制也。"这实质是一个避实击虚、积极防御的作战方针。周亚夫看到吴楚叛军剽轻凶悍，气焰嚣张，正面迎战难于取胜，因而提出以梁王军队牵制叛军主力，疲惫消耗敌人，另以轻骑迂回敌后，袭其运输线，待叛军由强变弱后再与其决战。这无疑是正确可行的方针。得到景帝同意后，周亚夫率部由长安出发，准备经函谷关前出洛阳。军行霸上，当地人赵涉拦马献策，他说："吴王养了一批敢死勇士，预料将军东趋洛阳，定会在崤山、渑池间设伏袭击。用兵贵在神速秘密，将军不如从兰田出武关，虽多用几天时间，但可以平安抵达洛阳。"周亚夫一听恍然大悟，于是采纳了赵涉的建议，立即改变行军路线，迅速由兰田出武关，经南阳趋洛阳，并派兵抢占了荥阳。而后，他立即派兵消灭了函谷关附近的叛军伏兵，疏通了洛阳到长安的交通线。

下一步该怎样行动呢？周亚夫本来胸有成竹，但为了慎重，他又虚心征求部下邓都尉意见。邓都尉说："吴军精锐，难与争锋，楚军剽轻，不能持久，当今之计，不如引兵东向，扼守昌邑（今山东金乡西北）。一面利用梁地消耗叛军，另一面派支轻骑迂回到淮泗口（今江苏淮阴县西泗水入淮之口），截断吴军粮道。待到吴军力疲粮尽，再以优势兵力袭击它，可一战而胜。"周亚夫见邓都尉意见与自己原作战预案不谋而合，非常高兴，遂决心照既定方案施行。于是率军进据昌邑，筑垒固守。

这时，吴楚叛军连败梁王军队，将梁王围困于睢阳。梁王几次派人向亚夫求援，亚夫坚壁不出。梁王上诉于景帝，景帝诏令亚夫救援，亚夫仍置之不理。梁王见求救无效，只好拚死作战。吴楚军遭到顽强抗击。周亚夫将主力转移到下邑，继续调动疲惫叛军，同时派出轻骑袭截叛军粮道。

在下邑，汉军高筑营垒，以逸待劳，任敌挑战，坚壁不出。吴楚军再次遭困于下邑，进退两难，加上粮道被断，军心摇动，战力大减。周亚夫见两军形势发生了根本性的转变，决定马上由防御转为进攻。趁叛军后撤时破垒而出，猛烈冲杀。叛军一触即溃，楚王刘戊自杀，吴王落荒而逃，后也被捕杀。北面栾布、郦寄两军也大获全胜，七王反叛全被击破。

经此一战，汉景帝更加器重周亚夫，五年以后，拜其为丞相。但周亚夫之后却因为骄横跋扈，被诬下狱，在狱中绝食而死。

李广

李广约生于公元前184年，卒于公元前119年，是秦朝将军李信的后代。自李信之后，李家世代传习射箭，李广也习得世传的弓法，射得一手好箭。因此，18岁时李广就以良家子弟的身份从军抗击匈奴，因善于用箭、杀虏了众多敌人，被提升为中郎，连汉文帝都赞叹他的武艺。汉景帝即位后，七国之乱爆发，李广又任骁骑都尉跟随太尉周亚夫抗击吴楚叛军，但由于私自接受梁王封印未得到奖赏，反被调为上谷太守，经常与匈奴交战。典属国公孙昆邪上书对景帝说："李广的才气天下无双，但他自负有勇力，经常与匈奴打硬仗，恐怕会遇到不测啊。"于是，景帝又把李广调为上郡太守。此后，李广又在陇西、北地、雁门、代郡、云中等地做太守，无论在哪里，他都以狠命抗击匈奴而闻名，匈奴人对李广更是闻风丧胆。

公元前144年，匈奴入侵上郡，汉景帝派一个宦官同李广一起训练军队抗击匈奴。有一次，宦官率领几十个骑兵出猎，遇上三名匈奴骑兵，交战的结果是所有的随从骑兵都被射杀，只有宦官受伤逃回。李广知道后，立刻认定这三个人是匈奴的射雕能手，为避免后患，他立刻带人追捕。匈奴射雕手没有马，步行了几十里，就被李广等人赶上，李广命令骑兵分左右两翼包抄，自己亲自发箭，射死了其中两个匈奴兵，另外一个也被活捉了。李广等人刚要往回走，却见匈奴数千骑兵进入视线，他们见到李广的军队，还以为是汉

李广画像

军诱敌的疑兵，都大吃一惊，立刻上山摆开拒敌阵势。李广的骑兵见状都想往回逃，李广却说："我们脱离大军几十里，现在逃跑的话，匈奴必定追来射杀我们，我们必死无疑；如果我们不走，他们会以为我们是诱敌的疑兵，就不敢来打我们了。"说罢，李广命令骑兵一直前进，走到离匈奴阵地不到两里路的地方停了下来，匈奴骑兵果真不敢贸然进攻。双方僵持到半夜，匈奴担心汉军设有埋伏，就全部撤离了，李广等人就这样逃脱了险境。这件事充分展现了李广临危不惧的大将风范。

公元前 129 年，汉武帝派兵出击匈奴，李广率军出雁门关，因寡不敌众，兵败被擒。匈奴骑兵把重伤的李广放在用绳子结成的网中，挂在两匹马的中间，走了十多里路后，李广开始装死，等待着逃跑的机会。他斜眼瞧见旁边有个匈奴兵骑着一匹好马，便突然一跃，跳上马将匈奴兵推下去，取下他的弓箭，策马加鞭向南奔驰，匈奴骑兵在后面紧紧追赶，李广不断回身射杀追兵，终于逃脱，回到了京师。这次出兵，李广部队死伤人数众多，他自己也被匈奴活捉，论罪当斩，但是后来准他用钱赎罪，贬为平民。正是这次经历，使匈奴人遇见李广就远远避开，不敢与其交战，并称他为"飞将军"。

　　由此可见，李广有着过人的胆识和武艺。他以骁勇善射、智谋超群著称，令匈奴将士闻风丧胆，历经文帝、景帝、武帝三代，与匈奴作战 40 余年，为汉朝驻守边防，立下了汗马功劳，但是，却始终未能像卫青、霍去病一样夺得赫赫军功，甚至不能像普通将领一样封侯，这其中固然有着机遇的因素，但也有他个人的问题。前文已经提到，汉朝和匈奴之间爆发的几场战役中，李广指挥的军队要么被俘，要么迷失道路，有时还损兵折将乃至全军覆没，最好的也只是功过抵消，军功就这样与他无缘。此外，从上文捉拿三名匈奴射雕手的事件中，我们也可以看到李广性格中冲动、冒险的弱点，这直接导致了他的不幸。

　　在公元前 119 年那场出击匈奴的战役中，汉武帝最初没有征用李广，但李广向来不甘落于人后，屡次奏请随军出征，武帝便任命他为前将军，听卫青指挥。卫青领兵出塞后，很快就从俘虏口中得知单于所在地。汉武帝改变了作战计划，决定由卫青带领的精兵去追击单于，于是，卫青命李广所部与赵食其的军队合并为东路军。东路军路途迂回遥远，又不能与单于正面作战，李广坚决拒绝调动，可是卫青心意已决，李广不得不服从命令，他十分不情愿，未与卫青告辞就出征了。出征后，李广和赵食其的军队因迷路，不仅没能和匈奴作战，还耽误了与卫青会师的日期，在卫青回来的途中才与他相遇。回师后，卫青派长史拿了干粮酒食送给李广，乘势追问起李广等迷路的情况，李广本就不善言辞，又因未立军功而心里窝火，便不予回答。卫青又命长史催促李广的幕府人员前去听候审问，李广认为别人并没有罪过，便亲自去听审。到了幕府后，李广对他的部下说："我自幼与匈奴打仗，大小七十余战，如今有幸和大将军出击匈奴攻打单于，却强令我走遥远的东路，我们迷失道路，这岂不是天意！我今年六十多岁了，总不能再受刀笔小吏的审讯了。"说完，这位老将军就拔刀自刎了，军中上下听到这个消息无不痛哭，连百姓也为之流泪。一代名将，就这样如流星般陨落了。

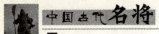
 卫青

　　20 世纪 80 年代，中国拍了部电影，叫《从奴隶到将军》，这部影片名噪一时，引起了不少年轻人的美好而宏伟的遐想。其实，西汉名将卫青就有"从奴隶到将军"的亲身经历。

　　卫青，字仲卿，河东平阳（今山西临汾西南）人。他出身卑微，母亲卫媪是平阳公主的女奴，姐姐是个歌女，他本人还是个私生子。青少年时，他在家牧羊，受尽他人的嘲笑欺侮，后来在平阳公主家当骑奴。武帝建元二年，（公元前 139 年），卫青的姐姐卫子夫被武帝看中，选进宫去，卫青也随着姐姐来到长安，在建章宫做杂事，不久被武帝升为建章监、侍中等职。后来，又相继被封为关内侯、长平侯、大将军、大司马。

　　卫青为什么能"从奴隶到将军"？固然与她姐姐得幸武帝、他本人后来又娶了原主人平阳公主为妻有关，但这决不是主要原因。最主要的原因在于，在抗击匈奴的战争中，卫青以超凡的军事才华，为汉王朝建立了赫赫战功。

　　卫青一生，先后同匈奴大战七次，"每出辄有功"，共斩俘匈奴官兵 5 万多人。

　　公元前 129 年，匈奴骑兵大举进犯。卫青受命与李广、公孙敖、公孙贺各领 1 万人马，分四路北击匈奴。这次作战，李广被匈奴俘虏，后夺马逃回；公孙敖阵前失利，折兵 7000 人；公孙贺无功而返；唯有资历最浅的卫青率军直捣匈奴祭祖圣地——龙城，斩获匈奴 700 多人，胜利而归。卫青首战告捷，被封为关内侯。

　　公元前 128 年秋，匈奴从东面入侵，武帝命卫青率 3 万骑兵出雁门，将军李息出兵代郡配合卫青反击匈奴，又斩获匈奴数千人。

　　公元前 127 年春，匈奴集结大量骑兵进犯上谷、渔阳（今北京密云西南）。汉武帝决定，乘匈奴左贤王出兵上谷无力援救、右贤王部队毫无防备之机，收复"河南"（今内蒙古伊克昭盟一带）战略要地，解除匈奴对京城的威胁。卫青率兵马 4 万，采用迂回、侧击、断敌退路的战法，经过千余里的战役机动，出其不意地出现在匈奴大军的侧后方，一举歼敌数千人，缴获牛羊百余万头，全部收复了被匈奴占领的河南地区，而他所率领的部队"全甲兵而还"。此次作战，卫青以灵活的战略战术克敌制胜，收回了大片土地，解除了匈奴对长安的威胁，功劳巨大，被封为长平侯。

　　然而，匈奴贵族并不甘心在河南的失败，多次对边郡地区进行疯狂的报复性进攻，尤其以失去河南地区的右贤王最为凶悍。公元前124年春，汉武帝决定再次发兵，集中打击右贤王。当时，右贤王的王庭设在距离高阙很远的地方。右贤王骄傲轻狂，认为汉军遥远，一时不能到达，便照常饮酒作乐。卫青催兵疾进，马不停蹄，连续行军六七百里，于深夜突然包围了右贤王王庭，右贤王军队大败，卫青部队俘获敌军官兵1.5万余人，牲畜百万余头，仅右贤王和他的爱妾逃脱。这一战，大大削弱了匈奴右贤王的力量，巩固了新设置的朔方郡，同时隔断了匈奴中、西两部的联系，为后来各个击破匈奴军打下了胜利的基础。汉武帝得知这一消息后十分高兴，派人捧着大将军印赶到边塞，任命卫青为大将军，统帅三军，同时，还加封卫青的三个幼子为侯。卫青居功不傲，他诚恳地对武帝说："战争的胜利，都是将士们英勇作战的结果。陛下不仅给我优厚的封赏，而且还荫及我未有寸功的幼儿。这样，让我以后如何激励将士们作战呢？"武帝听后觉得有道理，于是又分别对其他一同出征的部将赐爵加封。

公元前123年春、夏，卫青又两次率六将军、十多万兵马出定襄，寻找匈奴王单于的主力作战，歼敌近2万多人。

卫青以上六次在河套地区反击匈奴作战，史称"河南漠南之战"。

"河南漠南之战"的胜利，迫使匈奴把王庭及主力部队移至漠北（大漠以北）。为防止匈奴的卷土重来，汉武帝于公元前119年毅然决定出兵漠北，主动寻敌主力作战，彻底打败匈奴。这次战役，史称"漠北之战"。汉武帝令卫青和骠骑将军霍去病各率精锐骑兵5万，分两路出击。为保障战役的顺利进行，汉军还组织了数十万步兵和14万匹骡马转运辎重。卫青率兵经过1000多里的长途行军，穿过大沙漠，进抵赵信城附近时，与单于的主力相遇了。按原计划，这次战役，卫青的主要任务是配合霍去病作战，因此携带的辎重物资较多，所率的部队也不如东路霍军整齐精干。面对突如其来的情况，卫青毫不畏惧，沉着指挥。鉴于汉军长途行军，将士疲惫等情况，卫青没有马上率大军投入作战，而是先令兵士以"武刚车"（四周及顶用皮作防护的兵车）环列为营，然后派出5000骑兵前去诱敌。匈奴不知是计，立即出兵万骑迎击汉军。战到黄昏，突然狂风大作，飞沙走石，两军对面而不能相见。卫青乘机派出两支精锐部队，从左右两翼迂回，包围了匈奴主力。接着，他又率军奋力冲杀，斩俘敌军1万多人。匈奴单于见汉军来势凶猛，自料不敌，率亲随数百人乘夜突围而逃。漠北大战后，一时间"匈奴远遁，而漠南无王庭"，卫青与霍去病同被封为大司马。当时卫青仅37岁。

卫青十年七战，戡定边陲。自漠北之战后，卫青再没有出征作战。公元前 106 年，这位名震千古的战将与世长辞，时年 50 岁左右。唐人司马贞曾这样记述了卫青不平凡的一生："君子豹变，贵贱何常。青本奴虏，忽升戎行。姨配皇极，身尚平阳。宠荣斯潜，取乱彝章。剽姚继踵，再静边方。"

霍去病

霍去病是汉武帝时期杰出的军事家，是大将军卫青和皇后卫子夫的外甥。受舅父的影响，霍去病童年时学习就很勤奋，擅长骑射，长大后更是受到汉武帝的精心栽培，成长为一名抗击匈奴的名将。由于他英勇果敢，又能全面掌握抗击匈奴的战略战术，年纪轻轻就能独立指挥军队，不仅两次出击河西，沉重地打击了匈奴、打通了汉朝通往西域的道路，还深入漠北击败匈奴左贤王的部队，和卫青一起建立了逐走匈奴的奇功，为汉王朝的兴盛与安定做出了不朽的贡献。

公元前 123 年，卫青奉命出击匈奴，年仅 18 岁的霍去病主动请缨，汉武帝考虑到他擅长骑射，特意命卫青精心挑选了 800 名骁勇的骑兵归他指挥，并封他为"票姚校尉"。霍去病领导这 800 名骑兵直奔进攻目标，以迅雷不及掩耳之势发起猛攻，几次搏斗中不仅没有因为孤军深入而吃亏，反而因机智勇猛而大获全胜，不仅斩杀敌军 2000 余人，还活捉了单于的叔父。汉武帝对霍去病大加赞赏，立即封他为"冠军侯"。霍去病初上战场，就取得了丰硕的战果，表现出了超群的军事才能。

霍去病指挥的第二场大型战役是著名的河西大战。河西又称河西走廊，位于黄河以西，匈奴借此地控制西域各国，南面与羌人结合，威胁汉朝安全，因此，夺取河西在打击匈奴的战役中具有重要的战略意义。公元前 121 年春，汉武帝任命霍去病为"骠骑将军"，率领一万精兵从陇西出发夺取河西。霍去病不辱使命，六天中转战匈奴五个部落，一路猛进，并在皋兰山（今兰州黄河西）与匈奴卢胡王、折兰王打了一场硬仗，歼灭敌军 8900 余人，缴获了休屠王的祭天金人。这场战役充分证明了汉武帝对霍去病的信任是正确的，这个年少的将领确实具备过人的军事才能。

同年夏天，汉武帝决定乘胜追击，发起收复河西的第二次进攻，命霍去病、公孙敖领导的骑兵为主攻力量从北地郡出发；张骞、李广领导的骑兵为辅助力量，从右北平出发，以进攻左贤王为目标。此次战役中，李广和张骞失去联系，被匈奴左贤王包围；霍去病和公孙敖分路挺进，公孙敖因迷路未能战斗；而霍去病领导的骑兵则以迅速的行动向河西实行大迂回，深入敌军

2000 余里与浑邪王、休屠王的军队展开激战。这次战斗，霍去病斩敌 3 万余人，俘虏匈奴王爷、相国、将军等 2000 余人，取得了河西之战决定性的胜利。此次战役以后，霍去病在军中名声大振，成了让匈奴人闻风丧胆的战神。

河西之战使匈奴浑邪王、休屠王的军队遭到严重打击，二人怕单于怪罪，便于同年秋天投降汉朝，汉武帝不能判断投降是真是假，便派霍去病前往受降，这是一个艰巨的任务，有很大风险。果然，霍去病率部抵达之前，匈奴内部发生了政变，休屠王临时变卦，浑

霍去病雕像

邪王情急之下刺杀了休屠王，收编了他的军队。霍去病的军队到达之后，匈奴军对投降就心存疑虑了，很多本来就不想投降的人纷纷逃散。面对这样的情形，霍去病当机立断，亲自冲进匈奴营中和浑邪王谈判，命令他诛杀逃跑的士兵。他的气势压住了浑邪王，最终成功地率领投降的部队返回长安。在这次任务中，霍去病成功地发挥了一个将领机智、果敢的指挥才能，为汉、匈两族的统一、融合做出了重要贡献。

公元前 119 年发动的一场决定性战役，使汉朝取得了对匈作战的最终胜利，霍去病在这场战役中发挥了重要作用。根据汉武帝的计划，霍去病率领的东路军是作战的主力，配备了最强的军事力量，所有的骑士都是经过严格训练的精兵，还有一部分熟悉沙漠中作战的匈奴降将也被选拔为将领。霍去病在这次作战中充分发挥了各方面的优势，北上 2000 余里和左贤王展开了一场激战，不仅击溃了左贤王的部队，斩房了 7 万余名士卒，还俘房了大批匈奴小王、将军、相国等人，使匈奴左部几乎全军覆灭。这次战役后，年仅 22 岁的霍去病因重大军功被汉武帝拜为大司马，可见其对汉朝贡献之大。

霍去病自 18 岁带兵出征以来，曾四次出塞进击匈奴，战无不胜、屡立奇功，创造了军事史上的神话，这一切并不是偶然。从部队来看，霍去病带领的骑兵队伍是汉武帝为击败匈奴培养多年的精兵强将，具有出塞作战的实力；从自身来看，霍去病本人不仅精通骑射，还非常有谋略，他能够正确地运用迂回战术，以最快的速度完成对匈奴的攻击，并在出塞途中夺取敌人粮草以

供给自己的军队，削弱敌军生产能力的同时也解决了本国的物资问题，他取食于敌、千里奇袭的本领在汉军中是独一无二的。可惜的是，这位年轻的军事奇才在24岁时就因病过世了。汉武帝为此悲痛不已，发动陇西、北地等五郡的匈奴人身着黑甲，把霍去病的灵柩从长安一直护送到茂陵墓地，他还下令将霍去病的坟墓修成祁连山的形状，以纪念他的赫赫战功。

 ## 马援

　　马援是东汉初期的名将，字文渊，扶风茂陵（今陕西兴平东北）人。少年时就死了父母，跟着哥哥马况成长。新莽时，当个小军官。有一次，马援押送囚犯，囚犯们痛哭流涕地哀求释放，他起了恻隐之心，真的把犯人一起都放了，自己也只好逃到边境北地（今甘肃庆阳西北）躲藏起来。后来，遇大赦，他才出头露面，在北地经营畜牧和农业，没几年功夫，就成了大畜牧主和地主。他认为财产之所以可贵，就在于能够帮助人；要不然，做个看财奴有什么意思呢？因此他把财产分给了朋友和亲属，得到了一些人的拥护。

　　王莽末年，马援为新城大尹（汉中太守），王莽政权垮台后，他避地凉州（今甘肃张家川回族自治县）。这时，正值天下大乱，群雄割据，各霸一方。隗嚣占据在安定、陇西、武都、金城，武威、张掖、酒泉、敦煌诸郡（今甘肃全境），他为了收罗人心，谦恭爱士，拜马援为绥德将军。建武元年（公元25年），刘秀镇压和收买了北方的农民军和地主武装后，在鄗（今河北柏乡）称皇帝，不久定都洛阳，建立东汉政权。建武四年（公元28年），隗嚣派马援到洛阳去见光武帝刘秀，刘秀亲切地接见了他，两人谈得很投机，马援见到刘秀对人豪爽，有大志，是一位"中兴"之主，回来后劝隗嚣归顺刘汉。但是隗嚣不想统一，只求凭险割据一方。马援就离开隗嚣，投奔了刘秀。

　　在刘秀统一天下的过程中，马援在协助刘秀平定陇西战役中起了一定的作用。建武六年（公元30年），隗嚣调度人马，对抗刘秀。马援要求光武帝派他去劝说隗嚣部下，光武帝给他带了500骑兵。他带领这支人马，在隗嚣的队伍中来来往往，劝说将士们归附汉朝，有些将士听了马援的话，离开了隗嚣。隗嚣见大势已去，投降了割据益州（今四川、云南、贵州一带）称帝的公孙述。建武八年（公元32年），刘秀率军亲征隗嚣，大臣郭宪劝阻说："东方刚平定下来，皇上千万不可远征，而且陇西一带地势险要，山谷较多，不易取胜。"光武帝问计于马援，马援用米一撮一撮地堆成山谷的形势，指出行军的

路线，并指出，隗嚣反对统一，不得人心，是可以战胜的。光武帝仔细看了马援摆出的行军路线图，认为地形已经一目了然了，于是马上进军，终于在凉州牧窦融军队的配合下，很快消灭了隗嚣这股割据势力。事后，刘秀任命马援为陇西太守，在陇西的期间，马援曾带兵镇压过西羌人民的反抗斗争。

　　建武十六年（公元40年）春二月，东汉交趾郡（今越南河内一带）麋泠县（今越南河内西北）雒将（雒越是古越族的一支，雒将是上层统治者，东汉时他们是奴隶主贵族）之女征侧、征贰起兵反抗东汉王朝，她们占据交趾、九真（今越南清化、义安一带）的一些城邑，自立为王。第二年的冬天，光武帝封马援为伏波将军，在扶乐侯刘隆、"楼船将军"段志的协助下率领长沙、桂阳、零陵、苍梧等地军队一万多人，远征交趾。建武十八年（公元42年）春，大军到达浪泊（今越南北宁省境内）。浪泊地区到处是深山弥谷，经常阴雨绵绵，因此气候潮湿，上潦下雾，瘴气熏蒸，北来的战士不合水土，生病的很多。马援在当地人民的帮助下，采用民间良药薏苡，战胜了瘴疫。同时，在浪泊摆开战场，与二征队伍进行战斗，"斩首数千级，降者万余人"，二征率领败兵退走金溪（约今越南永富北部），马援乘胜追击，杀二征，并按汉朝惩处叛首的律法，传首洛阳。马援控制了交趾后，接着，率领大小船只2000艘，士兵2万人，向九真郡进军，歼灭了二征余党，粉碎了二征建立的分裂割据政权，维护了东汉中央集权的统一。为此，光武帝封马援为新息侯，食邑三千户。

　　建武二十年（公元44年），马援从岭南班师回朝，队伍还没进洛阳城，朝廷的文武大臣都出城外迎接，大家对他表示祝贺和慰问。他的好友孟翼劝他说："你立了大功，名位已足，应该好好在家休养了。"马援正色的回答："不行！现在匈奴、乌桓仍在北方骚扰，我正要向皇上请求去保卫北方，男子汉大丈夫应该死在战场上，用马革裹尸还葬故乡，怎么能在家享安乐呢？"于是回师仅月余，他又自请北讨匈奴了。光武帝派他驻守襄国（今河北邢台西南）。他率领3000骑兵出高柳，行至雁门、代郡、上谷等要塞巡视，坚守边疆，防止匈奴的进犯。

马援雕塑

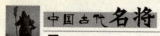
建武二十三年（公元 47 年），分布于今湖南西北一带的"武陵蛮"起义，攻击当地郡县，刘秀派兵镇压，屡遭失败。这时，年已 62 岁的老将马援要求出征，光武帝认为他太老了，怎能派他去打仗呢？可是马援不服老，就在宫殿外穿上铠甲，跨上战马，雄纠纠地来回奔跑，光武帝见他人老志坚，决定派他出征。建武二十五年（公元 49 年），马援带领 4 万多人前去南方镇压蛮族人民起义，遭到"武陵蛮"的顽强抗击，在壶头山一带相持。当时，正值三伏天，太阳当头，天气奇热，马援的队伍驻守在壶头山上，好多士兵因中暑而病死，马援命令士兵们在山崖上凿窑洞，轮流在窑洞内乘凉避暑。而他自己却经常站在山顶瞭望动静，汗流浃背，连胡子都湿了，仍不歇息。不久他也因疾疫病死军中。

马援死后，梁松等官吏为了泄私愤，诬告他失职，又说他平岭南时运回一车珍珠，光武帝下令追回他的新息侯印绶。当他的遗体从南方前线运回京师后，只得草草掩埋，后来他的家属六次上书诉冤，才得从改葬。

马援一生南征北讨，在沙场上战斗了 20 多年，累立战功，是东汉王朝的一位耿耿忠臣、皎皎名将。当然，他作为建王朝的一员武将，曾奉命镇压西部羌族人民起义和南方"蛮"族人民起义，是错误的。但他助刘秀消灭隗嚣，讨二征，安定南疆，是维护国家的统一，有利于社会经济的发展。特别是他那种视死如归，"马革裹尸"的精神，永远为人民所传颂。当年马援征交趾，在历史上留下了深远的影响，他所到之处，留下了不少历史遗迹和传说故事。《读史方舆纪要》中记载，相传广西玉林有"马援营"和马援率军队留驻的"歇马岭以及饮马江"；《桂林风土记》载，马援过广西兴安时，疏通灵渠，在此有伏波庙。桂林伏波山下的还珠洞，相传是马伏波御边时，士卒因水土不服，得瘴气病的几乎占了一半，后来服用了草药薏苡，才治好了士卒的病。薏苡产在岭南，中原是没有的。为了中原人民和士卒的健康，马援领兵北归时，买了一船薏苡，运回北方去。船到桂林时，忽然传来朝廷的意旨，说有人告发马援在广西合浦搜刮了大批珍珠。马伏波听了非常气愤，把满船的薏苡倒入漓江，让这些所谓"珍珠"流还合浦。因此，这里就叫做"还珠洞"。洞内的石柱"试剑石"，也传说是马援在此试剑砍断的。以上这些传说虽不可信，但寄托了人民对有功之臣怀念的真挚感情。

 ## 班超

班超（32—102），字仲升，扶风安陵（今陕西咸阳西北）人，出身书香门

第。他的父亲班彪、哥哥班固、妹妹班昭都是著名的史学家和文学家，我国二十四史中的巨著《汉书》，就是由这一家三班两代人花费数十年心血撰成的。

而班超的志趣却与其父兄们有所不同。他自幼博览群书，长大后一度曾以缮写谋生。有一次写字时，他突然投笔慨叹：大丈夫无它志略，犹当效傅介子、张骞立功异域，以取封侯，安能久事笔砚间乎？"从此立下了建功于边陲、封侯于万里的大志，并给后世留下了"投笔从戎"的典故。投身于东汉与北匈奴争夺西域的斗争并在这一斗争中实现自己的壮志的。

西域早在西汉中期就已内附中原，后来在王莽末年天下纷乱之际又被匈奴人控制。东汉建立后，北匈奴不断袭扰边境，并迫使西域各城邦国脱离了汉朝。

公元73年，汉明帝大举发兵，决心反击北匈奴，同时重开西域，斩断匈奴的右臂。这时班超投笔从戎的夙愿得以实现，在汉军西北路统帅窦固的麾下任假司马之职。窦固进军到天山脚下后，立即派班超率领36名吏士出使西域各城邦国，争取他们重新归汉，团结抗匈。从此，班超开始了经营西域的艰难历程。

班超凭自己的虎胆、奇谋打开了局面。他首先出使到鄯。一开始鄯善王很热情，但不久匈奴使团来了130多人，鄯善王对汉使的态度也就变得很坏了。这时班超对部下说：一旦鄯善王把我们交给匈奴使团，那就死无葬身之地了，"不入虎穴，焉得虎子！"我们必须把匈奴人干掉，才能求得生存，为国立功。于是班超率领36人乘夜火烧匈奴使团，将其地杀了神巫，于阗王立即率兵攻杀了匈奴使者，投降了汉朝。然后班超又出使到疏勒。疏勒王是一位由匈奴强行册立的龟兹人，班超乘其无备，首先派人将其劫持，然后召集疏勒群臣开会，改立一位疏勒人为国王。就这样，班超在西域南道各国接连得手，顺利打开了局面，站稳了脚跟。

但是，不久西域的形势发生逆转，汉明帝死去，北匈奴反攻，西域北道各国叛汉，班超的处境十分孤危。汉章帝令其还朝，但西域人民怕匈奴卷土重来，死活不肯放行，有的竟拔刀自杀，以死相挽留；有些人抱住班超的马脚，哭诉着表示：我们"依汉使如父母"！班超很受感动，他深知西域人民是心向中原的，于是决心留了下来。他采取"宽小过，总大纲"的方针，即：不干预各城邦国的内部事务，但求他们内附中原，团结抗匈。这个方针受到了西域人民的拥护，班超也紧紧依靠当地人民，展开长期艰苦的斗争。

公元78年，他调动疏勒、康居、于阗军1万人，击败了叛汉投匈的姑墨。公元87年，他指挥于阗等国军队2.5万人，击败龟兹与莎车联军，追降了叛汉投匈的莎车。公元90年，他依靠疏勒军，用"不战而屈人之兵"的手段挫败月氏国7万大军的进攻。公元91年，他乘汉和帝发兵反击北匈奴之机，迫降了龟兹、姑墨、温宿。这年班超升任西域都护。公元94年，他统率西域8国联军7万余人，一举平定焉耆。于是，西域50多国全部内附，丝绸之路南北两道皆通，汉使西达4万里外，远扬国威。班超被封为定远侯。

像班超这样依靠当地人民的力量统一西域，恐怕是前无古人的。后来的唐太宗控制西域，也曾对西厥用兵8年；清代控制西域（新疆），也曾对准噶尔、巴图尔汗国用兵数十年。只有班超，既未大动干戈，又能统一祖国，这是他经营西域的最大特点。当然，这也是一定历史条件下的结果。

班超在西域共31年，直到公元102年班超71岁时才抱病而归。他离开西域，临行前说："不敢望到酒泉郡，但愿生入玉门关。"从这句话中可以想象到他当时的身体状况和心境。结果，回到洛阳一个月，他就去世了。

知识链接

成也萧何败萧何

西汉初年，巨鹿太守陈豨反叛。汉高祖刘邦亲自率领兵马前往，韩信托病没有随从，却暗中派人到陈豨处说："只管起兵，我在这里协助您。"

韩信就和家臣商量，夜里假传诏书赦免各官府服役的罪犯和奴隶，打算发动他们去袭击吕后和太子。韩信部署完毕，等待着陈豨的消息。但他的一位家臣得罪了韩信，韩信把他囚禁起来，打算杀掉他。他的弟弟上书告变，向吕后告发了韩信准备反叛的情况。

吕后打算把韩信召来，又怕他不肯就范，就和萧何谋划。萧何令人谎说从皇上那儿来，说陈豨已被俘获处死，列侯群臣都来祝贺。萧何怕韩信不敢来，就骗韩信说："即使有病，也要强打精神进宫祝贺。"

韩信刚一进宫，吕后就命令武士把韩信捆起来，在长乐宫的钟室杀掉了他，并诛杀了韩信三族。

第三章

魏晋南北朝的名将

俗话说"乱世出英雄"，在魏晋南北朝这段战争纷纭的历史中，自然也不会缺少名将的存在。出师未捷身先死的诸葛亮、制造赤壁经典战役的周瑜、创下淝水神话的谢玄、以7000人横行北方的白袍将军陈庆之等等，他们带给我们的是一幕幕让人赞叹不已的军事奇迹。

第一节
三国的名将

诸葛亮

"伯仲之间见伊吕，指挥若定失萧何"，这是唐朝大诗人杜甫对诸葛亮的赞誉。千百年来，在民间，诸葛亮成为中华民族智慧的化身，神州大地到处都传颂着他运筹帷幄、神机妙算的故事。在军事历史舞台上，"真实"的诸葛亮也的确是一位具有雄才大略的军事家。

诸葛亮，字孔明，公元181年生于琅邪郡阳都县（今山东沂南县）。因父母早逝，他自幼跟随叔父诸葛玄在豫章（今江西南昌）、荆州一带生活。公元

诸葛亮雕像

197年，诸葛玄去世，刚刚17岁的诸葛亮便在邓县的隆中（今湖北襄阳西）定居下来。在这里，"他且耕且读"，专注"治国用兵"之道，成为当地最有名望的人士，人们尊敬地称他为"卧龙先生"。

公元207年，依附刘表的刘备经人推荐，冒着严寒，三次到隆中向诸葛亮求教（"三顾茅庐"的故事就由此而来）。诸葛亮被他的诚意所感动，献出了著名的"隆中对策"。他说："如果能占据荆、益二州，据险防守；同西方、南方的少数民族建立良好的关系，实行安抚政策；对外与孙权结成联盟，对内改革政治；待时机成熟，兵分两路，令得力将领率

荆州的军队向宛城（今河南南阳）、洛阳进攻，主力出益州攻秦川（关中一带），进图中原。这样，将军的统一大业可以成功，汉朝江山就可以复兴了。"这一席宏阔之论，分析精辟，见解独到，高瞻远瞩，充分体现了诸葛亮的远见卓识和雄才大略。

在刘备的诚邀下，诸葛亮结束了他的隐居生涯，成为刘备集团的主要决策人。此后，他首先帮助刘备发展壮大军队，奠定了争锋天下的物质基础；曹操大军南征，刘备兵败长坂坡之后，他又主动出使东吴，说服孙权联合抗曹，取得了赤壁大战的胜利；接着，他又协助刘备占领了荆州的大部分地区，夺取了益州，形成了鼎足三分（即三国鼎立）的战略格局，实现了"隆中对策"的第一步计划。刘备高兴地对关羽、张飞说："我得到诸葛孔明，就好比鱼儿得到水一样。"公元221年，刘备称帝，国号汉，命诸葛亮出任丞相。

刘备死后，诸葛亮继续辅佐17岁的后主刘禅。公元223年，当诸葛亮正着手实现"隆中对策"的第二步计划时，原已安抚的南中（今云南、贵州及四川西南部）发生了以益州郡（今云南东部）豪强雍闿为首的叛乱。雍闿派南中少数民族地区极有影响力的孟获广泛进行欺骗宣传，使得叛乱队伍迅速扩大，很快就席卷了整个南中地区。叛乱发生后，诸葛亮先采取了"抚而不讨"的方针，力争用和平方式解决。公元255年，诸葛亮又亲自率军南征。他首先肃清了东西翼的叛乱势力，然后直捣叛乱中心益州郡。这时，雍闿已被叛军所杀，孟获代替雍闿成为叛军首领。为了更好地解决少数民族和蜀汉政权关系，诸葛亮决定采取"攻心为上、攻战为下"的方略，命令蜀军在同孟获作战时，只能生擒，不许伤害。就这样，孟获被"七擒七纵"，连捉了七次，连放了七次，孟获心悦诚服，认为诸葛亮确实智谋高强，表示再不反汉。因孟获降服，南中地区其他叛乱势力也迅速归降。诸葛亮取得了南征的全胜，"七擒孟获"也成了千古美谈。

稳定西南之后，诸葛亮开始考虑北伐曹魏，完成统一中国的大业。公元266年，魏文帝曹丕病死，曹睿即位。诸葛亮认为这是北伐的大好时机，就给刘禅呈上一个奏章（即《出师表》），率领10万大军北进汉中，准备攻魏。

第一次北伐，诸葛亮扬言大军将在东线进攻郿城，并派赵云、邓艾率部摆出由东线北进的态势，他自己却率主力在西线向祁山进发。蜀军主力兵出祁山，势如破竹，迅速攻占了陇右三郡，收降了曹魏名将姜维，一时震惊关中。但由于先锋马谡擅自改变部署，痛失要地街亭，蜀军被迫退回汉中。

第二次北伐，诸葛亮乘东吴陆逊大败曹休，魏军主力东援，关中比较空

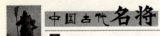
虚的机会，率军直指兵家必争之地陈仓（今宝鸡东），但由于曹军守备森严，蜀军攻打20余日未能成功，再加上蜀军粮草耗尽，曹军大将张郃率援军赶到，诸葛亮主动撤围。

第三次北伐，诸葛亮率军一举攻占陇右的武都、阴平二郡，然后乘势收兵。

第四次北伐，诸葛亮仍以陇右为主要目标，但这时魏军统帅换成了善于用兵的司马懿。尽管如此，诸葛亮仍用退兵诱敌之计击毙魏军3000余人，用中途设伏之法杀死了曹魏名将张郃。

第五次北伐，诸葛亮率领10万大军驻扎在五丈原（今陕西岐山南），司马懿率领20万大军对峙于渭水南岸。诸葛亮数次挑战，司马懿坚守不出，企图等蜀军兵疲粮尽时再战。诸葛亮十分清楚司马懿的用意，于是便在渭水之滨分兵屯田，准备持久作战，伺机破敌。几个月后，积劳成疾的诸葛亮不幸病死于五丈原军营之中，终年仅54岁。

诸葛亮以擅长谋略著称。他在《隆中对》中提出的蜀汉政治、军事的总方略，影响及于整个三国时期；他善于治军，强调为将明纪、治军严法，赏罚严明；他用兵谨慎，避实击虚，奇正相倚；他重视后勤，常年派官兵千余整修都江堰，确保军粮生产；他注重革新军械、装具，创制一发十矢连弩和适应山区运输的"木牛"、"流马"，改进钢刀，增强了蜀军战斗力；他好兵法，推演阵法作"八阵图"，为后世传扬。后人特别推崇他的运筹帷幄、神机妙算，将其视为智慧化身；他的"鞠躬尽瘁，死而后已"的精神，亦成为中华民族的宝贵财富。

周瑜

周瑜，字公瑾，庐江舒县（安徽舒城）人，三国时吴国杰出的将领。他是孙权集团军事上的重要决策人物，对吴国的建立起到了相当重要的作用。赤壁之战时，他力主抗战，并亲临前线指挥吴军，赢得了胜利，这是他一生中最突出的历史贡献。

周瑜出身豪族，因为他年轻有为，英俊健美，东吴的人都称他"周郎"。少年时代的周瑜，在家乡与孙策相识，并结下了血肉情谊。

孙坚死后，孙策率领残余部队千余人东向还乡，在周瑜及其从父丹杨太守厨尚等人的支持下，占据江东，队伍迅速发展到几万人。

建安三年（公元 198 年），周瑜摆脱了袁术，自驻地居巢（今安徽巢县东北）还吴中，孙策亲自迎接，授予他建威中郎将。因为周瑜恩泽信誉著于庐江一带，所以孙策令其出守牛渚（今安徽庐江南），招兵买马，积聚力量。孙策计划进取荆州，任命周瑜为中护军（执掌中央军队长官），担任江夏（治所在今湖北鄂城）太守，开创日后进军的基地。周瑜协助孙策攻克皖县（今安徽潜山），继而进击寻阳，打败刘勋，还平定了豫章、庐陵等地（今江西北部）。于是，孙策指派周瑜留守吴国重镇巴丘（今湖南岳阳）。

　　在讨董联军解体后，出现了豪强角逐、军阀割据的局面。称帝江淮之间的袁术，想以周瑜为将领，周瑜认为袁术终归成不了主宰局势的人，便摆脱袁术，回归东吴。掌握东汉王朝军政大权的曹操，也以为可以通过游说诱惑拉拢周瑜，派遣江淮间最有口才的蒋干为说客，往见周瑜，结果也是枉费心机。就在这天下大势变幻莫测、英雄豪强纵横捭阖的重要关头，周瑜坚定不移地站在孙权集团一边。

　　建安五年（公元 200 年）孙策去世，弟孙权嗣位。当时孙权年仅 18 岁，由中护军周瑜与长史（称书长）张昭共同辅政，掌管军国大事。建安十一年（公元 206 年），周瑜统率军队进攻麻、保二屯，俘获万余人，江夏太守黄祖的部将邓龙逃入柴桑（今江西九江西南），周瑜跟踪追击，活捉邓龙。建安十三年（公元 208 年）春，孙权任命周瑜为前部大督（前线指挥），征讨江夏，取得重大战果。

　　官渡之战后，曹操统一了北方，建安十三年（公元 208 年）秋，遂挥师南下。他首先夺取了战略要地荆州（治所今湖北襄阳），击败刘备，刘备退往夏口。曹操占领江陵（湖北江陵）后，兵力增至 20 多万，乘势沿江而下直取江东（孙吴全境），情况万分危急。诸葛亮和鲁肃一起来到柴桑，劝说孙权联刘抗曹。这时，曹操写信恫吓孙权，说："如今已训练了八十万水军，将要与将军聚会在东吴打猎。"孙权把信拿给大臣们看，没有一个不震惊失色的。主降派张昭等认为：从敌我双方条件而论，抵抗已不可能，万全之策莫过于投降曹操。主战派鲁肃则力劝孙权进行抵抗，明确指出投降是没有出路的。当时周瑜正在鄱阳（今江西波阳）训练水军，鲁肃劝孙权召回

周瑜点将台

周瑜。

早在建安七年（公元202年），曹操官渡会战胜利后，倚仗日益强大的势力，写信责成孙权遣送质子时，周瑜就坚决反对屈服曹操。当时他对孙权说："难道有什么祸灾降临而要遣送质子委屈求全吗？质子一送过去，就不得不受曹操牵制。即使这样，顶多不过得到一个封侯，十来个仆从、几辆车子、几匹乘马，哪里能与南面称孤相比呢？不如先别送子入质，慢慢观察事态变化。如果曹操果真匡扶正义，治理天下，那时候将军再奉事他也不为晚；如果曹操企图暴乱，那么兵就是火，他将玩火自焚。将军用您的智勇抵抗淫威，以待良机才是，哪有遣送质子的道理？"

周瑜从鄱阳赶回后，建议立即召集群臣开会商量，最后决定和战大计。会上，周瑜进行了精辟透彻的分析，他对孙权说："曹操名义上是汉朝的丞相，实际上是汉朝的国贼。将军您凭着超人的英武，加上依仗父兄的功业，割据江东，土地方圆数千里，军队精锐，资源丰富，英雄好汉安于职守，乐于效劳，应当横扫天下，为汉朝消除残暴摒弃秽迹，况且曹操自己来送死，怎么可以投降他呢？请让我替您分析一下目前的情况吧：首先，北方尚未平定，加上马超、韩遂还在函谷关以西，成为曹操的后患；其次，放弃鞍马，而用舟楫，与我们在江上相争，本来就不是中原部队的作战特长；再次，现在正是寒冬季节，战马缺乏藁草；最后，曹操驱使中原的士兵远途而来，跋涉在江湖沼泽之间，不习水土，必然会生疾病。以上四条都是用兵之忌，而曹操却不顾这些而蛮干，正是送死。我请带领数万精兵，进驻夏口，保证打败曹操。"周瑜这一番理由充分、信心十足的分析，坚定了孙权抗曹的决心，于是，孙权拔刀向面前接受奏章的几案砍去，说："诸位文武官员，有谁再提应该迎降曹操的，就和这几案一样。"

当天晚上，周瑜又去谒见孙权，说："那些人仅仅看见曹操的战书中号称水陆大军八十万，便恐惧起来，也不认真估计曹军的虚实，就主张投降，真没道理。现在以事实来核对，曹操从中原带来的士兵，不过十五六万，而且早已疲惫不堪，所得到的刘表的降卒也顶多七八万人，而且他们还满腹狐疑。您想曹操用疲惫患病的士兵控制三心二意的降卒，人数虽多，根本不值得害怕。我只要精兵五万，就能取胜，您可不必担忧。"由于一下子难以调集到五万士兵，于是孙权挑选了三万人，准备好了船只、粮食、武器等，并任命周瑜为正都督，担任孙吴部队的最高指挥，带兵同刘备合力迎击曹操。

孙刘联军五万，在赤壁（今湖北蒲圻县境，长江南岸）与曹军相遇。这时，曹军许多士兵因不习惯水上生活，被染上流行疫病，所以两军刚一接触，曹操就输了第一个回合。初战失利以后，曹操引军退守长江北岸的乌林（今湖北洪湖县境），周瑜的部队在长江南岸驻扎下来，两军隔江对峙。这时，周瑜的部将黄盖献计说："如今敌众我寡，难以持久地相峙下去。正好曹操的北方士兵不习惯江上风浪的颠簸，用铁链将军舰首尾联结起来，可以利用这个机会放火烧船，打败他们。"周瑜接受了黄盖的建议。黄盖首先写信迷惑曹操，假称准备投降。发动火攻那天，黄盖调来十艘艨艟战舰，装入枯草干柴，里面灌进膏油，外面用帷幕遮盖起来，然后在舰上树起青龙牙旗，作为"投降"信号，另外把一些轻快的小船系在船梢。当时东南风很大，黄盖的十艘战舰驶在最前面，驶到江心一齐扯起风帆，船速更加快了，其余的船按照编队一起前进。曹军官兵全都走出兵营，站着观望，并指着江中的船说："黄盖来投降了。"当战舰驶到距离江北曹军只有二里多时，黄盖一声令下，士兵同时举火，风猛火旺，大火纷飞，带着熊熊烈火的战舰如离弦之箭，向曹军的水寨猛冲过去，顿时，曹军水寨变成一片火海。火势越燃越猛，很快就蔓延到岸上的兵营，瞬息之间，浓烟弥漫，烈火冲天，被烧死、淹死的士兵、马匹很多。曹军的连环战船拆又拆不开，燃烧殆尽。周瑜一看火起，立即率领精锐部队，擂动战鼓，一路穷追猛打过来，曹军全线崩溃。曹操引军从华容道撤退，周瑜、刘备的部队从陆上水上一齐进击，加上饥饿和疾病，曹军损失惨重，兵员死伤过半。曹操留下曹仁防守江陵，自己引军撤回北方，从此再也无力南下。赤壁之战奠定了三国鼎立的基础，史册记下了这场光辉的战役，同时也记下了周瑜在战争中所立下的卓越战功。

　　在这场战争之初，孙吴部队的正副统帅之间关系并不和睦。副帅程普自以为年长，多次欺侮周瑜，周瑜节制自己始终不与他计较。周瑜这种豁达大度、顾全大局的精神感动了程普，后来他非常钦佩和尊重周瑜，于是，告诉人家说："同周瑜交往，好像畅饮浓烈的美酒一样，不知不觉陶醉起来。"周瑜是孙策的挚友，孙权的母亲吴夫人很欣赏周瑜的才能，把他当成自己的儿子一样，要孙权像尊敬哥哥一样尊敬他，但周瑜居功不自恃。那时候，江东草创，孙权嗣位不久，基础尚未牢固，周瑜带头维护孙权的尊严，联系广大将领士众紧密地团结在孙权集团的周围。由此可见，周瑜是一个很有气度的将军。

　　周瑜不但具有非凡的军事才能，而且富有音乐修养。他少年时代曾潜心研究音乐。别人奏乐出了差错，即使是他喝醉了酒也能听得出来，并立即指正。所以当时流传着这样一句谚语："曲有误，周郎顾。"

赤壁之战后，周瑜向孙权提出了兼并西蜀、汉中，形成南北分立局面的宏伟计划。平心而论，战后周瑜对继续联刘抗曹的重大意义认识不足，他的二分天下的策略不如鲁肃鼎足三分的策略目光远大。但是，正当这位杰出的将领大展雄图之际，却溘然长逝了，死时只有35岁。他的早殇无疑是吴国一个极大的损失。

关羽

关羽，字云长，河东解县（山西临猗西南）人。他的胡须又长又美，故有"美髯公"之称。他是刘备军事集团占第一位的重要将领，跟随刘备多年，立过不少战功，以忠勇著称。

东汉末年，因犯事亡命奔往涿郡（今河北涿县），恰逢刘备在家乡起兵，他和张飞共投刘备，一起参加镇压黄巾起义，从此追随刘备征战南北，开始了戎马生涯。刘备投奔幽州军阀公孙瓒，出任平原相后，以关羽、张飞为别部司马，分统部曲。刘备与关羽、张飞两人关系十分密切，寝则同床，食则共器，恩若兄弟。当宾客满座的时候，关羽和张飞终日站在旁边陪着刘备，对刘备非常忠诚。关羽跟随刘备在各军阀之间困难地周旋，不畏艰险。

关羽左臂曾经中箭，以后每逢阴天下雨，骨骼就疼痛难受。大夫说：因

为箭镞有毒，毒入骨骼，只有解剖伤处刮骨去毒，才能消除病根。关羽听罢便伸出左臂叫大夫解剖。当时，适逢关羽宴请众位将史，他的左臂剖开后，鲜血淋漓，流满了器皿，而关羽好像没事一样，仍旧吃肉饮酒，谈笑风生。史书上明确记载了这件事，至于说那个大夫是华佗，这是《三国演义》的作者罗贯中的牵强附会，因为华佗那时已经去世。

建安四年（公元199年），刘备乘曹操忙于抗击袁绍之机，在徐州举兵公开反曹，屯于小沛，派关羽守下邳（今江苏邳县东），担任郡守。

关羽雕像

建安五年（公元200年）正月，官渡决

战前夕，曹操为了解除后顾之忧，亲自率兵东征刘备，一举攻占徐州，刘备被迫出逃，曹操乘胜进围下邳，擒获关羽。曹操非常看重关羽，封拜关羽为偏将军，待遇非常优厚。他细心观察看到关羽并无久留之意，于是叫部下张辽去探问关羽去留的打算。关羽感叹地回答说：“我深知曹公待我礼遇优厚，然而我深得刘备信任重用，肩负重大使命，誓要生死与共，决不背叛。我终归不会留下，但是，我要立功报答曹公后才离去。”

二月，袁绍十万大军进至黎阳（今河南浚县东南），派大将颜良进攻白马（河南省滑县东北）。曹操引军倍道兼行，东救白马，并派关羽等为先锋首先赶回白马。曹军来到离白马十余里路时，颜良才发现，慌忙分兵应战。关羽迅速地迫近颜良军，他望见颜良的车盖、帅旗，单骑突入袁军，在千军万马之中斩了颜良，取回首级，袁绍的众多将领没有能够抵挡得住的，顿时，袁军溃败，于是，白马解围。关羽斩了颜良，立了战功以后，曹操上表奏请献帝，封关羽为汉寿（今湖南汉寿北）亭侯。曹操知道关羽要走了，便重加赏赐。关羽原封不动地保存其所送厚礼，临回刘备那里去时，全部返还给曹操，并留下恭敬的告辞信。在当时这种混乱时世，前程未卜，弃主他投不时发生的情况下，关羽对于刘备这种忠心耿耿、生死不渝的精神，连曹操也深受感动，他说：“奉事君主不忘本分，真是天下的义士啊！”

官渡大捷后，曹操统一了北方，便积极准备向南进军。建安十三年（公元208年）七月，曹操亲率大军进逼荆州，还未到达荆州（当时荆州治所在襄阳），刘表就病死了，刘表次子刘琮继位，投降曹操。

当时，依附刘表的刘备正驻守樊城（今湖北襄樊），得知刘琮投降的消息以后，急率所部向军事重镇江陵（湖北省江陵）退却。由于刘备和老百姓一起撤退，行动非常缓慢，于是决定另派关羽率领万余水军精兵，指挥数百艘战船，先从汉水退往江陵，作为接应。江陵是军资所积的重镇，曹操恐怕刘备抢先占有，率领轻骑日夜兼程追击刘备，并击败刘备于当阳长坂（今湖北当阳东北）。刘备通往江陵的道路已被曹操阻断，只好放弃退守江陵的计划，被迫改道从小路撤退，到达汉津口时，恰好和水路先行南来接应的关羽水军相会合，因而得以渡过沔水，又会刘表长子刘琦率领的万余人，大家一同到了夏口（今湖北汉口）。

曹操占领荆州后，立即把矛头指向江东。在这种情况下，孙权、刘备联合抗曹，在赤壁（今湖北蒲圻县境）用火攻烧毁曹军战船，曹操大败。关羽率领的一万多水军，是刘备军队的主力，在赤壁之战中发挥了重大的作用。

战后，刘备封拜主要功臣，任命关羽为管理荆州军政大事的总督。

"自古兵家重荆州"，荆州地处长江中游，是四通八达的交通要道：北出河南平原，西入四川，顺江东下，直抵建业（今江苏南京）。因此，曹操、刘备、孙权三方围绕荆州的争夺，十分激烈。

赤壁之战后，刘备取得了荆州管辖的长沙、桂阳、零陵、武陵等江南四郡，还向孙权借得了南郡南部（即历史上所谓"借荆州"，当时以南郡治所江陵作荆州州治）。"借荆州"本来是孙刘联合共同抗曹的产物，随着战后蜀汉势力的迅速增长，相邻的孙吴日益感到威胁。刘备把荆州作为北伐的前进基地，而孙权视荆州为东吴的屏障，荆州的借还问题便成了孙刘斗争的焦点。

当时错综复杂的形势下，刘邦向关羽提出了双重要求：既要守住荆州，又要相机北伐。这个任务非常艰巨，刘备把这副重担压在关羽一人身上是欠考虑的。不过，最初关羽对这个问题还是处理得比较好的，他遵照诸葛亮的决策，与孙吴平分荆州，把湘江以东的江夏、长沙、桂阳割让给孙权，解决了吴蜀荆州之争，缓和了孙刘关系。镇守荆州是关羽最重要的军事活动。

北伐襄樊是关羽一生中军事成就的顶峰时期。荆州北面的襄阳、樊城是北出河南，进击曹操的门户。关羽为了守住荆州，开创北伐基地，按照诸葛亮的隆中决策，出兵进取襄樊。

建安二十四年（公元 219 年）七月，关羽挥师北上，发动了襄樊战役。他把曹操族弟曹仁包围在樊城，曹操派于禁领兵前往助守。时值秋霖，汉水泛滥，洪水包围了樊城，全部淹没了城外的曹营，防守城北的于禁等七军遭水冲淹，被迫逃避到高处，关羽用水军继续猛攻，于禁战败投降，战将庞德被擒杀，俘获了数万人。

关羽围困樊城后，接着又派兵进攻襄阳，曹操的荆州刺史胡修及南乡太守傅方投降，关羽的先头部队进占偃城（今湖北襄樊北），深入郏县（今河南省郏县）。因此，关羽的声名更高了，许昌以南不少地方起而响应关羽，一些地方小股武装力量纷纷接受关羽的封号，乘机活动起来。陆浑县（今河南嵩县东北）人孙狼起兵反曹，归附关羽，与关羽军遥相呼应。关羽步步北进，连曹操也感到形势严重，准备迁都黄河以北，以躲避关羽的兵锋。此事造成了关羽"威震华夏"的声势，中原地区大受震动。

在关羽北伐节节胜利的新形势下，孙刘联盟能否继续保持，关键在于孙吴态度如何。孙权虽然表面上支持关羽北伐，而当关羽在荆州的势力增大后，孙权又深感不安，迫切需要夺取荆州，甚至不惜破坏孙刘联盟。对此，曹操方面是有所了解的，为了解除关羽北伐的军事威胁，曹操采取了破坏孙刘联盟的外交手段，煽动孙权偷袭关羽后方。于是，孙权集团制造了关羽无后顾之忧的假象，引诱关羽落入圈套。再加上关羽留在后方的守将糜芳和傅士仁严重失职，畏罪投降孙吴，致使江陵失陷，关羽只得退守麦城（今湖北当阳东南），不久率兵突围出城，走到漳乡（当阳东北）被孙权军擒杀。

　　由于关羽麻痹轻敌，加上求功心切，终至上当受骗，这就是荆州失守的主观原因。但是，过去人们多以此来责难关羽，往往失于片面。从共同抗曹的长远利益来看，孙权夺取荆州是失策的，荆州之失，导致了孙刘联盟的破裂，对此孙权应负不可推卸的主要责任。这就是荆州失守的重要客观原因。

　　关羽死后，蜀汉追加的谥号是壮缪，还是比较中肯的评价了他忠勇的一生。但是，后来历代建封统治者为了麻痹人民，进行思想统治，不断美化关羽，把他塑造成为维护封建统治的神圣偶像，全国城乡到处立庙。我们应当把历史上的关羽和被神化了的关羽区别开来。

陆逊

　　陆逊（公元183—245年），原名议，字伯言，吴国吴县（今上海市松江）人。青年时代的陆逊，喜爱兵书，谙熟孙吴兵法与六韬三略，善于计谋，很为孙权所赏识。公元219年，陆逊与吕蒙合谋，白衣渡江，袭取了荆州，使关羽败走麦城（今湖北当阳东南），被提拔为镇西将军。此后，陆逊继周瑜、鲁肃、吕蒙成为吴国统帅，在与蜀魏的历次战争中，频传捷报，屡建战功。尤其是在吴蜀夷陵（今湖北宜昌市东南）之战中，陆逊指挥吴军以弱胜强，打败了"天下称雄、一世所惮"的刘备，更使他名噪一时。

　　公元221年七月，为了夺回战略重地荆州并给盟弟关羽报仇，刘备不顾许多将士的反对，置"联吴抗曹"的政略于不顾，调集了一二十万大军，东征孙吴。孙权遂任命38岁的陆逊为大都督，统率五万人马，西上拒敌。

　　面对强敌，第一次担任吴军统帅的陆逊，实行了大胆的战略，他命令部队只准撤退，不准迎战和固守。这样，吴军从巫县（今四川巫山）一直退到夷道（今湖北宜都西在长江南岸）和猇亭（今湖北宜都北在长江北岸）一线，陆逊才传令安营扎寨，转入坚守防御，拒不与蜀军交战。

　　一些吴军将领本来就怀疑这位新统帅的指挥才能，看到他只知道一个劲地向后退，终于忍耐不住，群起向陆逊要求立即出战。陆逊不动声色地说：

"刘备举兵东下，锐气正盛，又凭借地势，据守险要，很难一举攻破。即使攻破，也难获全胜。如果出战不利，反而影响大局，不如奖励将士，广施方略，促使形势变化。蜀军沿山岭行军，兵力难以展开，容易疲惫涣散，我们可以等待机会抓其弱点，再行反击。"这些将领听了他的话半信半疑，怏怏而退。其实，吴军主动退出高山地带，把兵力难以展开的六七百里崇山峻岭让给蜀军，在战略上是很高明的。可是，吴军将士不理解这一作战意图，以为陆逊是害怕敌人，因此各怀愤恨，流言蜚语，时有所出。陆逊恃有孙权的绝对信任，对此不予理睬。

公元222年2月，蜀军进到猇亭，扎下了大本营。刘备完全不把陆逊这一江东书生放在眼里，自恃兵多将广，不断分散力量。他命令部队从巫峡到夷陵，缘六七百里山岭接连设营，又分兵一部围攻驻守夷道的孙恒。孙恒是孙权侄子，立即向陆逊求救。部将们也强烈要求出兵，陆逊不同意，他对大家说："孙恒深得军心，城坚粮足，不会失守，只要我的计策施展，其围可不救自解。"

陆逊按照既定部署，集中兵力固守待机。吴蜀两军相持达七个月之久。刘备为了引诱陆逊出战，埋伏精兵8000于山谷之中，而令吴班领几千人于平地扎营，示隙于吴。将士们一见，纷纷要求出击，又被陆逊制止。刘备无奈，只好从山谷中撤出伏兵。刘备被阻于猇亭、夷陵一线，欲战不可，欲退不能。由于山地运输困难，供给日趋紧张。随着天气不断炎热，蜀军将士个个叫苦，斗志日渐衰退。这时，刘备又将就士兵们的避暑要求，竟然放弃了"水陆俱进"的有利条件，令水军全部弃船上岸，到山林中扎营避暑。

于是，陆逊决定立即反攻蜀军。将领们疑惑不解地说："要攻刘备，应在当初，现在让他深入了六七百里，设防了七八个月，各险要重地都已配置重兵坚守，这时候反攻恐怕不会有利吧？"陆逊笑着对大家说："刘备是个很狡猾的人，见多识广。大军初来，考虑必然精细，加上其水陆并进、士气旺盛，我们如果出击，必然形成硬拼。半年多来，他被我军拖在这里，一直没有得到进攻的机会。现在，蜀军士兵已经疲惫，斗志已经消沉，刘备处处设营，兵力完全分散，又令水军离舟上陆，说明其计谋也已用尽。所以，我们发动反攻、打败蜀军的战机已经来到了。"诸将认为他说得很有道理，都对反攻充满了胜利的信心。

为了做到确有胜利把握，陆逊先率一部分人马攻打了蜀军的一个营寨，结果大败而回。有的将领一见又泄了气，说这"不过是白白送掉士兵的性命罢了"。可是，陆逊却胸有成竹地说："我已有破敌之法了。"接着他调兵遣将：令水军溯江而上切断两岸蜀军联络；令一部士兵每人带一捆茅草，乘黑夜分头至各蜀营放火；令大队人马以火光为号同时出动。蜀军营寨本是竹、木所筑，又全在山林之中，易被火攻。这天夜晚，恰逢东风劲吹，吴军突然处处放火，火借风势，风助火威，形成了一条长达几百里的火龙。突遭大火袭击的蜀军，陷入一片混乱。陆逊乘势全线进攻，迅速攻破了40多座蜀军营寨，杀死了张南、冯习等数员蜀将，蜀军土崩瓦解，大部分死伤逃散，车辆、船只全部丧失。刘备率领少数人马，乘黑夜冲出重围，靠驿站人员焚烧辎重堵塞山道，才摆脱追兵，逃回白帝城。面对惨败，刘备又是羞愧又是怨恨地说："我竟被陆逊所败，岂不是天意吗？"

战争结束后，孙恒见到陆逊，倍加称赞说："以前我曾埋怨你不派兵相救，如今才知道，你的指挥之道实在有方啊！"孙权更为高兴，遂加封陆逊为将军，领荆州牧。

黄龙元年（公元229年），孙权称帝，立都建业（今南京）。陆逊被封为上大将军、右都护。

黄武七年（公元228年），孙权让鄱阳太守周鲂诱骗魏国大司马曹休兴兵进入皖县（今安徽潜山）。孙权立即召见陆逊，假授黄钺，任大都督，迎击曹休。曹休已经觉察实情，深感羞耻，仗着兵强马壮同吴军交战。陆逊亲自率军充当主力，命令朱桓、全琮为左右两翼，三路一同推进，大败曹休的伏兵，并追击溃逃的魏军，大获全胜。回到魏国的曹休，背生毒疮而死。

嘉禾五年（公元236年），孙权北上征讨曹魏，让陆逊和诸葛瑾攻打襄阳。陆逊到了自围后，暗中派将军周峻、张梁等袭击魏国并攻下江夏郡的新市、安陆、石阳。陆逊下令保护俘虏，严禁兵士干扰侵侮。陆逊此举得到邻县的感动，江夏功曹赵濯、戈阳备将裴生和夷王梅颐等都率众归附他。

打败曹魏后，陆逊受到孙权极高的礼遇，让他辅佐太子，并负责荆州、豫章、鄱阳、庐陵的一切事务。

陆逊根据当时的形势，主张鼓励农民从事农业生产和纺织，宽缓百姓的租赋，安抚百姓，积蓄力量以图大业。他反对连年征战，反复劝阻孙权派兵攻取夷州、朱崖。但孙权不听，结果得不偿失。后来，在陆逊的劝阻下，孙权放弃了对背弃盟约的公孙渊的征讨。

赤乌七年（公元244年），62岁的陆逊接替顾雍担任第三任丞相，积极推行富民强国的政策。他认为，国家以民众为根本，国家的强大凭借的是民众的力量，国家的财富来自于民众的生产，所以要关心民众的疾苦。

陆逊还有一个突出的治国政绩，那就是他惩治权宦，反对任用子弟为官。当时，太子孙和的东宫和鲁王孙霸的鲁王宫各立门户，宫廷内外的职务多半派官宦子弟担任。陆逊为阻止矛盾激化，费尽了心思仍毫无作用。当他听说要废太子的议论，马上上疏陈述："太子是正统，应该有磐石一样坚固的地位；鲁王是藩臣，应该使他所受的恩荣官秩与太子有等级之分，彼此各得其所，上下得以相安无事。臣恭谨地叩头流血把这意见报告给您。"他就此事上书三四次，孙权都没有同意。正在这时，陆逊的外甥顾谭、顾承和姚信都因亲附太子而含冤被流放。太子太傅吾粲因屡次同陆逊通信，下狱死去。陆逊也因此受到的孙权的责备警告。赤乌八年（公元245年），63岁的陆逊最终因愤恨而去世。

 ## 邓艾

"期期艾艾"，是一句常用的形容人说话结巴的成语。在中国古代名人中，有两位最有名的"结巴"，一位是西汉的周昌，另一位就是三国时期魏国名将邓艾。《世说新语》中专门写道："邓艾口吃，语称艾艾。晋文帝戏称曰：'卿云艾艾，定是几艾？'对曰：'凤兮凤兮，故是一凤。'"为此，中青年时代的邓艾吃过不少亏。据史料记载，邓艾，字士载，义阳棘阳（今河南南阳）人，自幼丧父，家境十分贫寒，后来通过"茹苦愤读"，好不容易当上一个都尉学士，但因"结巴"，又很快被改任为稻田守丛草吏。那么，后来邓艾为什么能一跃而成为"在中国军事史上享有盛名"（《中国军事百科全书》）的名将呢？

邓艾享有盛名，首先是因为他力主"屯田开槽"、"积粟富民"的农战政策。邓艾非常注重从战略高度分析形势，提出建议或制定政策，尤其是对于"富国强兵"问题有着深刻的见解。他认为："国之所急，惟农与战，国富则兵强，兵强则战胜。然农者，胜之本也。"他还强调："足食足兵，食在兵前。"公元241年，他任尚书郎时，被调到淮河中上游地区调查土地情况。调查后，

邓艾雕像

他写了《济河论》。他主张开挖河渠，引水灌溉，广积军粮，疏通航道，认为只有这样才能满足长期战争的需要。司马懿对他的文章十分赏识，他在《济河论》中提出的具体计划也被朝廷全部采纳。同年，魏国按照他的计划兴师动众，在两淮地区进行了大规模的军屯。这对于魏国后期的军事发展以及灭蜀、灭吴战争的胜利起了非常重要的作用。

邓艾享有盛名，还因为他在平定两淮之乱中立下奇功。公元 255 年，毌丘俭、文钦举兵反叛，在重城项县（今河南沈丘）拥兵据守，从此两淮乱起。当时，邓艾任兖州刺史，他认为破敌的关键在于把俭、钦之兵一分为二，各个击破。于是，他以乐嘉为诱饵，采取诱敌上钩、引敌出战的战法，将急于求成的文钦诱出项县，大打出手。文钦之败，使项县守敌惊恐不已。当天夜里，毌丘俭便弃城而逃，被当地居民射死。项县之敌不战自溃。这时，在乐嘉惨败的文钦见项县失守，率军投奔了东吴。吴国大将军孙峻接受文钦投降之后，乘势北上，直向淮南扑来。面对吴军的进攻，魏国镇东大将军诸葛诞决定采取"分兵把口"的阻敌方针，他自己亲督所部驻守寿春，而令邓艾到数百里外的肥阳作为后援。邓艾反对这一方略，他认为肥阳"与敌势相远"，又"非要害之地"。于是，他毅然改变了驻守肥阳的计划，率兵直抵寿春城南的要地附亭、黎浆。这样，就使西路魏军合为一体，大大增加了寿春前线的防御力量。果然，孙峻等人率兵到来时，立即遭到邓艾的迎头痛击，水陆均不得进。他见强攻寿春无望，只好率军回撤。邓艾乘势进击，攻敌惰归，一举粉碎了孙峻号称十万大军的进攻。这一战，彻底终结了淮河南北的这次叛乱，稳定了魏国东南局势。邓艾因平叛有功，被"进封方城乡侯，行安西将军"。

邓艾享有盛名，更是因为他在陇西退敌、消灭蜀国的战争中发挥了举足轻重的作用。在陇西一带，邓艾与蜀军大将姜维多次交锋，始终胜敌一筹。例如，公元 249 年，姜维率军北犯雍州，兵逼陇西，邓艾随征西将军郭淮抵御姜维。姜维见魏军主力到，主动退军。郭淮一看蜀军退了，就命令部队西进对付诸羌。邓艾对郭淮说："蜀军并未远去，还可能回来，应当加强防备"。三天后，蜀军果然返回，在白水以南安营，但未向魏军进攻。邓艾又对将士说："我军兵少，按道理蜀军渡河后应当进攻我们。姜维没这样做，很可能是想用少数兵力钳制我们，然后派主力部队去攻打洮城去了。"于是，他率军连夜赶到洮城，并做好战前准备。不久，姜维果然来攻，但遭到魏军突然打击，仓皇撤逃。公元 256 年，姜维趁魏国内乱，又一次大举进犯陇西，邓艾接替郭淮率军迎敌。邓艾在蜀军必经之路的各个要地都设下精兵、加强戒备，使得姜维到处受阻；最后又在殷谷一带埋伏精兵，再次把姜维打得大败而归。因陇西退敌军功卓著，邓艾被晋升为镇西大将军，总督陇右诸军事，并被封为邓侯。公元263年，邓艾又与钟会等人率18万大军大举攻蜀。当钟会所率领的主力10万多人被阻于剑阁（今四川剑阁东北）之时，邓艾领兵3万经阳平小道，穿过700多里杳无人烟的地区，出其不意地逼近成都。蜀主刘禅见大势已去，向邓艾投降，姜维等人也奉命投降，建立43年之久的蜀汉政权自此灭亡。

就这样，一个"期期艾艾"的"结巴"终于成了世人瞩目的名将！

第二节
两晋的名将

 羊祜

羊祜，字叔子，泰山郡南城县（今山东费县西南）人，西晋的开国元勋，他为西晋的统一战争做了许多有益的工作。羊祜出身于"世代二千石"（指太守，郡的长官）之家，是东汉著名学者蔡邕的外孙。他早年丧父，由叔父扶养。

三国魏末，政权渐移归司马氏，魏帝成为司马氏手中的傀儡。大将军司马师是羊祜的亲姐夫，照说应是司马氏的亲信，会很快飞黄腾达的。但羊祜找种种借口不参与政治活动。直到公元255年司马师死后，被司马昭征用，才登上政治舞台，当了给事中、黄门郎等官。当时的政治局面非常复杂，许多人在政权转移之际卷入了统治阶级内部斗争的漩涡，有的被杀，有的高升。羊祜作为魏皇室的侍从官，在其间处置应变是很不容易的。公元265年，司马炎篡魏建立西晋，羊祜是"佐命元勋"。

晋武帝为了筹备灭吴，统一全国，于泰始五年（公元269年）二月，任命一批元老且是心腹的大臣驻守晋吴交界的重镇，做进军吴国的准备。如派征东大将军卫瓘都督青州诸军事镇临淄（今山东今县），镇东大将军东莞王司马伷都督徐州诸军事镇下邳（今江苏邳县南古邳镇），羊祜以尚书左仆射都督荆州诸军事镇襄阳。

羊祜到襄阳后，力图改变边境处于紧张状态的情况，安定人心，使边境人民安心生产。他首先从自身做起，把边防巡逻兵减去一半，用来耕种屯田，生产军粮，共计有八百余顷。使军粮十分丰足，本来军无百日之粮，到后来，积余的粮食可供军队十年之用。这就大大减轻了当地人民的负担。他还大兴学校，发展文教事业。同时减少官僚排场，自己轻装简从，卫兵、传令兵不过十余人。

要实现边境安宁的局面，本来是敌我两方面的事。为了彻底搞垮吴军，达到灭吴的目的，他改变策略，一反过去的做法，首先从自身方面做起，向吴军申张信义，凡向吴军开战，必先约定时日，从不搞突然袭击，或搞偷袭；凡是投降后又想回去的均可听便。当然，他这样做决不是无原则的退让，给敌人可乘之机。他率先进据险要，在边境建立五个大城堡，夺取了不少肥沃的土地，然后划汉水为界，在石城（今湖北钟祥）以西都成为晋的地方，这样吴要进攻也困难了。

在军事上取得主动权之后，他又对吴军进一步开展了一系列的"攻心战略"。如有一次，部队俘虏了两个吴民少年，羊祜立即派人送他们回去。后来吴将夏详、邵顗向晋投降，被送回去的两个少年的父亲也带着亲属跟来了。吴将陈尚、潘景因进犯边境而战死，羊祜举行隆重的仪式将他们殡殓，表彰他们为国捐躯的精神。当他们的家属要求领回灵柩，羊祜也很隆重地送回。有一次吴将邓香进犯夏口，被活捉，羊祜也不追究他的罪过而将他释放，使邓香非常感动，就率领他的部队前来投降。晋军在进军过程中割取吴民的谷子当军粮，都要用绢来折价偿还。

羊祜像

甚至吴国人打猎，受伤的野兽或飞禽逃入晋边境，凡为晋军所取得的也如数送还。这些做法使吴国军民非常感动，都称他为羊公，而不直呼其名。这种攻心战略收效很大。

当时与羊祜军对垒的吴军大将是镇东大将军后任大司马的陆抗，是名将陆逊之子。他对羊祜的做法非常头痛，只得告诫部下说："羊祜用恩德收买民心，如果我们用残暴的手段来对付他，这是'不战而自服'，正中其计，就会自取灭亡。我们只有保住边境，千万不能为小利而挑起边衅，给他以可乘之机。"这时，吴国的政治已十分腐朽、黑暗，吴王孙皓是一个十分昏庸而残暴的人物，他见陆抗在边境搞得和平无事就责问陆抗。陆抗回答说："一乡一邑的小单位都要讲信义，何况我们吴国？如果我们不是这样针锋相对，而采用残暴虐杀，那正是中了他们的计，而对羊祜是毫无损伤的。"当陆抗生病时，羊祜就送药来，陆抗毫不怀疑地服用，有人劝他要小心，陆抗说："羊叔子会是下毒药的人吗？"陆抗送给羊祜的美酒，羊祜也照样饮用不疑。

羊祜在荆州的这些做法和措施也遭到许多人的攻击，但是在多年来行之有效而又取得重大成果的事实面前也不敢公开反对，这些人只能由忌而恨，散布流言蜚语，如荀勖、冯紞等人。尤其是掌握大权的王戎和王衍，诽谤更多，故当时人说："二王当国，羊公无德。"

羊祜曾屡次上表，要求抓住时机，出兵伐吴，晋武帝虽然同意，却遭到权臣贾充以及上述这些人的反对，赞成的只有张华、杜预两人。羊祜只能做一些统一战争的准备工作，如推荐王浚担任益州刺史，在长江上游四川造船舰，以便顺流而下，进攻吴国。咸宁四年（公元278年），羊祜病重，推荐杜预接替他镇守荆州。

这年十一月，羊祜病死洛阳，消息传来，荆州人都非常悲痛，这一天襄阳正是圩日，市场上听到了这个噩耗，人们都不禁停止了买卖，圩也散了。连吴国边境的军民也悲伤得泣不成声。

次年（公元289年），晋武帝终于下定决心，采纳了羊祜的遗表，排除了种种干扰，大举出兵伐吴。咸宁六年亦即太康元年（公元280年）春，由王浚、杜预、司马仙等率领的五路大军，直指吴都建业（今南京市），民怨沸腾而分崩离析的吴国很快就灭亡了。全国分裂离乱近百年之后，至此又归统一。羊祜虽来不及亲身参加这次重要战役及亲眼看到全国统一，但一切都是在他生前的设想和预谋下进行的。

荆州人民为了纪念羊祜在荆州的功业，在他生前常去游宴的襄阳近郊的岘山上以他建庙立碑。每当人们立在岘山的纪念碑前，就会缅怀他生前的佛绩，想起他在荆州、襄阳所做的许多好事，情不自禁地热泪盈眶，后人便把这块碑称做"堕泪碑。"

 ## 杜预

在古代，领兵作战的将军不仅善于指挥，而且武艺一般也很高。但也有例外，西晋军事家杜预就是一个。史书说他"身不跨马，射不穿札"，不善武功，不会骑射，但他却是晋国安边救边以及灭吴之战的主要策划者、指挥者，人们称赞他"以计代战一当万"。杜预是怎样一个人，为什么说杜预"以计代战一当万"？

杜预，字元凯，京兆杜陵（今陕西长安县东北）人，出身于世宦之家，司马懿的女婿。他博学多才，对政治、经济、法律、兵法等都深有研究，人称"杜武库"，形容他腹中无所不有。他虽然不善武功、不会骑射，自己不能冲锋陷阵，但他善于谋略，以运筹帷幄、料敌制胜而著称于世。

公元270年，杜预在协助安西将军石鉴出兵陇右（今甘肃、青海部分地区）退敌安边之时，就因为"明于筹略"而崭露头角。当时，鲜卑族首领秃发树机能骚扰边塞，石鉴奉命出征。兵到塞外时，石鉴急着要发起进攻。杜预审时度势，认为晋军兵力较少、孤军深入、军粮不足，而鲜卑族军队兵盛马肥、士气高昂、以逸待劳，马上进攻必败无疑。为此，他上书石鉴，提出"五不可、四不须"，坚决反对立即出兵。石鉴不听，强行出兵，结果大败而归。《晋书》对此评价说："陇右之事卒如预策。"不久，匈奴右贤王刘猛举兵叛晋，拥军自立。杜预又应召商讨平叛方略。他反对劳师远征，而主张采取"立田籍、建安边，论处军国之要"等战略，并提出安宁边境及利国救边之策50多条。司马炎全部采纳了杜预的主张，结果不仅边患没有蔓延，而且沿边一带的防务、生产得到了很大的发展。两次治边，都显示了杜预明察时势、深谋远虑的智慧和才能。

公元278年，羊祜病故后，杜预被任命为镇南大将军，掌管荆州诸军事，筹划灭吴大计。精于韬略、长于谋划的杜预，在灭吴之战中，更加显示出高超的军事智慧和杰出的指挥艺术。

杜预一上任，便开始加紧进行灭吴准备。不久，他挑选精兵，乘敌不备，向战略要地西陵（今湖北宜昌）发起突然袭击，大获全胜。西陵守将张政是

吴国名将，大败后感到羞耻，同时又慑于吴主孙皓的暴虐，没有如实上报这次败绩。杜预知道这一情况后，感到有机可乘。为了离间孙皓与吴将之间的关系，他立即给孙皓写了一封信，详细陈述了吴军惨败的经过，表示愿意将俘虏全部送还。吴王接信后果然大怒，立即调回张政免官问罪。驻守荆州一带的吴军将领，本来就对孙皓的暴政提心吊胆，怀有异心。这次临阵换帅，更使他们忧心忡忡，与孙皓更加离心离德了。

第二年，杜预两次上书，建议乘吴军防备松懈、兵力分散、东西难顾之机，从速出师，消灭吴国。杜预的卓越见识和主张，终于为晋武帝司马炎所接受，从而定下了大举伐吴的决心。

公元 279 年，晋武帝发兵 20 万，兵分六路向吴国发起全面进攻。杜预针对吴国边将各自为守、无心恋战的状况，采用攻敌要害的作战方针，先陈兵于长江枢纽江陵城下，围而不攻，以断绝长江上游吴军的退路和阻挡长江下游吴军的西进，动摇整个吴军西部防御。随后，他派部将周奇等四将沿江西进，逐一夺取长江上游吴军的城邑。同时，他又约益州刺史王濬率水军顺江东下，东西夹击吴军江面水营，连克西陵、荆门、夷道等城池，翦除了江陵以西的吴军势力。在攻取上游诸城之后，他又把兵锋指向长江流域的另一重镇乐乡。为拿下乐乡，杜预采取了奇袭战法，他派奇兵 800 趁夜南渡长江，在乐乡一带到处张旗树帜，又派兵一支迂回乐乡侧后的巴山一带遍燃烽火，使乐乡吴军一片惊慌。在王濬攻打乐乡时，他再命伏兵乘机混入城内吴营，活捉了吴军都督、西线统帅兼乐乡总指挥孙歆，乐乡很快又被攻克。这时，江陵已成为一个孤城。杜预命令南北各军会攻江陵，当天就把它拿下了。

长江上游平定之后，晋军中有些将领提出，东吴建国百年根基深厚，不易一举拔除，现在马上又到了春天发水多病季节，应该罢兵休战，等到冬天再大举征伐。杜预主张乘胜一举消灭吴国，认为"缓兵势必功亏一篑"，从而坚定了各路将领的决心。与此同时，他又根据吴军水上防御松懈、都城建业守卫空虚的弱点，提出"水军担任主攻，直取吴都建业"的灭吴方略。根据这一方略，王濬率领水师，乘虚而入，急驶东下，很快就打到建业。吴主孙皓见败局已定，出城请降，吴国从此灭亡。

灭吴大战结束后，杜预认为天下虽安，忘战必危，仍然"勤讲军备，严求成守，屯兵要地"。公元 284 年，杜预卒于邓县，享年 62 岁。司马炎感念他的功绩，追封他为征南大将军。

 **祖逖**

祖逖，字士稚，范阳遒县（河北涞水北）人。东晋著名将领，是东晋第一个进军北伐的人，曾经一度收复黄河以南的全部失地，由于东晋内部矛盾重重，对他不加支持，忧愤成疾，死于军中。

祖逖是北方士族，出身郡守世家。为人品行端正，重义轻财，每到田庄，总要发放谷物布帛等周济贫困人家。因此，深受同乡同族的爱戴。

西晋灭亡以后，北方出现了各少数民族贵族混战割据的局面。逃往江南的皇族首领司马睿在建康（今江苏南京）建立了士族地主政权东晋王朝。祖逖也率领宗族部曲数百口南移，在向南迁徙的途中，祖逖把自己所乘的车马让给年老患病的人乘坐，同大家一起步行，药物衣食也让大家共享；再加上足智多谋，大家就推选他担任南迁途中的负责人。渡江以后，司马睿任命祖逖为徐州刺史、军谘祭酒（参谋长），驻守首都建康的门户京口（今江苏镇江）。祖逖所领部曲宾客（私兵）都是些强悍的勇士，祖逖对待他们就像对待自己的子弟一样。祖逖深感社稷倾覆，人民涂炭的痛苦，时刻准备收复沦陷的北方河山。

东晋王朝建立以后，流亡江南的老百姓时刻不忘自己的家乡，要求恢复失去的北方土地。生活在北方的汉族人民，遭受少数民族统治者铁蹄的蹂躏，也日夜盼望东晋军队北上解除他们的痛苦。南北人民都希望东晋政府积极北伐。

但是，以司马睿为首的东晋统治集团，所关心的只是他们在南方统治地位的巩固和经济利益的争夺，对出兵北伐和收复中原失地并不感兴趣。当时只有祖逖等少数人坚决要求北伐，积极进图中原。早在东晋建国之初，祖逖第一个向司马睿提出北伐要求，指出："由于西晋末年宗室诸王的争权夺利、自相残杀，长期激烈混战，致使少数民族贵族乘机起兵反晋，中原地区陷于分裂割据。现在，北方的汉族人民纷纷起来反抗少数民族统治者的野蛮统治，大王如果您允许我祖逖统率军队，出师北伐，解除北方人民的痛苦，那么，各地的英雄豪杰必然会闻风而动，积极响应。"司马睿只好任命他为奋威将军，豫州刺史，其实只是一顶空头的将军盔，只给他1000人的粮饷和3000匹布的军费，叫他自己制造铠甲和武器，招募军队，想法子去北伐。在如此困难的条件下，祖逖毅然率领他原来的100多名部曲，于建兴元年（公元313

年）八月渡江北伐，当渡船驶到江的中流时，他叩击着船楫桨满怀壮志地发誓说："如果我祖逖不能扫清中原凯旋而归的话，就像这江水一样一去不复返！"随从的人都被他的豪言壮语所感动。

渡过长江以后，祖逖在淮阴（今江苏淮阴）铸造兵器，招募了士兵2000人，向前进发。当时，中原地区有不少屯聚的坞堡首领，他们割地分立，各自为政，互相之间矛盾很多。祖逖根据不同情况，区别对待：对于那些破坏北伐或投靠少数民族统治者的地方武装，就进行孤立和打击。

当祖逖进驻芦溯的时候，谯县（今安徽亳县）坞主张平、樊雅起兵反叛，祖逖派人诱杀张平。由于作战有功，东晋王朝派人运输粮食援助，可是路途遥远，供应不上，于是祖逖部队发生饥荒。樊雅乘机用兵夜袭祖逖，偷偷摸入军营，一边拔出兵器，一边大声呐喊，直往祖逖帐幕杀来。祖逖临危不惧，沉着应战，指挥身边随从人员进行抵抗，晋军将士英勇杀敌，经过一番激战，打退了樊雅的袭击。不久，樊雅归降祖逖。

陈留（私名，今河南开封一带）地方的豪强地主陈川叛降少数民族统治者石勒，祖逖率领部队讨伐陈川，石勒派遣石虎领兵5万援救陈川，祖逖大败石虎。石虎带领残兵败将撤退，留下大将桃豹困守陈川故城，占据城西高台，祖逖部将韩潜占据城东高台，晋军从东城门出入，敌兵开南城门放牧，双方僵持了40多天。祖逖决定大摆迷魂阵，打破这种僵局。他利用布袋装入泥土充作大米，指使士兵运上城东高台，制造了一个热闹的搬运粮食的场面。为了避免敌兵疑心，又指使几个人挑运大米，这次口袋里装的却是真的大米。挑米的士兵假装很累的样子，在半路上歇肩，桃豹的哨兵果然追来，他们几个故作惊慌，全部丢掉担子逃跑。桃豹的部队早已发生饥荒，缴获这些大米担子后，以为祖逖的部队还有很多粮食，心里更加害怕。石勒部将刘夜堂赶着成千毛驴驮运粮食，供应桃豹。祖逖派韩潜、冯铁等领兵半路截击，全部缴获这批粮食。桃豹部队没有粮食，无法守城，只好半夜弃城逃遁。祖逖率领部队乘胜进军雍丘（今河南杞县），进击石勒，并且大败石勒精锐的骑兵部队。对在战争中抓获的老百姓，祖逖十分优待，全部遣送回家。因此，很多戍边的人们纷纷归附祖逖，石勒的统治区域逐渐缩小。

对于那些拥护东晋，支持北伐的抗战力量，祖逖则进行广泛的团结和联系，调动他们配合作战。屯聚河南一带的坞主赵固、上官巳，李矩、郭默等是当时北方的抗战力量，祖逖从中调解他们之间的冲突，使他们听从自己的统一指挥，齐心协力进行北伐。至于黄河两岸那些同情北伐而又受到少数民族统治者牵制的坞主，祖逖正确地采取了灵活的斗争策略，允许他们表面上继续维持原来的关系，还不时地出动游击部队假装抄袭他们，制造他们并未归附东晋的假象。这样，祖逖常常从他们这条秘密渠道及时获得石勒方面的军事情报，能够针对敌军的活动情况，采取对策，克敌制胜。

为了医治战乱地区的创伤，解除人民群众的疾苦，祖逖在收复的地区内，开展了生产建设活动。他严格约束自己，不占田产，带头过着勤俭节约、艰苦朴素的生活，亲自带领军民种田植桑，宗族子弟一样参加耕地、砍柴、挑担；用自己的财物赈济群众，并收葬奠祭死于战乱的无主尸骸。祖逖的这些措施，深受广大军民的拥护。

祖逖在极其困难的条件下，英勇地渡过长江，在北方人民的支持下，经过七八年艰苦的斗争，终于收复了黄河中下游以南的大片土地。北伐取得如此成就，固然是由于南北人民的拥护和支持，但是，这同祖逖的深谋远虑和长期努力是分不开的。当地人民抬酒宰牛犒劳祖逖，老人们高兴得流着眼泪说："我们都老了，想不到还能重新做回晋朝的百姓，就是死也无憾了。"人们深受感动，载歌载舞，盛赞祖逖及其所部将士的英雄业绩。

谢玄

东晋名将谢玄，出身于世家大族陈郡谢氏，是名相谢安兄谢奕之子，字幼度，小名羯儿。著名才女谢道韫是他的亲姐姐。他小时候也很聪慧机灵，和同辈的谢韶、谢朗、谢川合称"封胡羯末"（这些都是他们的小名）。由于他的口齿伶俐，先知人意，从小就得到叔父谢安的器重。

谢玄成年之后，一直未曾出仕。由于北方前秦强大，严重地威胁着东晋的安全，大约在宁康三年（公元375年）前后，谢安才推荐他任广陵（今江苏扬州一带）相，当时他才三十出头。

自西晋灭亡后，北方已经出现过好几个少数民族或汉族建立的政权。永和八年（公元352年），北方鲜卑族建立的前燕灭掉冉魏，与氐族苻氏在关中建立的前秦对立。升平元年（公元357年）苻坚登位为前秦王，他重用汉族人王猛进行政治改革，整顿吏治、奖励生产，打击氐族旧贵族的特权，使前秦面目一新。太和五年（公元370年），前秦灭前燕，太元元年（公元376年）灭前凉和代国，结束了北方长期混乱、战争不息的分裂局面。本来东晋和前燕、前秦三者鼎立，现在变成和前秦直接对峙了，谢玄就是在这样的历

谢玄雕像

史形势下登上政治舞台的。

当时的东晋，政权操之世家大族，只知偏安于江南，内部矛盾也很多，但由于前秦的强大，北边节节失利，在这样的形势下，才迫使东晋政权上下团结起来。在谢安当政后，又做了许多安定团结的工作。谢玄的政治生涯就是从改革军队着手的。他在京日（今江苏镇汪）、广陵一带招募、训练新兵，号为"北府兵"。其成员都是由北方南迁的农民或部曲，他们幼时都曾亲身受到过少数民族统治者压迫和蹂躏之苦，他们有恢复故土、重返家园的愿望，故有较强的战斗力。又从中培养出一批骁勇善战的将领，如刘牢之、何谦、诸葛侃、高衡、刘轨、田洛等，加之谢玄等的严格训练，故北府兵屡建奇功，是令敌人畏惧的一支劲旅。

太元四年（公元379年），在内奸的出卖下，前秦攻下襄阳，不久又进占彭城（今江苏徐州），东晋连失两大重镇。得寸进尺的秦军又以6万大军进围三阿（今江苏宝应）。谢玄自广陵出兵，由西侧出击，连连取胜，最后吃掉这6万大军，这才阻止了秦军南下的气焰。北府兵首战告捷，取得辉煌战果，也使谢玄在军事上崭露头角。

野心勃勃的荷坚，自恃有"强兵百万，资仗如山"，梦想一举灭晋，这就挑起了我国历史上一场空前大战——肥水之战。

太元七年（公元382年）十月，苻坚在长安太极殿召开御前会议，与大臣共同商讨伐晋之事。他说，为了灭晋，他连饭都吃不下，希望臣下支持他。可是应者寥寥无几，大部分臣僚包括首相在内，都说晋"君臣辑睦，上下同心，未可图也"，或说"彼据长江之险，民为之用，殆未可伐也。"苻坚大失所望，气愤地说："我有那么多的部队，每个士兵用马鞭投进长江，就可塞住江流，长江有什么了不起呢？"会议未能作出决定，苻坚很生气，叫官员们先回去，只单独留下他的弟弟苻融商议，想得到这个最得力的左右手的支持。苻融再三陈说利害，指出伐晋时机未到，并说："鲜卑、羌，羯等少数民族，布满在首都附近，这些才是我们的大敌，一旦时机有变，这些人就将成心腹大患，后悔莫及。"苻坚又听不进。太子苻宏，幼子苻诜、爱姬张夫人也都劝说"晋不可伐"，而苻坚斥之为"孺子"、"妇人"之见。他的朋友道安和尚也劝他不必"上劳圣驾，下困苍生"。这些意见，苻坚一句没有听得进去。只有投奔来的前燕鲜卑贵族慕容垂别有用心地说："陛下自己断定就行了，何必广询群臣？过去晋武帝帮吴，同意的也不过张华、杜预数人而已，如果听取群臣的意见，怎能建立伟大的功勋？"苻坚听了他的话才非常高兴地说："能与我定天下的只有您了。"可见苻坚是一个独断专横的人。

太元八年（公元383年）的夏天，苻坚下总动员令，规定老百姓"每十丁遣一兵"，良家子（有财产、有地位人家的子弟）20以下，有文才武艺的均授羽林郎的称号，这种应征入伍的就有3万人。

秋八月，苻坚派苻融率张蚝、慕容垂领步、骑兵25万为前锋，先行。一周后，苻坚自长安出发，统步兵60多万、骑兵27万。九月，苻坚到达项城（今河南），苻融领兵30万屯颍口（今正阳关，在寿县附近颍水入淮处）。

苻坚的出兵引起了东晋的极大恐慌，由于宰相谢安的镇定，"命驾出游"、"围棋赌墅"等安详举动，才把首都建康（今南京市）的人心安定下来。也做了必要的军事部署，"指授将帅，各当其任"。派谢石为征讨大都督，谢玄为前锋都督，以及谢琰、桓伊等领兵8万赴前抵御。另有胡彬的一支水军5000人，赴寿阳增援。

十月，苻融攻下寿阳，当时胡彬的援军还在路上，未及交锋，只好退保硖石（今安徽寿县淮水之北）。秦大将梁成以5万大军屯洛涧（今淮南市东洛河）。谢石、谢玄的大军驻在洛涧之东25里。驻在硖石胡彬军就被隔断而绝粮。派人向谢石告急："今贼盛粮尽，恐见不到大军了。"不料这个送情报的士兵竟被秦军截获，苻融知道了晋军兵少缺粮的情况，马上送至项城的苻坚，并说"贼少易擒"。苻坚十分高兴，以轻骑8000人星夜赶到寿阳，又派朱序到晋军中劝降。朱序是在襄阳保卫战中被叛徒出卖而被俘，现虽官封尚书，他还是一心不忘祖国，把前秦的军情透露给晋军，并建议乘秦此时大军尚未集齐，迅速出击，可能有希望取得胜利，如待秦百万大军齐集就难对付了。但谢石害怕，不敢贸然出击，他想按兵不动。因为当时已隆冬，秦百万大军的军粮、御寒、马草必成问题，是不能持久的，所谓"不战而老秦师"，然后伺机出击。谢玄、谢琰劝他采用朱序的建议。谢玄即派刘牢之以精兵五千直驱洛涧，未至十里即与秦兵遭遇，北府精兵直冲秦的大营，杀死主将梁成和战将多员，秦军争渡淮水北逃，溺死不少，共歼敌15000人，取得了淝水之战的第一个胜利。

晋军乘胜推进，与秦军隔淝水对阵。苻坚初到寿阳就遇到前锋受挫，又见八公山上的草木也疑心是晋的伏兵，开始惧怕起来，企图以速战取胜。谢玄就向苻融传话："你带那么多军队，逼水为阵，这是企图固守，不想速战，请稍后退，腾出空地，决一胜负如何？"苻坚心怀诡计，想待晋军半渡在河中时袭击，就同意后撤。不料前军一动，后军情况不明，人心惶惶，即引起全军的骚动。朱序趁势就在后面大叫："秦兵败了！"这一叫顿时引起大乱，纷纷逃命。谢玄、谢琰、桓伊等亲率大军，迅速冲进秦军大营。苻融还想指挥后撤军队，稳住阵脚，却在混乱之中所骑的战马被绊倒，后为晋兵所杀。秦军失去指挥，更是溃不成军，土崩瓦解，自相践踏、淹死者不计其数。谢玄等乘胜追击，一口气杀到离寿阳西 30 里的青冈才收军。余下的秦军丢盔弃甲，闻风声鹤唳都以为晋兵追击，于是风餐露宿，冻饿而死的不知有多少。苻坚退到洛阳，收拾残兵，只剩下 10 万人了。

淝水之战取得全面的胜利，保卫了汉族的东晋政权，更重要的是保卫了江南人民的正常生产和生活，阻止了落后的氐族向江南的破坏，这是人心所向，全国人民支持的结果。不可否认，我们也看到了谢玄在其中的决策和指挥作用。

太元九年（公元 384 年），谢玄又主持了东路的北伐。八月收复了重镇彭城；九月派刘牢之攻下鄄（今山东）。十月，进军青州（治所在今山东益都），前秦青州刺史苻郎投降。谢玄又分诸路军北进，至碻磝（今山东荏平）、滑台（今河南滑县），第二年，刘牢之渡过黄河攻下黎阳（今河南浚县），河北也收复了好些地方。

正当北伐军节节胜利之时，东晋由于大敌当前而潜伏下来的矛盾又暴露出来了。以司马氏为首的统治集团，他们虽主要来自北方，但此时他们在江南有着丰厚的庄园田产，已经习惯安于现状，对北伐兴趣不大。而淝水一战，谢氏功高，谢安的威望和谢玄北伐的势如破竹，在东晋统治者看来并非好事，而是对皇室很大的威胁，尤其为掌握实权的孝武帝的弟弟司马子所忌恨，他用种种借口调回各路北伐军，北伐的巨大成果也在不到几年之内全被断送。这也充分说明了东晋政权的腐朽、黑暗。

谢安、谢玄受到打击后都郁郁不得志，太元十年（公元 385 年）谢安去世，3 年后谢玄也逝世了，时年不过 46 岁。

孔子曾说过："微管仲，吾其披发左衽矣！"意思是假如没有管仲的话，我也将是披头散发，穿着左面开襟的衣服，成为少数民族了。南朝人在赞扬谢玄淝水之战中的不朽功绩，用"功参微管"来歌颂，是说谢玄的功绩当与管仲相当。

 知识链接

闻鸡起舞

祖逖青年时胸怀大志，同刘琨一起担任司州（今河南洛阳）主簿（秘书）时，两人志同道合，互相勉励。半夜听到鸡啼，祖逖就蹬醒刘琨说："这不是讨厌的闹声'而应以此来提醒我们自己抓紧时间，刻苦锻炼。'"于是两人一同起来练习舞剑。这种"闻鸡起舞"的奋发精神，一直流传至今成为美谈，为后世的有志之士所推崇。

第三节
南北朝时期的名将

檀道济

檀道济，高平金乡（今属山东）人。自幼父母双亡，与兄姊流寓京口。晋安帝隆安末年，随刘裕镇压孙恩、平定桓玄之乱，以军功先后封吴兴县五等侯、作唐县男。

晋义熙十二年（公元 416 年），刘裕北伐后秦，檀道济为冠军将军，与王镇恶同为先锋，引军沿淮水、泗水向许昌、洛阳进发。檀军先抵项城，后秦守将姚掌不战而降，但在进攻新蔡（今属河南）时，遭到了后秦大将董遵的顽强抵抗。檀道济督军猛攻，破其城，杀董遵，继而攻克许昌，擒获后秦颍川太守姚垣及大将杨业。利用军威大振之机，檀道济乘胜前进，拔阳城，克荥阳，直抵成皋（今河南荥阳）。秦征南将军姚洸屯戍洛阳，急向关中乞求援兵。姚泓派将姚益男领一万人马星夜赶赴往救。可援军尚未到达，檀道济已攻下成皋，并会同其他部队，四面环攻洛阳。姚洸孤军难守，只得开城门率 4000 兵卒出降。对这些俘虏，晋将纷纷主张杀掉，以壮军威，檀道济却不同意，他下令尽数释放俘虏，让他们回归乡里，并申明晋军入城后，应严明纪律，不得扰民。

次年三月，刘裕让毛修之留镇洛阳，令檀道济率师继续西进。王镇恶克渑池，抵潼关。檀道济和沈林子渡河北击，进攻蒲坂（今山西永济），想以此绕过潼关，进入关中。但后秦守军战斗力甚强，城坚难下。檀道济不得不回军河南，会同王镇恶合攻潼关。后秦太宰姚绍率军 5 万援救，开关出战。晋军奋击，杀伤秦军千余人。秦军受挫后退驻定城（今陕西华阴东），据险固守。相距数月，姚绍病死军中。秦军失去主将，无心战守。八月，王镇恶率舟师由黄河入渭水，至渭桥登岸，破后秦军。姚泓出城投降，后秦灭亡。

刘裕东归后，任檀道济为征虏将军、琅琊内史。及刘裕建宋，檀道济以佐命之功，改任丹阳尹、护军将军。永初三年（公元 422 年），又奉命出为镇北将军、南兖州刺史，镇守广陵（今江苏扬州），监淮南诸军。

武帝死，少帝即位，檀道济与徐羡之、傅亮、谢晦四人同为顾命大臣。北魏以宋值新丧，大举南进，共出数路，攻略宋地，司州全部及青州、兖州、豫州大部分地区很快被魏军夺占。檀道济闻警，率军救援。军至彭城，司、青二州并告危急，檀道济领兵不多，不足分赴，而青州道近，守军薄弱，便统兵兼程往救。魏军见宋援军将至，撤去青州治所东阳（今山东费县西南）之围。檀道济兵至东阳，军粮耗尽，只得停止追击，又见东阳城已凋敝不堪，移青州治所于不其城（今山东即墨西南），尔后回军湘陆（今山东鱼台东南），阻止了魏军南进的势头。

次年，因少帝游戏无度，荒怠朝政，徐羡之等密谋废立，召回檀道济共谋其事。当晚，檀道济与谢晦同宿领军府。谢晦心怀恐惧，辗转难寐，而檀道济触床即鼾声如雷。为此，谢晦深深佩服檀道济的镇静和胆量。次日，几位顾命大臣入殿矫诏太后令，废少帝，迎刘义隆入承大统。

文帝即位之初，朝中大权仍掌握在徐羡之、傅亮等人的手中。元嘉三年（公元426年），文帝下令追查弑立之事，徐羡之畏罪自缢，傅亮被缚诛杀。当时，谢晦已出镇荆州，闻徐、傅已死，知道文帝秋后算账，便拥3万精兵抗拒朝命。

文帝从广陵召回檀道济，对他说："废立之事，你未参与谋划，我不加追究。现在谢晦据荆州之地，抗表犯上，威胁建康，不知你有何良策？"檀道济说："谢晦老练干达，富有谋略，我过去与他同从武帝北征，入关十策，有九策出于谢晦胸中。但他未曾率军决胜于疆场，戎事非其所长。若陛下信任，可让我衔命征讨，可一战擒之。"文帝大喜，遂亲统大军数万，以檀道济为先锋，溯江西上，击溃谢晦。因此平乱之功，檀道济进号征南大将军，任江州刺史。

元嘉七年（公元430年），为解除北魏对宋的威胁，文帝命檀道济统军北伐。宋军前部到彦之进军河南，收复洛阳、虎牢等地，但很快又失守，退驻滑台。翌年一月，檀道济率师往救滑台，虽然与北魏军先后交锋数十次，每战皆捷，但终因寡众悬殊，他所率领的孤军已处于北魏大军的围困之下。更使他焦虑不安的是，由于运输跟不上，眼下部队已经没有多少粮食了。正在这万分焦急之时，传令官又送来了一则极为不利的消息，据刚刚逃回的几位士兵汇报，有几个被俘的刘宋士兵向魏军主帅泄露了南军军中粮食已经告罄的机密，北魏军正在厉兵秣马，准备一举歼灭檀道济所部。

檀道济果断地召来传令官，命令立即率领一队士兵前来接受任务。士兵召集来了以后，檀道济命令他们准备好柳条笆斗和锹锨，迅即赶到军中的囤粮处。一切准备就绪以后，檀道济命令一部分士兵去河滩取沙，另一部分负责运沙装囤，他亲自守候在粮囤旁，每倒进粮囤一笆斗沙，他就令人高唱一个数码，就好像真的在计量粮食一样。运沙的士兵虽然还不明白其中的奥秘，但是看到自己的主将如此认真，便一个个的劲头十足地干起来了，大家完全忘记了敌军正在向他们逼进的危险。由于众人齐心协力，粮囤很快就灌满了沙子，远远看上去，倒也像是囤得满满的粮仓。这时，檀道济才命令停止取沙，叫士兵把军中的存粮扛来，覆盖在堆得尖尖的沙囤上，直到粮食全部遮住了黄沙，他才命令士兵们回营去好好休息。

第二天清晨，檀道济的士兵一步走出营房，就看到了堆得满满的粮囤。尽管有的士兵已经知道了其中的奥妙，但是还是有很多官兵不明原委，所以原已动摇的军心，很快就稳定下来了。这一情景，不多时就被北魏的探子侦察去了。北魏军主帅根据探子的汇报，认为投降的南军士兵禀报的是假情报，是檀道济故意安排来施离间计的，于是立刻把他们推出营门斩首示众了。

檀道济乘着魏军还未摸清南军的内幕，命令所有士兵全部穿上甲衣，唯有他自己身罩白服，乘着战车，徐徐地向后撤退。北魏军队见檀军这样沉着，怀疑檀军设有埋伏，不敢进逼，结果檀道济终于"全军而返"。事后，檀道济的"雄名大振"，北魏军队对他产生了一种由衷的畏惧，甚至将他的形象描绘下来，悬挂在营中，用以避鬼。檀道济"唱筹量沙"的故事，从此也就成为我国古代军事史上的治军佳话。

檀道济立功数朝，威名日重，左右心腹都是百战之将，他的几个儿子又多具才气，引起了朝廷的猜忌。当时，文帝久病不愈，执掌朝政的彭城王刘义康及领军将军刘湛担心文帝晏驾后，难以钳制檀道济，便向文帝屡进谗言，劝其尽早除掉檀道济，以绝后患。

元嘉十三年（公元436年），檀道济奉诏回京。临行前，其妻向氏说："震世功名，必遭人忌，古来如此。朝廷今无事相召，恐有大祸。"檀道济却说："我率师抵御外寇，镇守边境，不负国家，国家又何故负我心？"于是坦然入京。适逢文帝病情好转，卧榻召见，文帝慰勉鼓励，让他返阙议事，用心边防。不料檀道济刚要启程，文帝病情加剧。刘湛劝刘义康不可放虎归山，即假托王命，以收买人心、图谋不就之名逮捕檀道济，旋加杀害。同时被杀害的还有檀道济的11个儿子及薛彤、高进之等大将。

 韦叡

韦叡（公元442—520年），字怀文，京兆杜陵（今西安东南）人，是南北朝时期南梁的名将。宋时任齐兴太守、右军将军；齐末为建威将军；梁朝建立后，历任冠军将军、辅国将军、豫州刺史。他率军北伐，在防御北魏军入侵的钟离之战中，一举将敌人大军击败，获得重大胜利。他谋略过人，指挥果断，善于调查研究，以少胜多，廉洁奉公，团结部队。

北魏和南梁为了争夺统治权，双方不断南征和北伐。公元506年，南梁命豫州刺史韦叡率领众军北伐。韦叡派部属进攻北魏小岘城，久攻不下。韦叡亲临小岘城视察。他身体弱，但是每战坚持乘木板车，到前线调查研究。

小岘城魏军忽然有几百人出城列阵，韦叡要出击。众将说："铠甲都没穿怎么行，回去穿上铠甲再战吧！"

韦叡说："不对。城中守军有 2000 人，闭门不出，足以自保。这些魏军无故出城耀武扬威，一定是守军里的精锐，只要挫败他们，这城一定能攻下。众将还在犹豫。他指着手中的节严肃地说，朝廷授予我节，不是作装饰的；韦叡的军令，决不可违犯！于是用军令督军出击，战士都殊死作战，城外的魏军果然败走。他紧急攻城，第二天夜里便攻下小岘城。此战胜利的关键是韦叡当场抓住了魏军冒险出城这个战机。

北魏趁连破北方柔然的胜利形势，发动了兼并南梁的战争。公元 507 年，北魏大军号称百万，包围位于淮河南岸的梁朝钟离城（今安徽凤阳东北），昼夜轮番冲击，一天之内激战数十回合，钟离城危在旦夕。梁武帝派韦叡从合肥增援。部将害怕，都劝他慢点增援。韦叡不顾一切，10 天赶到。到达后，与梁军曹景宗等各部密切配合，坚守疲敌。到了 3 月淮河暴涨、举行反攻的时候，他利用魏军不习水战的弱点，集中攻击魏军淮河中邵阳洲上两座保障粮食运输的木桥，切断其南北联系。韦叡派斗舰攻击洲上魏军，另用小船装上草，浇上膏油，乘风火烧南桥，派勇士拔栅砍桥。风怒火大，烟雾遮天，水流迅疾，突然之间，桥栅全部毁坏。梁军呼声震天，无不以一当百，魏军大溃，战死和被俘的十几万人，百万大军顷刻瓦解。

韦叡以少胜多，有压倒一切敌人的勇气，所以北魏军叫他"韦虎"，把他看成一只猛虎。

缴获的战利品，他全都不要，分给部下。白天接待宾客，晚上批阅军书，三更天起来点灯治军，还觉得对部队关心不够。宿营时候，战士营帐没搭好，他不先休息；水井、锅灶没解决，他不先吃饭。大家都乐意投奔他。

韦叡认为打胜仗，主要靠部队团结。钟离守将为感谢解围，拿出大量财物请援军将领曹景宗、韦叡赌博，用这种方式酬劳援军，韦叡故意输给功劳小的曹景宗。曹景宗和群帅争着向上面报捷请功，韦叡在这方面总是靠后。

陈庆之

陈庆之（公元 484—539 年），字子云，义兴国山（今江苏宜兴西南）人，是南北朝时南梁名将，历任武威将军、宣猛将军、飚勇将军。他从小跟着梁武帝萧衍，但由于出身寒门，受到高门大族的排挤，到41岁才当上将军。此人有胆识，有魄力，善于以少胜多，开拓局面，在南朝北伐中，建立了卓越功勋。

当时北魏在各族人民起义的打击下，国力衰弱。公元528年，梁武帝萧衍派大将陈庆之武装护送南逃的北魏宗室元颢，打回北方去夺取北魏皇位，给南梁当傀儡皇帝。北魏是个拥有百万大军的大国，梁武帝给陈庆之的兵力不过几千人。

陈庆之毫不犹豫地领受了任务，决心迎接挑战。陈庆之兵少，北魏没有把他放在眼里，而把大军调去镇压山东起义。这样，通向北魏京师洛阳的道路比较空虚，陈庆之乘虚进军。他勇敢善战，接连攻下睢阳（今河南商丘南）、考城（今河南民权东）等重镇。北魏组成虎牢、荥阳（今属河南）等三道防线，企图阻止陈庆之向洛阳进军。荥阳魏军守兵既精锐，城又坚固，陈庆之久攻不动。这时，北魏把主力从山东调回，企图配合荥阳守军，夹击陈庆之，把梁军消灭在进军洛阳的途中。前有坚城，后有敌军，呆在荥阳城

陈庆之像

外无依无托的几千名陈庆之部队，腹背受敌，形势万分危急！梁军上下一片惊慌，如果找不出善策，很可能会全军覆没。

陈庆之召集起部队说："我们打到这里，唯有必死，才能得生。咱们跟北魏骑兵在平原上打，是吃亏打不过的。乘着敌人骑兵没有完全到达之时，非把荣阳拿下不可。各位不必犹豫，要不咱们就全完了。"在他的鼓动下，梁军都豁出去了，顿时士气高昂。全军所有人都抢着登城，展开肉搏战，拼死战斗，死亡500人，终于把城攻下。这时北魏孝庄帝只得放弃洛阳，望风而逃，陈庆之进占洛阳，完成了护送元颢进入洛阳的任务。

陈庆之在4个月里，连下32城，经历47战，所向无敌，威震中原。他和部下都穿白袍。北方民谣说："名师大将莫自牢，千军万马避白袍"，意思是说打起仗来，北魏的王牌军和大将没一个站得住脚的，千军万马都得躲避陈庆之穿着白袍的梁军。北魏这个大国，由于内部衰弱，存在着被战胜的可能性，被陈庆之抓住了，因此，他只用了几千兵力，就直捣北魏的首都洛阳，创造了南朝北伐史上的奇迹。

元颢登上皇帝宝座后，嫉妒陈庆之功高震主，企图阴谋叛梁。陈庆之在得不到梁武帝一兵一卒的支援的情况下，长期孤军坐镇洛阳。此时，北魏正组织百万大军反扑过来。元颢战败被俘，洛阳陷落。陈庆之的部队在东撤途中被山洪冲散。在万般无奈的情况下他隐姓埋名做了和尚，只身逃回南朝。由于梁武帝的无能，没有发展陈庆之开创的大好局面。北方大地得而复失。陈庆之回来后，继续担任要职，同北魏斗争。同时，他又发展经济，开仓救济灾民。后来，因为陈庆之功绩斐然800多人联名上书，要求给他树碑颂德。

陈庆之41岁时被委以重任，56岁时因病去世，正可谓天妒英才。他所有重要功绩都是在这16年内完成的。而这16年，正是梁朝趋向腐败没落的时期。在如此不利的环境下，他最大限度地发挥主观能动性，竟创造出那样的奇迹！

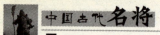

知识链接

自毁长城

檀道济被刘义康等人陷害被捕，临刑前，檀道济投帻于地，愤怒地喊道："你们这是在自毁长城！"檀道济被枉杀，国人痛心。消息传到平城（今山西大同），北魏诸将弹冠相庆："檀道济一死，吴人无可畏惧也！"

元嘉二十七年，文帝再令众将北伐。东线屡遭困挫，致使魏人南抵瓜步，欲饮马长江。面对一江之隔的劲敌，宋文帝面对国难才想起良将，问身旁的殷景仁："谁能代替檀道济为我杀敌？"殷景仁大言不惭地回答道："檀道济只不过是凭借数次战功才有了威名。因为朝廷之前没有派我去打仗，才使得我无法和檀道济比肩。"文帝说道："不然，以前西汉的李广在世，匈奴不敢南望，后来的继任者又有谁像他一样呢？"文帝只好长叹一声："檀道济若在，岂使胡马至此！"此时檀道济已屈死14年了。

第四章

隋唐五代时期的名将

　　隋唐是我国封建王朝发展的一个高峰时期,无论是政治制度还是经济文化在世界历史中都占有较高的地位。

　　而隋唐的名将也是群星璀璨:高颎辅佐隋文帝,使分裂300多年的中国重归一统;李靖北击突厥,使四方臣服,成就唐太宗"天可汗"独一无二的尊称;郭子仪挽救唐朝于内忧外患之中,让闻名遐迩的唐代文明又延续了100多年。这些名将的功绩如同隋唐繁荣的政治经济文化一样粲然可观。

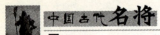

第一节
隋朝的名将

 高颎

在隋代有一位名将被史学家誉为"有文武大略"，他就是身居相位兼统帅的高颎。

高颎（公元？—607年），又名敏，字昭玄。他出身于士宦之家，自幼气度非凡，聪明好学，擅长词令。17岁时为北周齐王宇文宪记室，后从周武帝宇文邕平定北齐有功，拜官开府。公元580年，杨坚执掌北周军政大权后，因素知高颎精明强干，"又习兵事，多计略"，故将其引入相府"委以心膂"，成为杨坚的亲信；同年，在杨坚组织平定"三方之乱"的作战中，高颎自请担任监军，协助统帅韦孝宽平定尉迟迥叛乱有功，进位柱国，升相府司马，从此高颎更受杨坚重用。

公元581年，杨坚取代北周称帝建立隋朝以后，立即任命高颎为尚书左仆射兼纳言。此后，高颎在以宰相的身份参与国家决策的长期政治生涯中，又多次任帅统兵作战，在实现南北统一与巩固国防的斗争中，表现出了卓越的军事才华。

从高颎一生经历可以看出，其主要军事特色有三：一是他文武兼备，富有谋略。高颎担任隋朝宰相以后，为了实现南灭陈朝、统一全国之大业，积极向隋文帝杨坚进献"取陈之策"。他建议：一方面，采用佯动误敌之法麻痹陈军，以达成瓦解陈朝江防能力的战略目的。具体做法是，利用江南水田早熟的特点，在其收获季节，调集一部兵马于长江北岸，摆出进攻架势，扬言渡江击陈，使陈朝匆忙屯兵防守，以此延误其农时。待陈大军齐集江边待战

108

时，隋军则解甲收兵。如此反复进行，陈军习以为常，乃麻痹不备，从而为隋军其后渡江灭陈扫除障碍。另一方面，派遣间谍潜入陈朝境内，采用"因风纵火"的方法，焚毁陈朝后方战略储备，破坏其经济实力。高颎认为，上述之谋如能得以实施，不出数年，陈朝必将"财力俱尽"，兵力益弱。

杨坚画像

杨坚完全采纳实施了高颎的这一策略，并且收到了致"陈人益敝"的实际效果，为隋军南下灭陈创造了有利条件。公元 588 年底至次年初，在隋军大举渡江灭陈作战中，高颎担任隋军总指挥杨广元帅长史，以卓越的军事才能协助杨广统军作战，所谓"三军谘禀，皆取断于颎"。平陈战争胜利结束后，隋文帝杨坚以高颎战功显赫而加授他为上柱国，进爵齐国公，并下诏褒美他是"识鉴通远，器略优深"的辅国良将。

开皇初年，高颎受命担任尚书左仆射之职后，为避免自己权位过重，立即上表让位。但杨坚认为，高颎让贤精神可嘉，应当受到奖赏和重用。所以，不但没有准许高颎辞去相位，反而先后加官他为左卫大将军、左领军大将军等重要军职。平陈战后，一次杨坚命高颎与贺若弼各言平陈战事，高颎非常诚恳地说："贺若弼先献十策，后于蒋山苦战破贼。臣文吏耳，焉敢与大将军论功！"杨坚听后会心大笑，称赞高颎谦让可敬。

高颎自公元 581 年担任尚书左仆射到公元 599 年被谗免官，在连续任相执政长达 19 年的时间里，不仅"以天下为己任"，竭尽全力地为治理朝政、发展经济、巩固国防出谋献策，而且还充分发扬"伯乐精神"，举荐大批贤臣良将为国效力。文臣如尚书右仆射苏威，武将如杨素、贺若弼、韩擒虎等人，都是由高颎举荐而成为"各尽其用"的一代名臣良将，为隋朝的统一与巩固作出了积极贡献。至于为高颎所荐而能建功立业者，诚如史载所说，"不可胜数"。

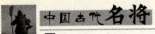

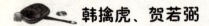 韩擒虎、贺若弼

　　开皇元年（公元581年），隋文帝杨坚建立了隋朝。但是，当时在南方还有一个陈朝，中国仍处于南北分立的状态。分裂的局面阻碍了南北经济、文化的交流和发展，割据战争也给人民带来无穷的灾难。特别是在南方，由于陈朝统治者的极端腐败，人民负担着更沉重的兵役、劳役和赋税，到处流离失所，穷苦的人民盼望早日结束南陈的腐朽统治，实现全国统一！隋文帝顺历史发展潮流的要求，在政治、经济、军事上进行了一番改革，积极准备灭陈，统一全国。与此同时，隋文帝处处注意物色统一南方的人才。在与大臣高颎商议灭陈大计时，他问高颎："哪些人能作为灭陈的大将呢？"高颎立即向他推荐了韩擒虎和贺若弼。

　　韩擒虎，原名豹，字子通，河南东垣（今河南新安东）人。父亲韩雄原是北周的大将，封新义郡公。韩擒虎从小喜读经史百家书。周太祖时，因军功，拜为都督，任新安（今河南渑池东）太守，后升迁仪同三司，袭父爵位，为新义郡公。隋文帝即位后，任命韩擒虎为庐州（治所在今安徽合肥）总管，并负以灭陈之重任。

　　贺若弼，字辅伯，河南洛阳人，其父贺若敦曾任北局金州总管，由于刚直不阿，被大冢宰（相当于宰相）宇文护诬陷下狱，继而定为死罪。临刑前，贺若敦把儿子贺若弼叫到跟前嘱咐他说："我曾决心统一江南，可是现在不能实现了，你一定要继承父志，实现统一大业。"贺若弼从小怀有大志，他博览群书，熟习弓马，在当地颇有名气。周武帝在位时，贺若弼因战功，拜寿州（今安徽寿县）刺史，封襄邑县公。隋初，由于高颎的推荐，隋文帝任命贺若弼为吴州（治所在今江苏扬州）总管，并委以灭陈之事。贺若弼毅然以平陈为己任，提出了平陈十策，甚得隋文帝赏识，并赐他一把宝刀，以示信赖。

　　开皇八年（公元588年）春，隋朝在做好灭陈准备工作以后，隋文帝下诏书揭露陈后主（陈叔宝）20条罪状，宣布讨伐。此后，又将讨陈的30万份诏书散发到江南各地。同年十月，在寿春（即寿州）置淮南行台省，任命晋王杨广为行台尚书令，总管灭陈大事。开皇九年（公元589年）正月，隋发兵近52万人南下，大举灭陈。隋军以晋王杨广、秦王杨俊、大臣杨素并为行军元帅，率师南进。韩擒虎作为先锋，从庐江（今安徽合肥）出发，贺若弼作为行军总管之一，从广陵（今江苏扬州）出发。隋军战线东起海边，西至巴蜀，兵分几路，同时并进、声势浩大。

就在隋军大举南进之际，陈朝边将飞书告急，而阵后主和他的爱妃宠臣，依然每天在皇宫里喝酒享乐，观看歌舞，吟诗作赋。陈后主还大言不惭地说："我是受天命来做皇帝的，从前北齐曾经三次想打到江南来，北周也来攻过两次，结果都大败而归。今天，隋军要来干什么呢？他们能取得胜利吗？"宠臣都官尚书孔范也满不在乎地说："长江是一条天然防线，自古以来分隔南北，隋军难道能飞渡过来吗？这只不过是守长江的将领想要得到功劳，故意谎报军情，制造紧张局势罢了。"陈朝君臣腐朽透顶，对于隋军南下，他们根本不加防备。

隋军进发到长江边，驻扎在北岸。贺若弼急于渡江决战，他决定抢先渡江。

贺若弼施用计谋，挑选了大批老马，用以购买陈国船只，并把买到的船都收藏起来，使陈兵以为隋军无船，没法渡江。贺若弼又吩咐沿江守军交防时，先集中广陵，大树旗帜，并在旷野上塔起许多营帐，佯作进攻之势，其实只是换防而已。从而使陈军疲于调兵应付，而无战功。经过反复几次，诱使陈军麻痹，放松了戒备。此外，贺若弼又令士兵沿江打猎，以扰乱敌人视线，在人马喧嚷之中，贺若弼率兵从广陵渡过长江，陈军均没发觉。接着，贺若弼攻下京口（今江苏镇江），由于贺军纪律严明，对老百姓秋毫无犯。所到之外，百姓无不夹道欢迎。一天，军中一士兵在老百姓家买酒喝，立即被拉出斩首。贺若弼还把俘虏的6000多陈兵释放回家，并发给他们粮食。由于采取了以上措施，所以贺若弼进军的速度十分迅速。

与贺若弼南进的同时，韩擒虎也带领500精兵，在一天夜里，自横江（即横江浦，今安徽和县附近）偷渡采石（即采石矶，今安徽马鞍山长江东岸）。但此时，陈朝守兵尚大醉未醒，隋军轻取采石。接着，韩擒虎进兵姑熟（即姑苏，今江苏苏州），不费半天工夫，又占领了该城。隋军进至新林（今江苏南京西南）。江南老百姓久闻韩擒虎军威，纷纷前来拜谒，昼夜不绝，反映了江南人民不堪忍受陈朝的腐朽统治，热烈欢迎隋军南下的心情。

其后，韩擒虎从南路，贺若弼从北路，同时并进，直指金陵（建康，陈朝都城，今江苏南京）。沿江陈兵望风而逃，隋军很快即进逼金陵城下。贺若弼首先进据钟山（今江苏南京东）。

此时，韩擒虎也自新林向金陵进军，陈朝老将任忠，见大势已去，遂率领数骑在石子岗（今南京南，另一说即今南京之雨花台）投降了韩擒虎。守卫在朱雀桥（正对朱雀门的古浮桥，跨秦淮河上，今南京镇淮桥稍东）上的陈兵，听说隋军将打进南京城了，被吓得犹如惊弓之鸟，纷纷逃命。任忠引韩擒虎军进入朱雀门，守卫城门的陈军看见隋军到来，都拿起刀枪、弓箭准备抵抗。任忠挥手大声对士兵们喊道："老夫都投降了，你们还打什么仗！"于是，守城的陈军一哄而散。隋军毫无阻挡地冲进了建康城。陈后主得知隋军已攻进城，惊得浑身发抖，脸色变白，躲进了井内。隋军随后进到景阳宫，向井内呼唤，不见回音，便大声喊道："再不出来就往井里扔石头了。"这才听到井下发出"救命"的叫声。隋军放下绳子，让陈后主上来。几个隋军士用了很大气力，才将井中的人拉上来。大家一看，原来一同上来的还有张贵妃和孔贵嫔，三人缚在一起。隋朝的将官和士兵看见这个样子，都叹着气说："像这样荒唐的君主，怎么会不亡国呢？"

当韩擒虎率军顺利进入金陵城时，贺若弼也乘胜从北掖门进入了金陵。贺若弼听说韩擒虎已俘虏了陈叔宝，命令军士把他拉出来看看。陈叔宝浑身哆嗦，两额直冒冷汗，战战兢兢地拜见了贺若弼。贺若弼说："小国之君，当大国之卿，拜是礼节所要求的。到隋朝，你当个归命侯吧，不用恐惧。"其后，驻守长江上游的陈军，听说金陵已破，后主已降，也就放下兵器投降了。至此，陈朝灭亡。开皇九年（公元589年）三月，晋王杨广凯旋而归长安。

在平陈过程中，韩擒虎和贺若弼均立了大功。为此，隋文帝下诏嘉奖说："平定江表，二人之力也。"并在皇宫设宴隆重庆祝胜利，给两人加官晋爵。韩擒虎进位上柱国，加封寿光景公，食邑千户，还得到大批赏赐物资。不久，突厥首领入朝，隋文帝对他说："你听说江南有陈国天子吗？"突厥首领回答："听说过。"隋文帝又指着韩擒虎说："这就是捉拿陈国天子的人。"突厥首领听后，对韩擒虎深为钦佩。开皇十二年（公元592年），韩擒虎因病去世，享年54岁。

仁寿四年（公元604年），杨广即位为帝，是为隋炀帝，贺若弼更加被疏远了。大业三年（公元607年）七月，贺若弼随炀帝北巡至榆林。杨广命人制一可容纳数千人的大帐篷，以招待突厥启民可汗及其部众。贺若弼以为太奢侈，与高颎、宇文弼等人私下议论，被人所奏。杨广认为是诽谤朝政，于二十九日（公元607年8月27日）将贺若弼与高颎、宇文弼等人一起诛杀，时年64岁。其妻子为官奴婢，群从徙边。

 史万岁

史万岁，京兆杜陵（今陕西西安市东南）人，其父史静，原为北周沧州刺史。史万岁少年英俊，喜读兵书，善于骑射，人们说他"骁捷若飞"。他15岁那年，正好是北周与北齐交战于芒山，史万岁第一次随父出征。北周灭齐时，其父在一次战役中阵亡。史万岁受周武帝任命为开府仪同三司，袭父爵称太平县公。

北周末年，朝廷大权旁落，贵族杨坚权势日益增大，准备夺取皇位。北周重臣尉迟迥起兵反抗。杨坚派梁士彦等人带兵镇压。史万岁随梁士彦参加战斗，行军到冯翊（治所在今陕西大荔）时，一群大雁正从空中飞过。史万岁指着空中的雁行对梁士彦说："请看我射中雁行中的第三只。"话音刚落，一箭射上半空，果然，雁行中第三只大雁应箭而落，将士们无不为之惊叹。在与尉迟迥军交战中，史万岁一直冲在前头，表现得十分英勇。在邺城一战中，最初北周官兵被打退下来。史万岁情急生智，立即对左右军士说："情况紧急，让我先破敌人阵势，你们随后跟上。"只见他猛一拉紧缰绳，坐骑飞驰而出，冲入敌阵，奋力砍杀，几十个敌军迅速倒下。官兵士气为此大振，一齐冲了上去，击败尉迟迥军。在平定尉迟迥武装战争中，史万岁立了大功，获得了上大将军称号。不久，史万岁因与一谋反案有牵连，被捕下狱，发配敦煌为戍卒。初期，管理戍卒的戍主很蔑视他。后来，他看到史万岁武艺超群，立即改变了态度，两人常常一同出击敌人。

隋朝初年，北方突厥奴隶制政权强大起来，突厥贵族常领骑兵扰乱隋朝边境。史万岁即与戍主一同回击来犯的突厥贵族，有时穷追敌人数百里。史万岁的名字，曾使突厥贵族闻之心寒。

开皇二年（公元582年），突厥内部矛盾发展，分裂为东、西突厥。东突厥沙钵略可汗（可汗，突厥国王的称号）的妻子千金公主，原是北周赵王招女，杨坚夺取北周政权，建立隋朝后，千金公主竭力要求沙钵略替她娘家北周报仇。于是，沙钵略可汗乘机借口带领骑兵大举攻隋。为粉碎突厥贵族的掳掠，隋文帝派大将窦荣定等人分别领兵迎击。史万岁得知此消息，立即自告奋勇地到窦荣定军营请求参战。窦荣定早已听说史万岁武艺高超，便高兴地答应了他的请求。窦荣定派人到突厥大营前挑战说："士兵们到底有什么罪过，为何使他们在打仗中受到杀害？有胆量的可派一壮士出来决一胜负。"突厥贵族果然应诺。于是，窦荣定派史万岁出战。只见史万岁跃马横枪，飞驰

出阵，没经几个回合便斩杀了对方，提着敌人的首级胜利而归。突厥贵族被吓得目瞪口呆，再也不敢恋战，慌忙引兵北逃。由于在反击突厥的战役当中立了战功，史万岁受封为车骑将军。

开皇九年（公元5189年），隋灭陈后，江南士族和地方豪强不满，纷纷组织武装反抗，越州（治所在今浙江绍兴）高智慧便是其中一个。其时，杨素奉命出征，史万岁跟随杨素参加了平定高智慧的战斗。史万岁带领2000精兵，从婺州（治所在今浙江金华）小路取捷径出击，前后经过700余战，转战千余里，最后平定了高智慧的反叛。对此，隋文帝十分赞赏，授予史万岁左领将军称号，并赐十万钱作为奖赏。

隋初，地处云、贵一带的少数民族首领爨玩，原已归附隋朝。不久，爨玩反叛朝廷，不利于隋对全国的统一。隋文帝派史万岁为行军总管，率兵讨伐。官兵直入至南中（今四川大渡河川南和云、贵两省）。进军途中，尽管许多重要据点为爨玩控制，但在每次交战中，由于史万岁身先士卒，大大鼓舞了士气，使战斗进展加快。史万岁军接连攻破爨玩所属30余部，俘获2万多人，平定了叛乱。史万岁因功封柱国将军。开皇十八年（公元598年），爨玩再次反叛，有人告发史万岁受贿于爨玩，一度被免官下狱。不久，恢复官爵，被任命为河州（治所在今甘肃临夏北）刺史，承担抵御北方突厥贵族侵扰的重任。

开皇年间，东突厥归顺隋朝，但西突厥仍常来骚扰。开皇十九年（公元599年）十月至二十年四月，西突厥达头可汗为扩大地盘，进军攻掠隋朝代郡（治所在平城，今山西大同北）等地。隋文帝派晋王杨广及杨素出灵武道（即灵州道，今宁夏灵武西南一带），汉王谅与史万岁出马邑道（即朔州道，今山西朔县一带）迎击突厥。史万岁率军出塞，行至大斤山，与突厥兵相遇。达头可汗派使者前来询问："隋大将是谁？"隋军回答："史万岁！"突厥使者又问："可是敦煌戍卒史万岁吗？"隋军回答："正是史大将军。"达头听到隋大将是史万岁，大吃一惊，不再说什么，立即调转马头，撤兵北去。史万岁下令追击，隋军追赶百余里，才将敌人截住。接着，两军激哉，突厥兵被隋军斩杀数千人，所剩残兵败将，狼狈北逃。隋军紧追不放，深入大沙漠数百里方才收兵。隋军凯旋而归，史万岁立了大功。

可是，在这次一同出击突厥贵族的杨素，十分妒忌，生怕史万岁功劳过大。于是，他暗地对隋文帝挑拨说："突厥本来已降服隋朝，并非来进犯我们，只不过是在塞上放牧罢了。"隋文帝不加查察，竟然听信杨素谗言，将史万岁的功劳全抹掉了。史万岁为此多次上表抗争，申明将士们在回击突厥贵族侵扰中建立的功勋，隋文帝却始终不信。

其后，隋文帝因废太子杨勇的问题，追查太子党羽。一天，隋文帝从仁寿宫（在岐州，今陕西凤翔的北面）回到长安，问及史万岁在哪里。当时，史万岁正在皇宫等候拜谒。杨素看到隋文帝正在怒气之中，便乘机造谣说："史万岁到东宫拜谒太子去了。"隋文帝听后，十分恼火，下令立即召见史万岁。此时，史万岁部下几百位将士也正在皇宫外面，要求向皇帝申诉史万岁战功受杨素压抑问题。史万岁走出宫门对他们说："我见到皇上一定说明真相，事情总会弄个水落石出的。"史万岁迅即来到大殿，叩拜隋文帝，并说："将士们在迎击突厥贵族中勇敢作战，立下了大功，现在却受到压抑。"言词激愤。隋文帝听后，怒不可遏，下令宫廷武官把史万岁活活打死。事后，隋文帝乃下诏说史万岁是"怀诈邀功"的"国贼"，实为一大冤案。广大官民听到史万岁被打死的消息，无不为之痛惜。

史万岁一生，驰骋沙场，多次平定叛乱，并抵御了北方突厥贵族的骚扰，在维护国家统一方面，作出了卓越贡献。可是，最后由于他不满权臣压抑，直言抗争，竟被隋文帝残暴杀害，真是一个悲剧。这也是中国封建社会中，专制主义皇权腐朽性的一个例子。

知识链接

论良将

杨广为太子时，曾经问贺若弼："杨素、韩擒虎、史万岁三人，都称得上是良将，那这三人的优劣如何？"贺若弼答道："杨素是猛将，而不是谋将；韩擒虎是斗将，而不是领将；史万岁是骑将，而不是大将。"杨广又说："既然这样，看来这三人都不是大将了，那真正算得上大将的又是谁？"贺若弼回答说："唯殿下所择。"言下之意，只有他贺若弼一人可称得上是大将。

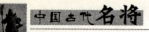

第二节
唐与五代的名将

 李靖

　　李靖生于公元 571 年（北周武帝时期），卒于公元 649 年（唐太宗时期），是初唐时期著名的军事家。李靖出生于官僚家庭，祖父和父亲都在朝中做官，舅父是隋朝著名将领韩擒虎，因此，李靖从小就受到良好的教育，既有文武才略，又有远大的抱负。隋文帝后期，李靖进入仕途，逐渐以超群的才能得到赏识，等到隋炀帝时期，他已官至马邑郡丞。当时，隋炀帝昏庸残暴，各地人民揭竿起义，李靖在马邑发觉李渊密谋起兵，便准备向身在江都（今江苏扬州）的隋炀帝告发，不料走到长安被阻。公元 617 年，李渊在太原起兵反隋，攻占长安后俘虏了李靖，决定把他处死，李靖临刑前喊道："你起兵本为替天下除暴乱，为什么要因私怨斩杀壮士！"李渊很欣赏他的言谈，再加上李世民仰慕他的才气，李靖便被释放。从此，李靖归附李渊和李世民父子，在李渊统一全国，征讨东突厥的战争中，立下了汗马功劳，实现了他遇主逢时、建功立业的愿望。

　　618 年五月，李渊在长安称帝，建立唐朝。建唐之初，各地割据势力仍然存在，唐高祖李渊在稳定了关中地区的统治后，便以关中地区为根据地开始进行统一全国的战争。当时，盘踞在荆州地区的梁王萧铣势力很大，拥有精兵 40 万，是南方一股极为强大的割据势力。为了讨伐萧铣，李渊派李靖前往夔州。李靖率领唐军抵达峡州后，受到萧铣军队的阻挡，迟迟不能前进，李渊却误以为他滞留不前，贻误军机，秘密诏令许绍将他处死。幸亏许绍爱惜他的才干，为他请命，李靖才免于一死。后来，许绍击败了萧铣的军队，李靖到达夔州。第二年，开州蛮人首领冉肇则叛唐，率众进犯夔州，驻守夔州的李孝恭交战失利，李靖率领 800 士卒偷袭敌军大营，大破敌军。李渊闻讯十分高兴，从此改变了对李靖的偏见，并对他委以重任。

公元 621 年，李靖根据敌我双方的情况，向李孝恭提出十条攻取萧铣的建议，被上呈高祖李渊并得以采纳。于是，李渊任命李孝恭为夔州总管，李靖为行军总管兼任李孝恭行军长史，担任战争的具体指挥工作。萧铣盘踞江边，讨伐他一定要有一支强大的水师，因此，李靖加紧建造战舰，训练水师，做好下江陵的准备。与此同时，李靖还把巴蜀地区的大地主和少数民族首领子弟安置在身边，表面上提拔重用，实际上是扣为人质，这样就稳固了唐朝在巴蜀地区的统治。

同年九月，高祖李渊下达讨伐萧铣的命令，任李孝恭为行军总管，李靖为行军长史，统领十二总管，自夔州顺流东下讨伐萧铣。九月正值江水上涨，水流汹涌，萧铣认为唐军根本不会此时来袭，毫无防备。而在唐军这边，李孝恭等大部分人都认为，此时江水凶猛，不宜出师，只有李靖以超人的胆识和谋略，主张乘江水上涨，攻其不备。李孝恭最终采纳了李靖的正确意见，唐军分乘 2000 余艘战舰顺流东下，十月就抵达了夷陵（今湖北武昌），这里屯驻着萧铣的大将文士弘。李孝恭想马上进攻，遭到李靖的反对，李靖认为，文士弘是一员虎将，不可与之力战，应屯兵南岸，等敌军士气低落再出兵。李孝恭错误地估计了文士弘的力量，没有采取李靖的建议，自己率兵出战，

结果不出李靖所料，李孝恭大败而归。与此同时，文士弘的军队胜利之后，士兵都上岸抢掠财物，部队内部十分混乱，李靖发现这一情况，立即不失时机地指挥将士击败了文士弘的军队，杀敌近万，并缴获 400 余艘战舰。

打败文士弘后，李靖立即率领 5000 精兵为先锋，直逼江陵城下，萧铣做梦也没有想到李靖会来得这么快，在还没来得及把各地的兵马召回的情况下，就被李靖的 5000 兵马攻占了江陵外城和水城。李靖缴获了大批军舰后，却下令把这些军舰全部遗弃在江中，对此将士们都很不理解，李靖却胸有成竹地告诉大家："萧铣所盘踞的地区范围很

李靖画像

大，如果我们一时攻城不下，等他的援军赶到，我们就会腹背受敌，即使有再多的军舰又有什么用呢？但如果我把这些军舰放在江中漂流，萧铣的将士就会以为他已经被打败，江陵已经失守，就不敢轻易进军了，等他们弄清真相，怎么也得十天半个月，那时候我们早已经拿下江陵了。"不出李靖所料，萧铣的将士见到江中漂流的船只，都疑惑不前，萧铣见援军迟迟不到，只好投降。随后，李孝恭大队人马进入江陵，要没收萧铣将士的家产分给唐军将士们，李靖却阻止他这样做，不仅没有没收萧铣军队的家产，而且下令全军进城秋毫不犯，深得人心。他的这一做法是十分有政治远见的，萧铣投降后，他的其他部下听说唐朝的政策宽大，纷纷投降，就这样，李靖用了短短两个月的时间，就顺利地消灭了江南最大的割据势力，表现出了杰出的军事才能。

消灭了萧铣的割据势力后，李靖又奉命安抚岭南地区，使当地九十六州人民归顺大唐，高祖李渊对李靖越来越重视。公元623年，辅公祏领导的江淮农民起义军造反，李渊委任李孝恭为元帅，李靖为副元帅，率兵镇压起义。辅公祏驻守丹阳（今江苏南京），他为保丹阳安全，派大将冯慧亮等率3万水师驻守于江东的博望山，陈正通等率3万步骑驻守于青林山，并在梁山、博望山之间拉起铁索，封断长江，以阻断唐军水路，封断作战道路后，冯慧亮等死守不战。面对这种形势，李孝恭召集诸将研究对策，大家都认为冯慧亮一时难攻，应绕道直取丹阳，丹阳一败，其他地方不攻自破。李靖则持不同意见，认为辅公祏留守丹阳的也是精锐部队，如果一时攻不下丹阳，唐军就有腹背受敌的危险，而派人向冯慧亮等挑战，把他们引出来对战，才能攻破敌军。李孝恭听从李靖的分析，派老弱残兵去引敌军出战，冯慧亮等果然中计，唐军顺利攻破冯慧亮、陈正通的军队，最终镇压了辅公祏的起义军。战后，李靖又协助李孝恭统治江南地区，派官吏到各地安抚民心，使社会生产得到恢复和发展，江南的局势逐渐稳定下来。

江南的局势安定以后，北方的形势又紧张起来。隋末唐初，漠北的东突厥势力强大，李渊起兵时曾向他称臣纳贡，借兵南下，帮助自己发展势力，后来，唐朝逐渐强大，与东突厥形成对立之势，双方关系逐渐恶化，东突厥不断进犯唐朝。高祖李渊在李靖平定江南之后，就让他担负抵抗突厥的重任。626年，唐太宗李世民即位，他非常器重李靖，即位后就封李靖为刑部尚书，后又让他做代理中书令（相当于宰相），再后来又让他兼任兵部尚书和代理中书令。李世民即位之初，东突厥就曾趁唐朝政变之际向唐朝进军，唐朝无力与之决战，只好送给突厥大批财物，突厥这才回师北撤，后来，东突厥内部矛盾激化，唐太宗便决定趁此时机对其进行大规模的反击。

公元 629 年九月，唐太宗任命李靖为行军总管，讨伐东突厥。十一月，李靖等兵分四路北上出击。第二年初，李靖率领 3000 骁勇骑军从马邑出发，进军恶阳岭，夜袭可汗的大营，突厥可汗断定李靖不敢孤军深入，唐朝必定是倾国力来袭，于是慌忙逃跑。随后，李靖派间谍用离间计，使可汗的亲信康苏密带领一部分部落归降。这场战役是唐朝建国以来对东突厥战争的第一次重大胜利。在李靖胜利进军的同时，李世勣所率军队也把突厥打得溃不成军，突厥一败再败，损失惨重，颉利可汗便请求投降，并表示愿意亲自入朝。实际上，这只是可汗的缓兵之计，他真正的目的是想阻止唐军的进攻，逃回漠北后再卷土重来。当时，唐太宗已经下诏命让李靖率兵迎颉利可汗入朝，但李靖分析了当时的形势之后，认为突厥实力依然很强，如果逃回漠北，就不易追击了，现在可汗已经投降，没有防备，只要一万精兵和二十天的口粮就能把可汗活捉。于是和众将商议好后，李靖便领兵出发。果然不出李靖所料，颉利可汗已经毫无戒备，李靖率领的 200 名骑兵行进到距可汗牙帐七里远的地方时，突厥军才察觉到，可汗慌忙逃跑，军队四处逃散，唐朝大军随后赶到，杀敌一万余人，俘虏十几万，缴获牛羊数十万只。可汗率领一万余人想北过大漠，在逃跑过程中众叛亲离，不久就被唐军俘获，东突厥就此宣告灭亡。消息传到长安，唐太宗和太上皇李渊兴奋至极，举行酒宴庆祝。

李靖在唐朝统一全国的过程中，建立了不朽的战功，表现出了极高的军事才华，不仅如此，他还是初唐将领中首屈一指的文武全才，消灭东突厥之后，他被唐太宗正式任命为宰相。公元 634 年，李靖因病辞去宰相职务，就在这一年，唐太宗决定讨伐吐谷浑，年迈的李靖主动请缨，唐太宗大喜过望，结果李靖再次凯旋，立下了不朽的功勋。这次出征后，有人向唐太宗诬告李靖谋反，虽然唐太宗流放了那个造谣的人，李靖却因此认识到自己位高权重，已经成为众矢之的，便从此谢绝宾客，留在家中。后来，李靖又被封为卫国公。这位能征善战、出将入相的军事家，对兵法有着深刻的研究，著有《李卫公兵法》，可惜已经失传已久。据史书记载，李靖即使留居家中，对外面的战事也了如指掌，他在 76 岁高龄时，还对唐太宗出征高丽的作战过程做了利弊分析，他是中国历史上少有的军事奇才。

公元 649 年，79 岁的李靖因病去世，唐太宗李世民悲痛不已，下令将他陪葬于昭陵，并效仿汉武帝对待卫青、霍去病，把他的坟墓修成铁山、积石山的形状，以表彰他北灭突厥、西征吐谷浑的赫赫战功。这位征战南北、统一大唐的英雄，永远值得后人怀念。

李勣

李勣（公元594—669年），本姓徐，名世勣，字懋功。归唐后赐姓李，因避李世民的讳，去掉世字，故成单名李勣。曹州离狐（山东东明东南）人，自称山东田夫，其实家中富有。早年追随翟让起义，在瓦岗军中起了重要作用。瓦岗军失败后降唐，跟随李世民扫平割剧势力，并且参加唐初所有重大军事活动，是唐初杰出的大将之一。

隋朝末年，农民反隋起义的浪潮席卷全国。李勣在17岁那年从翟让起义，参加瓦岗军，在战役当中起了重要的作用。他劝翟让离开老根据地瓦岗（今河南滑县南），转到靠近通济渠的郑州、商邱一带活动，袭取运河里官府和富商的货物，解决部队给养问题。于是，瓦岗军取得了大批资粮，兵威大振，队伍发展到了一万多人。瓦岗军取破河南要塞金隄关（今河南荥阳东北）和荥阳附近各县以后，势力更加强盛。隋炀帝派农民起义军的死敌张须陀领兵二万前往镇压。瓦岗军针对张须陀勇而无谋骄傲轻敌的弱点，在荥阳大海寺北面的树林里布阵伏击隋军。翟让首先领兵出战，佯败诱敌深入。张须陀率部追了十余里，正在此时，李密、李勣等伏兵四起，合军猛力夹攻隋兵，

李勣画像

全歼隋军主力。在战斗中，李勣英勇异常，亲手斩杀镇压农民起义军的刽子手张须陀。河南的反动势力瞬间土崩瓦解，瓦岗军获得了第一个重大的军事胜利。

而就在此时，河南、山东水灾，饿殍遍野，将近二分之一的人饿死。但是，当时掌管粮仓的官吏守着大批粮食，却不及时赈济饥民，造成每日饿死几万人的惨局。李勣对李密说："天下大乱，原因就是饥馑，如果现在攻取黎阳仓（隋朝仓名，今河南浚县西南），开仓发粮进行募兵，大事就会成功。"于是，李密派李勣率领5000人马从原武（今河南原阳）渡河袭击，即日攻取黎阳仓城，打开粮仓，听凭饥民取粮。这不但赈济了

广大饥民，而且大大地壮大了起义队伍，十天之内从军人数多达20余万，远近各地的义军也纷纷归附瓦岗军。在农民军的沉重打击下，隋政权土崩瓦解。就在这个时候大贵族宇文化及发动了政变，缢死炀帝，隋朝灭亡。

隋朝灭亡以后，全国形势发生了天翻地覆的变化。在反隋斗争的目的和任务基本完成以后，开始转化为消除分裂割据的统一战争。统一全国的重任历史地落在李唐王朝的身上。瓦岗军失败后，李勣遂以黎阳仓城降唐。李勣开仓供米援助唐军经略山东，为唐军取得了许多州县。后来，李勣回到长安，跟随李世民征讨各地割据势力。武德三年（公元620年），李勣又随李世民进击占据洛阳称霸一方的王世充。李勣在战斗中屡战屡捷，立下不少战功。不久，李世民派李勣东向攻打军事重镇虎牢（今河南荥阳汜水镇）。王世充的郑州司兵沈悦遣使请降。李勣深夜引兵袭击虎牢，沈悦在内接应，遂拔虎牢。武德四年（公元621年）五月，李唐大军兵临洛阳城下，王世充被迫降唐。武德六年（公元623年），唐派李孝恭、李靖、李勣等分四路大举南下，攻取江淮。于是，淮南、江南全入唐境。至此，唐朝基本上统一了全国。

隋末唐初的时候，北方突厥势力强大起来，经常骚扰边疆，成为唐朝北边的严重威胁。唐统一后，公元626年李世民即帝位，改元贞观，史称唐太宗。这时，唐朝政权稳定，经济发展，因而反击突厥的条件已经具备。贞观三年（公元629年）冬，唐太宗命李靖、李勣等六名大将各为行军总管，分兵六路大举出击，兵力共有十余万人。当时，李勣任通汉道行军总管。翌年正月，李勣出兵云中（今山西大同东），在阴山要隘白道（今内蒙古呼和浩特西北）与东突厥颉利可汗部队交战，大败东突厥兵。在白道之战中，颉利可汗损失惨重，被迫遁走铁山（呼和浩特北），遣使伪言请和，想等草青马肥之时，逃入漠北。贞观四年（公元630年）二月，李靖引兵到白道与李勣会合。两人一致认为："颉利虽然已经战败，然而还有很多人马，如果他们逃入漠北，得到回纥诸部的援助，加上路途又远又险，就很难追歼他们了。要是现在及时挑选一万骑兵，各人携带二十日的粮食，轻骑远道奔袭他们，就可不战而擒颉利。"他们两人的想法不谋而合，于是，共同制定了奇袭东突厥的战略计划。李靖派苏定方率精骑200为先锋，出其不意，乘雾进军。等颉利发觉时，唐兵已进到离牙帐七里的地方了。接着，李靖率领大军赶到，从正面猛攻突厥兵。颉利乘千里马仓皇逃遁，反带领着万余人企图逃向漠北。谁知，李勣早已抄后路将碛口拦住，摆好阵势正等着"迎接"他们的到来呢。突厥兵见大势已去，纷纷投降。这次战役，生擒颉利可汗，消灭突厥兵万余人，俘获十余万人口，牛羊杂畜十余万头，全歼其军。至此，漠南（今内蒙古自治区）东突厥的势力基本肃清，保卫了中国北方边境的安全。

东突厥灭亡后，铁勒部的薛延陀势力日益强大，成为继突厥后而起的漠北大国。薛延陀的首领夷男恃强南下，进攻唐朝安置在河套以北的颉利族人思摩。贞观十五年（公元641年）十一月，唐派李勣、薛万彻率步骑数万出兵进击。正当夷男的儿子大度设率骑兵攻入长城的时候，李勣率部及时赶到，唐军队伍浩浩荡荡，大漠上空尘埃弥漫。大度设见了很害怕，带着部下慌忙北遁。李勣当即挑选所部唐兵、突厥精骑共6000人，径直往北追击，逾越了白道川，在青山（今内蒙古呼和浩特市北大青山）附近赶上了薛延陀兵。大度设连日奔逃至此后，勒住战马，摆下十里长阵迎战。唐军中的突厥骑兵首先出战，初战不利，往后撤退。大度设乘势追过来，正好碰上李勣所部士兵，薛延陀兵一齐发箭，飞箭像雨点般密集，射死不少唐军战马。当时，薛延陀摆的是步兵阵势：五人为一小队，一人在后牵马，四人在前作战，实行所谓首先以步战取胜、然后以快马追击的战术。李勣针对敌人兵、马分离的弱点，采取了针锋相对的作战措施，命令士兵下马，手持长槊，向前猛烈冲击。另派副将薛万彻率几千骑兵去活捉牵马的敌兵。结果薛延陀兵全线崩溃，想逃又丢了马，一时惊慌失措。唐军乘势猛攻，斩首3000余级，俘获5万余人。大度设率残部逃至漠北，正值大雪，士卒、牲口十有九八被冻死。夷男死后，继位的多弥可汗凶残暴虐，铁勒诸部共起反抗。贞观二十年（公元646年）六月，唐派李勣出兵联合铁勒诸部击薛延陀。李勣率部挺进乌德勣山（今内蒙古杭爱山），大破薛延陀兵。八月，薛延陀被唐军攻灭，铁勒诸部酋长请求内附，唐朝势力达到漠北广大地区。

李勣富有军事才能，深谋远虑，果敢善断。每次指挥军队作战，既能预订周密的作战计划，又能根据敌情而随机应变。在作战时常与别人商量作战计划，善于听取别人的正确意见，只要对方的意见有一点可取之处，便会扼腕而从。一旦作战胜利，又不埋没别人功劳，总是归功于英勇善战的将士和出谋献策的部下。因此，将士们都听从指挥，英勇作战，李勣部队成了一支百战百胜的雄师。李勣曾担任并州大都督长史，镇守并州（治所在今山西太原西南）长达16年之久，有力地防止了突厥的侵扰。当时唐太宗赞扬他说："隋炀帝不懂得选择良将戍守边境，只会耗费人力物力修筑长城，但仍无济于事。我只不过安排李勣镇守并州，就使突厥闻风远遁，边境安宁，这不是远远胜过长城吗？"唐朝廷给予李勣很高的评价，太宗、高宗都把李勣的像作为元勋画在凌烟阁里。李勣死后，高宗为了表彰他击破突厥、薛延陀的卓越战功，下诏按照汉朝对卫青、霍去病的葬仪，给他修筑象征阴山、铁山、乌德鞬山的坟墓。

李勣的一生经历了隋末农民战争、唐初统一战争、保卫北边战争等几个重要历史时期，在这些重大军事活动中作出了很大的贡献，从一个绿林好汉成长为唐初一位杰出的军事统帅。

郭子仪

郭子仪是唐朝重臣，又是名将。他征战数十年，屡建战功，时人赞他"一人能顶十万兵"，德宗皇帝更誉他是"四朝柱石，功高千古"。然而他不居功自恃，常以宽厚待人。他那"功至大而不伐，身处高而更安"（《旧唐书·郭子仪》）的品格，被后人传为佳话。

唐代宗广德二年（公元764年）十月，叛将仆固怀恩引数十万反唐武装南下，京都长安惊慌。郭子仪受命赶至奉天（今陕西乾县）镇守。他深知仆固怀恩有勇无谋，素失军心，就令所领各部"闭门拒守，禁止出击"，使来敌欲战不能，欲罢不忍，时间一长，敌军内部必然生怨，锐气自挫。果然不出所料，没出几天，叛军粮草奇缺，军中大哗，将士纷纷倒戈，仆固怀恩不得不全线撤退。郭子仪以计取胜，率部凯旋，代宗亲临安福门迎接。为表彰郭子仪的功德，代宗提升其为尚书令。郭子仪接到新令，惶恐不安，几次想乘朝见皇帝之机，当面陈述理由，请求罢免新职，但都未能如愿。为表明自己辞让心诚，他又两次上奏，一再说明不能接受此职的理由：一是，尚书令之职早废，三朝未复，今为老臣重新设立，势必招来四方非议；二是，自己才疏学浅，现为内参朝政，外总兵权，已感力不从心，倘若再担大任，更是名不副实；其三，军中争名夺利者甚多，现在一人身兼数职的比比皆是，将不在位的现象普遍存在，影响对部队指挥。

代宗对郭子仪坚持上书，开始有些不悦，埋怨老臣不理解自己的一片好心。细读奏文之后，才知郭子仪多次陈述理由，

郭子仪雕像

不仅是出于谦逊，而主要是为了保朝纲、正朝风，用心全在朝廷大业。于是，赶忙下诏停止对郭子仪的新令。

郭子仪"高官不做，显位不居"的事，不胫而走。一些正直的老臣，早为郭子仪对上诚、对下宽、对己严的品德所倾倒，如今更敬佩他恳请让官。有的感慨地说："为臣若都能像郭子仪，何愁王业不能大兴？"就连常对郭子仪忌嫉诋毁的皇帝内侍，也发出"佩服、佩服"之论。在军队内部，更赢得多方称赞。特别是曾与郭子仪运筹一室的高级将领，都纷纷效仿主动让出了兼官。

唐代宗大历二年（公元 767 年）十月，郭子仪奉命率步骑 3 万，于灵州（今宁夏灵武县）大败蕃军。正在他获胜回朝途中，发生了父墓被挖一事。朝廷公卿对此顾虑重重，担心会激起郭子仪的愤怒。为不至于发生意外，郭子仪抵京都后，代宗立即诏见，进行多方慰抚，并表示要查清重处。可是，郭子仪在听完皇帝安慰之后，非但不怪罪他人，反而进行自责，说："臣带兵很久，因管教不严，始终未能禁止军队挖墓盗宝，这是臣不忠不孝的表现。至于这次臣父墓被挖，那是老天的惩罚，不能责怪他人。"（见《新唐书·郭子仪》）代宗听罢，如释重负，对郭子仪如此严己宽人赞佩不已，当即下诏尽快为其父修复陵墓。朝廷有人要郭子仪多派些军士修墓，以慰父亲在天之灵。郭子仪所部将士更是支持大修墓地。然而郭子仪并没有为众议所动，而是听取了一个叫元载的忠告，只派几个家僮前去修复。此举感动了被众人怀疑为挖墓主谋的鱼朝恩，他羞惭地哭着说："郭公父墓被挖，虽不是我直接所为，但我知道有人挖而没有制止，不能说与我无关。一桩桩事实说明，郭公真不愧为贤臣良将。"自此以后，郭子仪在朝廷威望日高，在军中更受敬重。

有一天，身为中书令的郭子仪在邠州（今陕西彬县）行营召集各路将领商讨作战之策，并打算会后给将领们饯行。为不使钱宴过于铺张，他专门向有关人员提出力求从简的要求。可是，办事人考虑到与会将领长年在外征战，相聚一次很不容易，过于简单会显得失礼，于是就精心安排，盛宴款待。当郭子仪来到宴会地点时，看到坐在大厅南端的黑压压一大片乐队，各持乐器，好不威风。宴会伊始，顿时响起了震耳欲聋的鼓乐声。接着，陈酒好菜连连端上，很多将领放怀狂饮，大有一醉方休之势。郭子仪面对此景，心中不是滋味，深感如此挥霍无度实不应该，特别是帅府中保留着这样一支庞大的乐队太不应该，这样不仅浪费人力物力，而且助长侈靡之风。所以未待宴会结束，郭子仪便下令停乐，当众宣布把乐队减员五分之四。此后，他又领导军队全面清理、精简了重叠臃肿的机构，废除了一些繁琐礼节，使全军上下崇尚俭朴之风。

李光弼

李光弼，营州柳城（今辽宁朝阳南）契丹族人。其父楷洛原是契丹酋长，武则天时归附唐朝，官至左羽林大将军，封蓟郡公。李光弼出身于大将之家，从小喜爱练武，年青时便立志要成为国家的栋梁。其后曾任安西都护、朔方节度副使职务。因平定吐蕃、吐谷浑贵族骚扰有功，赐称云麾将军。天宝十四年（公元755年），"安史之乱"爆发，由于郭子仪的推荐，李光弼担任了河东节度副大使，掌管节度使职务，后又加魏郡太守，河北采访使。在平定安史之乱中，李光弼多次打败史思明所率叛军，成为与郭子仪并列齐名的大将，当时人称为"李、郭"，颇享盛名。

至德元年（公元756年），唐肃宗派李光弼与郭子仪一道进攻河北，收复被叛军占领的州县。至德元年二月，叛将史思明围攻饶阳（县名，今河北中部偏南，滹沱河流域）。唐军一面坚守饶阳，一面由李光弼率领步骑一万多人、太原弓弩手三千人，进攻距离饶阳只有二百里的常山。结果攻克常山，俘虏叛将安思义。李光弼对安思义说："你看我的人马能打得过史思明吗？如果你能献良策，助我取胜，可免你一死。"安思义当即回答说："大夫人马远来疲惫，如果立即与大敌交锋，恐怕支持不住，不如移军入城，坚守不出，等待时机再战。再说，史思明所率领的少数民族骑兵，貌似勇猛，但不能持久，你们可以逸待劳，等到其士气沮丧时出战，就有取胜的把握了。"李光弼认为安思义说得有理，果真将他释放了，并按其计策部署行动。这时，史思明得知常山失守，立即改变包围饶阳的计划，率领二万多骑兵，直抵常山城下。李光弼命令弓弩手从城上向叛军射击。霎时间，箭如雨下，叛军无法攻入城内，转攻城北。李光弼随即命令五千唐军出城，沿滹沱河两岸布阵。叛军以骑兵进攻唐军，被唐军用箭射杀了大半，元气大伤，退守阵地，等待步兵来援。当天，五千叛军撤离饶阳外围前来增援。李光弼探知此情，迅速派出步、骑兵各二千人，偃旗息鼓，沿河而进。当走到敌援军的营地时，只见叛军正在做饭。唐军一声令下，一齐冲杀上去，结果全歼了前来增援的叛军。史思明闻讯，大为惊慌，只好引兵撤退。于是，常山九县，有七县为唐军所占。其后，李光弼与郭子仪会合，在赵郡（唐至德年间改赵州为赵郡，治所在今河北赵县）、嘉山（县名，今安微东北部池河下游）等地连续击败史思明，又攻克河北地区十余郡，李光弼在收复河北失地中，首立大功。

至德二年（公元757年）春，史思明率领叛将蔡希德等引兵十万进攻太原（治所在今山西太原西南）。当时，唐军守将李光弼所率精锐部队皆赴朔方（玄宗时十方镇之一，治所在灵州，今宁夏灵武西南），余下部队加上地方团练兵尚不足万人，唐军诸将建议修筑城墙以拒敌。李光弼说："太原城墙足有四十里长，敌人快要攻来了才忙于修筑，这是未与敌交战而先使自己疲劳了"。李光弼没有接受筑城的意见，却胸有成竹地率领士卒于城外挖壕沟。当叛军逼近时，唐军用大炮发射巨石，使敌人不能越过壕沟爬上城墙。其后，李光弼一面派人到叛军营中，诈称相约投降，使敌人放松戒备，一面又派人挖地道，直抵敌营盘地下，并以木柱支撑着地道上层。一切就绪后，李光弼以强兵坚守在城墙上，然后派偏将带领几千精兵出城，佯作向叛军投降。叛军不知其中计谋，昂头高兴地等待着。突然，营盘地层下陷，营中叛军顿时大乱。唐军乘机蜂拥而上，奋力砍杀。敌人死伤不下万人，史思明在混乱中狼狈逃走。太原一战，充分反映了李光弼在敌强我弱的情况下，运用其大智大勇，将劣势变为优势，化被动为主动，最后一举击溃敌人的军事才能。

由于李光弼屡建战功，不久即被提升为司徒，后又升为司空，封郑国公，获得八百食封户的赏赐。乾元元年（公元758年），进位侍中，第二年升为天下兵马副元帅。

乾元二年（公元759年）秋，李光弼在河阳（治所在今河南孟津南）又一次大败史思明。开始时，叛军在汴州（治所在今河南开封市）与唐军对战中小胜一次，九月史思明乘胜进犯郑州（治所在今河南郑州），李光弼奉命抵御。他命令部队衔枚疾走，到达洛阳。李光弼对洛阳留守韦涉说："叛军乘胜而来，不宜与之争锋；洛阳缺粮，又难以防守。请问有何良策对敌呢？"韦涉建议，将部队暂时向陕西转移，退守潼关。李光弼说："两军对垒，寸土必争，兵贵在勇往直前，切忌畏缩后退。今无故放弃五百里土地，敌人会更加猖狂。不如移军河阳，那里北接泽、潞，一向是洛阳外围重镇。胜则进，败则守，前后方可以互相照应，将使叛军不敢西犯。这就像猿臂一样能伸能缩，是攻守自如的态势啊！"停了一下，李光弼笑着说："看来，议论朝廷的礼仪，我不如你，讲军事策略，则你不如我啊！"韦涉无言可对，站在一旁的判官（掌管文书事务的官员）韦损说："东京是宫廷所在地，为什么弃而不守呢？"李光弼说："如果防守东京，则汜水、崿岭、龙门都要配置部队。你是兵马判官，你看能守得住么？"韦损被问得哑口无言。李光弼下令，东京官员百姓全部撤离躲避，使洛阳成为一座空城。同时，又命令军队运输油料、铁器等物资到河阳，李光弼亲率五百骑兵作后卫。当天晚上，二万唐军到达河阳，但城内只有十天粮食。李光弼亲自检查城防，要求十分严格。不久，史思明进入洛阳，见城中空无一人，担心李光弼从后面偷袭，不敢进入皇宫，退守城外白马寺（今洛阳东北）南，并在河阳南面构筑半环形阵地防守。

这年十月间，史思明引兵进攻河阳。战前，他派骁将刘龙仙到城下叫骂挑战。李光弼对诸将说："谁能应战？"仆固怀恩请求出城交锋，李光弼说："对付这样一个勇夫，何需大将出马！"一位出身于安西少数民族的偏将白孝德要求出战。李光弼问他："需要多少士兵相助？"白孝德回答："只请允许我个人出战。"李光弼嘉奖他的勇敢，但仍坚持派兵协助。白孝德说："那就请选五十骑兵为后继，并请大军擂鼓助威吧！"说完，他神态自若，目光炯炯地策马冲出城去。站在一旁的仆固怀恩高兴地说："孝德胜了！"李光弼问："尚未交锋，何以见得？"怀恩说："看他的神态，就知他必定胜利了。"其时，叛将刘龙仙见白孝德一人前来，根本不把他放在眼里，站立阵前，不加防备。当白孝德临近敌阵时，只见他大呼一声："叛贼识我吗？"随即在唐军的鼓噪声中，跃马措枪，直取刘龙仙。刘龙仙来不及放箭，后退了几步，白孝德赶上一刀，砍下他的首级，胜利而归。叛军见此情景，大为震惊，连忙退入营中，不敢出战。

当时，史思明有良马千多匹，每天放出河边洗澡，并使马匹循环不停地进出，以显示其马匹之多。李光弼见状，命令把唐军中 500 匹母马也集中起来，把小马驹拴在城中，等史思明把马匹赶进水中洗浴时，唐军也把母马放出。于是，马匹嘶叫不停，叛军的马匹都泅水渡河，被唐军全部赶进城里。史思明为此十分恼火，下令发战船进攻，结果被打得大败。

史思明不甘心失败，决定从南面再次进攻河阳。李光弼对部将李抱玉说："你能为我守城南两天么？"李抱玉答应了。其后，他胜利地打退了敌人的多次进攻。此时，叛将周挚率兵进攻北城，李光弼登上城头瞭望敌阵说："叛军虽多，但骄狂而不整齐，不必担心。不过中午，必为我军所败。"两军交战，直到中午，仍分不出胜负。李光弼召集诸将，组织力量强攻敌人主要阵地。出战前，他激励士兵勇敢向前，并将一把短刀插进刀鞘中说："战争本是凶险的事，我是国家三公，不能死在叛军手中，万一此战失利，你们战死在阵地上，我就在这里割颈自刎，与大家同生共死。"众将士深受感动，奋勇争先地冲向敌阵，尽力拚杀。整个战场上烟尘滚滚，杀声震天。结果，叛军死伤惨

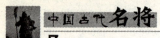

重，叛将周挚落荒而逃。史思明在河阳一战中，又大败李光弼，叛军主力进一步削弱。

李光弼在平定安史之乱中，战功累累，威名远扬。在朝中掌权的宦官鱼朝恩和程元振，因此对他恨之入骨，两人密谋加害李光弼。广德二年（公元764年），李光弼忧愤成疾，不久病逝，享年57岁。

李存勖

五代后梁龙德三年（公元923年），晋王李存勖在魏州（今河北大名）称帝，建立后唐，建元同光，并加紧了夺取汴梁消灭梁朝的步伐。不久，梁将卢顺密在郓州（今山东东平）投降了后唐，使李存勖在黄河南岸取得了一个前进基地。梁帝朱友贞为了夺回郓州，派大将王彦章夺取黄河渡口杨刘、德胜，企图截断唐军的后路，进而消灭进入黄河南岸的唐军。于是双方便在黄河渡口展开了一场异常激烈的争夺战。彼此虽都有较大伤亡，但毕竟唐军保住了黄河渡口，梁军也得到暂时稳定。就在此时，唐将李继韬在潞州叛唐降梁，黄河以北又让梁朝插进一只脚。尽管双方都已打得精疲力竭，然而谁也不愿善罢甘休。

梁帝朱友贞为了乘势收复黄河以北的失地，制订了一个大举进攻的作战计划。令王彦章、张汉杰率领一万人马进攻郓州，派段凝领兵五万渡河北上，对付唐军的主力，还准备动用陕虢（今河南西部）、泽潞（今山西东南部）的兵力进攻太原；又让汝洛（今河南中部）的兵力，取道相、卫（分别在今河南安阳、汲县）、邢（今河北邢台）、洺（今河北永年），攻取镇、定两州。这一大规模的进攻计划，打算在十月全面展开。

然而唐帝李存勖早在八月间，就于朝城（今山东莘县）秘密地接见了投唐的梁将康延孝，知道了梁朝的进攻计划。康延孝在提供梁军进攻计划时还建议说："梁军集中起来不少，分散开来就不多，陛下若集中精锐部队等他分兵进攻的时候，乘机用五千精骑直捣汴梁，便可活捉朱友贞，他的各路将领便不战自降了。这样不用一个月的时间，就可平定天下。"李存勖非常欣赏这一建议。

九月间，梁军开始行动，段凝领兵五万进到临河（今河北濮阳西六十里）以南，王彦章的一万人马进到郓、兖境内。就在这时，李存勖得到契丹打算冬季南下的消息，使他不得不考虑怎样行动，便召集文臣武将，商讨作战方针。宣徽使李绍宏等号称稳健的人物，都主张与梁朝讲和，说："可用郓州交换梁朝的卫州、黎阳，以河为界，缔结和约，休兵息民，恢复财力，待机伐梁，较为稳妥。"枢密使郭崇韬却主张积极进攻，他慷慨激昂地说："梁军的降将都说汴梁空虚，已是无可怀疑的事实。现在应当乘着敌军兵力分散、汴梁无备之际，留一部分兵力守备魏州，陛下亲率精兵会合郓州的部队，直捣汴梁，活捉朱友贞，即可一举成功。万望陛下及早决断，莫失良机。"众将有的主战，有的主和，议论纷纷。李存勖早有袭击汴梁的打算，衡量了利害得失以后，就果断地下了敌进我进的决心，留下李绍宏带领少量兵

李存勖画像

力拒守魏州，不顾段凝五万大军压境的险情，亲自率领主力南下袭取汴梁。

十二月二日，李存勖领兵由杨刘渡过黄河，三日到达郓州，当夜即令李嗣源为先锋，率领一部人马渡过汶水。四日早晨与王彦章的部队相遇，立即发起猛攻，一举获胜，并乘胜攻克中都（今山东汶上），俘虏了王彦章，取得出乎意料的胜利。进军虽然顺利，却也暴露了袭击汴梁的意图。因而，有些将领对继续前进又产生了疑虑，说："如果段凝回师守汴梁，我军就有陷入受阻子坚城而进退两难的险境。望陛下慎重考虑，千万不可大意！"李嗣源却坚持继续进兵，说："王彦章被我俘虏的事，料想段凝还不可能马上知道。等他了解情况后，决心回军救援汴梁，还要迁延数日，及至下决心回军之时，想走捷径，没有渡场，绕到白马渡河，船只也不一定那么便当。此地到大梁全是平原，敌人无险可守，我军列阵前进，昼夜兼程，不过两天两夜就能赶到汴梁城下。这样算来，段凝还未离开河岸，朱友贞便早已当了俘虏。陛下可千万要当机立断啊！"李存勖沉思片刻，计算了双方的行程时间。接着，斩钉截铁地说："夺取汴梁在此一举，岂可瞻前顾后，坐失良机！"随即下令全军猛进。七日进到曹州（今山东曹县），守军不战而降，唐军马不停蹄继续向前进发。

朱友贞坐镇汴梁，得知王彦章兵败被俘、唐军长驱直进的消息以后，急忙令张汉伦兼程北上，去调段凝回军援救，又令开封府尹王瓒强行征发民众守城。九日，唐将李嗣源率领先锋部队赶到汴梁城下，立即从北门进攻，王

攒无力抵抗，只能出城投降。李嗣源领兵入城时，李存勖也率领主力赶到汴梁。朱友贞见大势已去，逃往许州，不久便自杀身亡。唐军占领汴梁三天之后，到十二月十二日，段凝才回军到封丘（今河南封丘），得悉汴京失守，梁主自尽，也就自行解甲归降了后唐。至此，建国十七年的梁朝宣告灭亡。

 知识链接

未战先定谋

　　李光弼作为唐中期的一员大将，一生征战不息，立下了不少战功。史家评论他说："光弼用兵，谋定而后战，能以少覆众。"然而，李光弼为什么能做到这一点呢？从上述战例可知，这与他的智勇双全、善于用人，以及每次战前必先深思熟虑有密切关系。正因为如此，李光弼能在多次战役中变劣势为优势，化被动为主动，从而达到以少胜多的目的。其次，史书记载，李光弼"治师训整，天下服其威名"，这也是李光弼常能取胜于敌的重要原因。李光弼奋战一生，不仅在平定内乱、维护国家统一方面，作出了贡献，而且在战略战术上，也为后人留下了宝贵的经验，千百年来深为人们所赞扬。

第五章

宋元时期的名将

　　两宋被史学家讥为积贫积弱,对外只靠媾和,对内仅能招安。而与两宋战争结局形成鲜明对比的是,这一时期的名将的表现丝毫不逊于其他朝代。杨业让辽人胆寒,岳飞更是让金人发出"撼山易,撼岳家军难"的喟叹。

　　而两宋周边的少数族,辽夏金元之所以能够长时间压制两宋,也是因为国有良将的缘故。一代天骄的成吉思汗更是为横跨欧亚的大元帝国打不了基础。

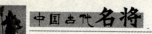

ZHONG GUO GU DAI MING JIANG

第一节
北宋的名将

 **曹彬**

从古至今，人们都很崇拜那些足智多谋、英勇善战的军事家，对那些既智勇双全又正直清廉的将领更是推崇备至。宋朝名将曹彬就是这样一位将领。

曹彬（公元931—999年），字国华，真定灵寿（今属河北）人。他出生于五代末年的一个将门之家，后周太祖郭威的贵妃张氏是他的姨母。他曾先后在后汉、后周和宋初担任军事将领。

称良将者，重在称赞其优良品德；称勇将者，重在称赞其勇猛精神。二者可能同一，也可能不同一。集于一人有二者，一般也各有所侧重。曹彬虽说二者兼有，但相比之下，他那廉洁自律、仁以待人的优良品德更加受人称道。

据说他出使吴国时，留下一段为人称道的佳话。

公元958年，周世宗派曹彬出使吴国，曹彬完成使命后立即返回，对于主人私下赠送的礼物一概不受。吴越人又两次派轻舟追上曹彬，坚持要他接受这些表达敬意的礼品，曹彬第一次拒绝成功；第二次若再拒绝怕会引起对方猜疑，疑则容易生变，于是只好收下，但是立即让随从登记造册，回朝后如数上交。周世宗见曹彬如此廉洁，很是感动，便将这些东西全部奖励给他，而曹彬丝毫未留，统统分给亲友和部下。

在作战时他也是如此。例如，宋初曹彬和诸将率军分路合击后蜀的作战中，每攻下一座城邑，其他将领都纵情饮酒作乐，收罗美女玉帛，并放任士卒烧杀抢掠。而曹彬则严于律己，行囊中只有书籍、衣服等随身用品，并严令部下，进城后不准抢掠，不准屠杀百姓。因此曹彬的部队所到之处都受到百姓的欢迎。另一主将所领之军却因士卒横行霸道而激起后蜀投降士卒的群起反抗，叛军多达 10 万，连续攻克 17 城，幸亏曹彬及时率军奋战，才挽救了危局。

廉洁往往是与仁爱联系在一起的。曹彬在清廉自律的同时，十分注意以仁厚待民。这在公元 947 年宋攻灭南唐之战中表现得相当突出。当时，曹彬身为宋军主帅，率主力 10 万、战船数千只，由荆南入长江东进，连克南唐沿江重镇，并跨江架浮桥，在我国军事历史上首次创造了架桥渡江的成功战例。第二年十月，宋军三面包围南唐都城江宁（今南京）。传说在即将攻城的前夕，曹彬忽然称病不起，不理军政事务，诸将都来问候。曹彬说："我的病并非药石可治，只须诸位保证决不滥杀无辜、抢掠民财，这病自然就会好了。"诸将为之感动，当场发誓决不侵害百姓。这虽然可能是小说家所言，但从南唐后主李煜率文武百官投降的事实可知，曹彬的爱民政策是起了攻心作用的。

曹彬驻守徐州时，有一个小吏犯了罪，按军法应打军棍。但曹彬没有马上执行，而是等过了年后，才如数打了他。众人问这是怎么回事。曹彬说："我听说此人刚娶了媳妇，如果马上打他，按当地风俗，人们必会认为是新媳妇带来的不吉利，家人就会责骂虐待她，新媳妇也就难以自存，还会影响这位官吏的情绪。所以我暂缓执行，法律也并未受到损害。"这说明曹彬不但爱兵，而且了解情况很细，处理问题想得很周到。用今天的话来说，他挺善于做思想工作。

在封建时代，曹彬能够如此廉洁自律，仁以待下，是很不容易的，的确堪称"宋良将第一"。

杨业

杨业（公元？—986 年），并州太原（今山西太原）人，北宋太宗时期的将领。其父杨信，原为北汉麟州刺史。

杨业从小爱好习武，善骑射、好狩猎，不仅有一身好武艺，而且在长期的战争实践中逐步掌握了用兵作战的指挥才能。刘崇在太原称帝建立北汉政权的时候，杨业曾做御前保卫指挥使，后为建雄军节度使，征战沙场，屡建战功，所向克捷，当时人称"杨无敌"。公元 979 年，宋太宗赵光义率四路宋军围攻太原。面对外无援兵、内多厌战的形势，杨业劝说当时的北汉皇帝刘继元献城投降，一同归顺了宋朝。赵光义久闻杨业盛名，任其为右领军卫大将军、郑州刺史，后又受领代州、三交一带边防总指挥。

杨业驻兵代州后，与士卒练习攻战，不辞劳苦。代州北部边关地处崇山，冬季天气寒冷，人们多穿皮衣毡衣，杨业却身着薄棉戎装，亲临教场，端坐督训。他不许在身旁设火炉取暖，侍卫他的人因露天久立，冻得几乎发僵，而杨业却全无寒意，将士见此，十分钦佩。杨业平素关心士卒疾苦，将士皆愿以死效命。代州的雁门关，是防御辽军自云州南下袭扰的战略前哨。辽军由于骑兵剽悍，屡次入犯，胜则劫掠，败则北逃，边将没有有效御敌之方，莫可奈何。杨业针对辽军飘忽无定的特点，亲率数千名骑兵，避开辽军正面，采用出其不意的迂回战术，由雁门关西口出发，沿小路直趋雁门关北口，正好包抄到辽军背后，然后，挥兵向南夹击。辽军遭此突然打击，腹背受敌，进退不得，死伤惨重。从此，辽军每次来犯，只要远远望见杨业的军旗，就自行引退。边关日趋强固，人心安定下来了，杨业治边之功，得到了宋太宗的嘉许，但也引起了过去戍边诸将的忌恨，他们暗地上书，捏造过错，诽谤杨业。宋太宗却接报不问，反而将这些奏疏密封起来，暗地转给杨业。

公元986年，宋军兵分三路，企图收复燕云十六州，对幽州实施分进合击。东路和中路分别由雄州、定州北进，西路以潘美为主将，杨业为副将，出雁门关攻云州、朔州、寰州、应州4州，然后东应二州辽军守将举城投降。四月初，杨业率军进占云州，直抵桑乾河上游。不料，东、中两路宋军接连失利，预定三路会攻幽州的计划落空。不久，宋太宗令潘、杨二将率西路各军保护寰、朔、应、云四州之民内迁。这时，整个战局已发生了很大变化。辽国皇太后肖绰与大臣耶律汉宁在挫败宋军东、中两路的进攻后，率十余万大军向西路压来，并且已经重新攻陷了寰州。寰州，位于代、应、朔三州鼎立之中，正好卡住了代州宋军由雁门北进之路。于是，杨业劝潘美说："今辽兵来势正盛，不可硬战。"他主张避开正面寰州之敌，率队东向，由大石路直趋应州，抄敌之后，迫其回救。与此同时，派人密告云州、朔州守将，待大军离开代州后，即先后护民回撤，并于石碣谷口布下伏击阵，以一千名优秀射手，埋伏于山谷两侧，另以骑兵中路牵制敌人。这样，即使回救应州之敌再度回返，也必遭到伏兵阻击，三州之民可安全内迁。他非常诚恳地说："今朝廷只交给我们护民回迁的任务，这样实属万全之策。"可是，杨业的一片苦心却遭到了皇帝派来的监军王侁的反对，王侁指责扬业："数万精兵竟然畏惧到这种地步！我们只管从雁门北上，作急速推进。"营中另一位监军刘文裕也赞成王侁的看法，主张直趋寰州迎敌。杨业表示"此计必败，万万不可。"王侁听罢，十分恼怒，他讥讽杨业："你平素号称无敌，今天遇到敌人却逗挠不战，莫非你还有其他意图吗！"杨业莫可奈何，只好率军北出雁门。临行前，他洒泪对潘美说："此一去必定不利，我是太原降将，皇上不仅不杀我，反而赋以重任，授我兵权，我并非纵敌不击，任其来攻。今天我将立小小之功来报答国家的恩遇，既然诸位责备我怕死，我就先死于诸位了。"为了尽力挽救军队，他手指陈家谷口说："诸君于此处布置步兵和射手，分左右两翼，待我转战至此，就以步兵夹击迎救，如不这样，我出师之军将全部葬送。"潘美按杨业的意图，布阵于谷口，杨业方率队出战。战斗一进从早晨到中午，不见杨业回归。王侁派人登台望之，见无动静，以为辽军败走，想争其功，故擅离谷口，潘美制止不住，也回撤20里。后来闻杨业大败，潘美更掉头逃跑，整个防线已无一兵防守。杨业率兵一直苦战到天黑，终于到达陈家谷口。他四处察看，见无一救兵，知道潘美、王侁早已逃却，捶胸顿足，十分悲痛。不得已，他只好率队再战。整整一天的鏖战，使杨业饥渴力竭。最后，他周身受伤十多处，手下士卒全部战死，被辽军所擒。杨业身困敌营，悲愤已极，对天叹息道："皇帝对我恩厚，本想讨贼捍边以报，今天反而被奸臣所迫，大军惨败，还有什么颜面求活呢！"于是，他绝食三日，死于敌营。

这一仗，本来有着许多转危为安、破敌取胜的条件，但终因诸帅败约，杨业的正确方略不得采纳，遭到惨败。从此，宋朝北部边防面临着更加危险的局势。

宗泽

宗泽，字汝霖，婺州义乌（今浙江义乌）人。生于宋仁宗嘉祐四年（1059年），父亲宗舜卿是个穷书生，家境很贫困。宗泽在元祐六年（1091年）考中了进士，由于他在考试的时候，大胆正直地指出当时朝政的弊端和黑暗，遭到了主考官的厌恶，录取于末甲（第三等），委派做大名府馆陶（今河北馆陶）的县尉。以后，宗泽还做了衢州（今浙江衢县）龙游令、晋州（今山西晋城）赵城令、知莱州（今山东掖县）掖县，登州（今山东蓬莱）通判等地方长官，他把所管的地方都治理得很好，取消了一些额外的征敛，减轻了一些人民的负担。钦宗靖康元年（1126年），金兵第一次围攻北宋首都汴京（开封，也称东京），徽宗传位给钦宗赵桓后，南逃到镇江。宗泽被保荐担任正少卿的官职，应召到汴京，当时已是67岁的高龄了。他见钦宗时，慷慨地谈论当时的形势，坚决主张抗金。随后，他怀着满腔的爱国热情，斗志昂扬地投入了汴京保卫战，英勇抗击金兵。

靖康元年（1126年）八月，宗泽被钦宗任命做和议使，出使到金营宗望

宗泽画像

（斡离不）议和。宗泽向钦宗说："我觉得用和议这个名字是不妥当的，敌人会以为我们非求和不可，不如改名计议使，表示我们并不是去求和的。"钦宗只好下令改和议使为计议使。宗泽在临出发前，向同僚们告别说："这次去出使，我不打算活着回来。"同僚们问他为什么，他说："我这次到金营去，决不会向他们屈服的。敌人如果愿意退兵就算，否则我一定拚死力争，就是牺牲了性命，也不能叫国家遭受耻辱！"一心一意向敌人妥协投降的钦宗，本来是派宗泽去金营求和的，听到宗泽有这种决心以后，就把他调出汴京，到磁州（今河北磁县）去做知州。

当时，太原已被金兵攻下，形势很紧张，朝廷派到两河去做官的人，都借故不去，但宗泽以国家民族利益为重，丝毫不计较个人的得失，毅然带着十几名士兵到磁州去赴任。磁州在金兵南侵时，已经遭受到严重的破坏，残破不堪，城里老百姓大都逃亡他乡，府库十分空虚，防务极其艰难。宗泽到磁州后（任河北义军都总管），马上修复被破坏的城墙，制造作战时用的武器，召募义勇当兵。不到一个月的时间，在军民的同心协力下，磁州的守卫工作就做好了。所以当金兵第二次南下，攻陷真定（今河北正定），派遣数千骑兵攻磁州时，宗泽披甲登城，指挥作战，命令部下用神臂弓射杀敌人，并开城门追击，斩杀敌人数百。金兵吃了大亏，只好退走，直向汴京逼进。

汴京不断接到金兵逼近的消息，钦宗被吓昏了，慌忙派自己的弟弟康王赵构和副使王云到宗望（斡离不）那里去求和。赵构到了宗泽镇守的磁州，被老百姓在路上拦住，劝他不要自投罗网，宗泽也竭力劝阻。人民又起来杀死奸细王云，赵构只好留在磁州。这时，相州（今河南安阳）的守臣汪伯彦邀请赵构，赵构便到了相州。不久，赵构奉钦宗命令做天下兵马大元帅，汪伯彦和宗泽为副元帅，要他们领兵去救援汴京。但随后钦宗又派人通知赵构说，议和正在进行，可望成功，叫他暂停进军。宗泽竭力提议把兵马向澶州

（今河南濮阳附近）推进，次第进垒，以解京师之围。可是，汪伯彦却主张讲和，不愿进兵，还劝赵构要宗泽率兵先出发。宗泽只好单独率领 2000 名士兵出发，而赵构和汪伯彦却逃到东平（今山东东平）去了。

宗泽率兵出发到开德（今河南濮阳），连续打了 13 次胜仗。他写信劝赵构号召各路军队到汴京会合，赵构却置之不理。宗泽到了卫南（今河南滑东），却陷入了金军的包围圈。面对险恶的形势，宗泽慷慨激昂地对士兵们说："今天进也是死，退也是死，一定要从死里杀出一条生路出来！"士兵们听了，大受鼓舞，都拼命作战，人人以一当百，杀死了好几千敌人，金兵大败，后退了数十里。宗泽预料到敌人不甘心于失败，获胜后立即转移。金军连夜赶来反击，扑着一座空营，大感惊奇。在这一仗里，宗泽的勇敢果断充分地表现出来。

钦宗靖康二年（公元 1127 年），由于投降派的卖国政策，汴京陷落，二帝（徽宗、钦宗）被俘，宗泽主张出兵据金兵归路，迎还二帝。赵构为了争取得到帝位，却命令"移师近都，按甲观变"。

康王赵构（宋高宗）即帝位后，为当时形势和舆论所迫，不得不起用主张坚决抗战的李纲。李纲任宰相后，即推荐已经 69 岁的宗泽任开封尹兼东京留守。建炎元年（1127 年）六月，宗泽到了开封。这时开封因遭受过金兵的蹂躏，破坏得很不成样子，防御设备都已废弃，城内秩序也很乱，奸细乘机造谣作乱，弄得人心惶惶。宗泽到任后，一面巡视各处，出示安民，诛除地痞、恶棍，肃清敌人奸细；一面依靠人民的力量，召募义军守城；并根据城外地形，立坚壁 24 所，沿着河岸筑起了连珠寨，以加强防御，把开封布置得像铜墙铁壁一样。宗泽还团结两河及陕西义军。义军首领王善、杨进等各自率领了几十万义军投到宗泽部下，愿意接受指挥和对金兵作战。这样，宗泽一时拥兵达百万以上。还经常进行操练，士气很高，粮草的积蓄也很充足，并在战斗中屡败敌军。开封经过他的整顿，又成为了一个坚固的军事要塞。从此，这位德高望重的老将，更为广大人民所崇敬。敌人也都称呼他为"宗爷爷"，闻名而丧胆。

宗泽对于抗击金兵、恢复故土的事业抱有极大的忠诚和信心。宗泽曾经多次向高宗上奏章，陈说恢复大计的急待进行，并劝他回开封主持抗金斗争。但是，昏庸已极的赵构始终不准宗泽出兵北伐，如果谁出兵北伐，即以"目无朝廷，违抗军令"论处。在李纲罢相后，黄潜善、汪伯彦掌握了大权，宗泽的处境就更加孤立了。

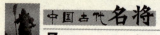

金统治者看到赵构准备南迁，无意北伐，在建炎元年十二月，即分三路进攻山东、河南和陕西。宗翰（粘罕）攻河南的中路军遭到宗泽的英勇反击，宗辅、宗弼（兀术）统率攻山东的东路军和索洛统率攻陕西的西路军，也都受到了山东和陕西广大义军的沉重打击。并且各地义军都自动归从宗泽，愿意听从他的号令。进攻的各路金兵遭受打击之后，纷纷撤退，匆匆结束了这次攻势。

金兵撤退的时候，宗泽认为这正是南宋乘势反攻、收复失地的好机会。宗泽召集手下的部将，要他们准备渡河。部将们都兴奋地说："我们愿意快些渡河，为国家效命。"宗泽还联合各地义军，准备利用夏天敌人马瘦的时候，进行全面的反攻。宗泽还上奏章给赵构，要他回到开封，召集全国力量打击敌人。还要赵构把他的奏章在朝廷里让大家评论，要是有一点不对，愿意接受国家严厉的处分。

但是，在扬州依旧过着荒淫无度生活的赵构，始终反对抗战，仇视人民，他把坚持抗战的宗泽当做有野心的人物，把宗泽所信任的义军看做是盗贼。他不但不支持宗泽的抗金斗争，反而加以破坏，实质上起了出卖北方抗战的作用。

宗泽，这位70高龄的老将，眼看朝廷如此腐败，北伐的机会错过，满腔爱国热情得不到支持，觉得十分痛心。赵构还怕他联结义军威胁自己的统治，又派了一个叫郭仲荀的去做副留守，监视他的活动，宗泽格外气愤。这位力主抗战的老将眼看事与愿违，终于忧愤成疾，背上生了疽，竟于建炎二年七月初一逝世了。他病重的时候，部下的一些将领去问候他，宗泽还鼓励他们说："只要你们能歼灭敌人，我虽死无恨了。"将领们听了，都感动得纷纷落泪。将领退出后，宗泽只是念着唐朝爱国诗人杜甫的名句："出师未捷身先死，长使英雄泪满襟"，来表明自己未竟之志。这位可敬的老将临死前，对自己的家事一句不问，只是在连喊三声"渡河"后悲愤而终！

南宋的爱国诗人陆游，针对南宋统治者这种排挤、残杀爱国志士的罪行，进行了鞭笞，他在诗中说道："公卿有党排宗泽，帷幄无人用岳飞。遗老不应知此恨，亦逢汉节解沾衣。"

宗泽死后，南宋朝廷派了一个"酷而无谋"的杜充去做东京留守。杜充到了开封，废除了宗泽的一切措施，义军首领们非常失望，都散去了。义军解体后，开封城再也不是南宋前线的一个坚固的堡垒了。不久，杜充也弃城南下，最后开封终为敌人所得。

抗金老将宗泽这种热爱祖国，以天下为己任，鞠躬尽瘁、死而后已的精神，是永远值得后人学习的。

 知识链接

未卜先知

北宋时，河西首领赵元昊反叛，皇帝询问边防守备情况，辅臣都答不上来。于是便把主管军事的枢密院的枢密使王鬷被罢了官，贬到虢州。

第二天，翰林学士苏公仪在城外送王鬷时，王鬷对苏公仪说："我这次去虢州，十年前已有人预言了。"

苏公仪说："那人一定是占卜算卦的术士吧！"

王鬷说："不，是曹玮。我从前当三司盐铁副使，到河北判决狱囚，那时曹玮从陕西刚被贬到河北定州，他对我说：'满面是善变骨相，你将来不是做枢辅，就是做边帅，有人说你能做宰相，我看不能。不到十年，你一定到这里当总管。那时西边常传警报，公应预先研究边防战备，搜纳人才，否则无法应付突然事件。'现今果不其然啊。"

而这个曹玮就是北宋名将曹彬的儿子。

第二节
南宋的名将

 韩世忠

在辽阔的江淮平原上，运河边有一座历史名城——淮安，在这里流传着韩世忠筑城退金兵的故事。宋高宗绍兴年间，韩世忠驻军淮安，抵御金兵南进，为保全南宋半壁河山起了重要作用。

韩世忠雕像

淮安旧称山阳，又谓楚州。宋朝时称"楚州山阳郡"，节制山阳、淮阴诸县。这里北望山东，南控长江，东濒大海，西扼中原，河流纵横，湖泊棋布，交通便利，物阜人稠，是自古为兵家必争之地。县志称之为"漕运咽喉"，"置县以来即为重镇"。宋高宗建炎年间，楚州被金兵攻占，金兵据此沿水陆南进，染指江南，铁骑纵横，朝发夕至，时时危及南宋朝廷的安全。

那时韩世忠奉命驻司镇江，守卫长江。一天，他带着几名亲兵登上城内的北崮山，遥望江北，苦苦思索着遏制金兵南进、扭转战局的良策。他想：守江必守淮，要想摆脱被动挨打的局面，必须派精兵先机占据楚州，坐南朝北，与金军周旋

于淮河、运河之间，退可确保长江，进可北伐中原，实现自己驱逐金人、光复河山的鸿鹄之志。韩世忠的这个想法不久后就得到了实现。宋高宗绍兴六年（1136），南宋朝廷任命他为京东淮东路宣抚置使，率军进驻楚州。

韩世忠得令后，立即率领部队，风尘仆仆赶往楚州。而这时的楚州，由于累经兵燹之灾，城市化为废墟，荆棘丛生。人民流离失所，哀鸿遍野，一片悲惨凄凉的景象。韩世忠到后，立刻命令军士到处张贴布告，说："本帅兹为剿除金人，保护百姓而来，凡我大宋子民，都可以回来谋事生产。凡衣不遮体、食不果腹者都可以受到官府救济，凡从事工商业者都可以享受国家给予的扶助。"此布告一出，老百姓争相传诵。一时间，人们扶老携幼，纷纷返回故里，修盖房子的修盖房子，种地的种地，做工的做工，通商的通商，原先荒凉冷落的淮安城很快就热闹起来了。从此，老百姓有了家，可以从事生产，过上安稳的日子，这些自然感谢韩大将军。

韩世忠看到百姓安居乐业的情形，笑着对部将说："民心不可侮，我们可以顺水行舟，修筑城墙了。"当时的楚州城，方圆约十几里，直径约500余丈，城高约30尺，有旱门5座、水门4座，都被金兵破坏得不成样子。韩世忠号召老百姓与军队一起重筑楚州城，自己也宵衣

旰食，督促军队和民工日夜赶修城池。部属们见韩世忠这么辛苦，都劝他注意歇息。他说："楚州地处前线，与金人隔淮相望，现在有防无城，叫我怎能安心休息！"部属们听他这么一说，深感军情紧急，筑城事关重大，不能丝毫懈怠。于是，众人齐心协力，加紧楚州城的修建。

楚州城人多地蹙，大军麇集，宿营成了问题。韩世忠又亲自带领将士们除草开荒，营造寨垒。他的夫人——那个赫赫有名的击鼓战金山、威震黄天荡的梁红玉，也在军中带头编织竹苇，翻盖营房。韩世忠和梁红玉的行动，给将士们以很大的鼓舞，大家干的热火朝天，没有多久，寨门矗立，与楼角相望，军队的驻扎问题得到了解决。

韩世忠在筑楚州城的同时，派部将董旼修筑了承州城（即今江苏高邮城）。承州，界于扬（州）楚（州）之间，"号为东南咽喉"，四周湖泊参错骈布，水深而岸峻，地形为淮扬险阻之最。韩世忠了解承州位置的重要，便利用它四周皆水，地势高，像个盆子的特点，加高城墙为 2 丈 5 尺，拓宽墙面为丈 5 尺，并且在城下周围挖了堑壕。据高邮县志记载，韩世忠、董旼等修筑的承州城，"规模之大，思意之精，后之人固万万弗敢望"，可见其雄伟坚固的程度。

韩世忠筑成楚州、承州二城，就等于控制了淮河和运河的交通，使金军不能轻易东向和南下，这就确保了长江以南的安全。1140 年和 1141 年，金军两次大举南下，都被韩世忠杀得大败而溃。至此，在以后很长时间内，金军再也不敢从楚州、承州等地冒险进犯了。宋朝著名的哲学家陈亮曾说，韩世忠领兵入卫楚州，就好比一只勇猛而有经验的老熊坐在道路中间，挡住了金兵南下的通路，使淮东、江南得以平安无事，这才是守卫淮河的最切要的办法啊。楚州人民感念韩世忠在楚州的抗金业绩，为他建造了"旌武祠"。后来，韩世忠以楚州为基地、北伐中原的宏伟志愿虽因南宋朝廷屈膝投降而未能实现，但因为他使楚州的老百姓过了十几年安居乐业的生活，并使楚州成为淮东军事、政治、经济的重镇。南宋诗人杨万里后来到了楚州，作了一首赞美楚州城池雄伟的七言诗，可以说，此诗从一个侧面歌颂了韩世忠筑城抗金的历史功绩：

> 已近山阳日渐昏，湖光百里望千村。
> 人家四向皆临水，柳树双垂便是门。
> 全盛向来皆孔道，杂耕今是一雄藩。
> 金汤再葺真良策，此外尤须仔细论。

 ## 岳飞

岳飞，字鹏举，相州汤阴（今河南汤阴）人。

宣和四年（1122年），岳飞20岁。真定宣抚刘祫（gé）在河北招募敢战之士，岳飞应募参加了军队。他入伍后在军队里当一个小队的队长，跟随刘延庆征辽的军队出发，在芦沟河的溃败后。他跟随刘祫回到真定，不久因父丧就退伍回乡了。

宣和七年（1125年）十月，金兵分两路向北宋大举进攻，东路很快兵临宋都汴京城下，西路则紧紧围住重镇太原。这时，岳飞再次从军，并随所属部队平定军开赴太原抗金前线。

靖康元年（1126年）秋，金兵攻破汴京，次年春掳走北宋徽、钦二帝和文武百官数千人，标志着北宋的灭亡。这就是后来一直令岳飞耿耿于怀的"靖康之难"。

靖康二年（1127年）五月，赵构在南京（今河南商丘）称帝（史称宋高宗），改元"建炎"，建立了南宋政权。岳飞也随部队也到了南京。他把所有的希望全都寄托在新皇帝的身上，于是上签了一封《南京上皇帝书》，请求高宗摆脱投降派的包围，"亲帅六军"，北上抗金，收复失地。这奏章刺痛了当权的投降派，岳飞因为越级上奏被革职。

岳飞被革职后，又去投河北招讨使张所。有一次，张所问岳飞："你敌得过多少人？"岳飞回答说："勇敢是靠不住的，用兵首先在于定计谋。"接着举了《左传》上的两个例子。张所听后惊奇地说："你恐怕不是行伍中人。"岳飞借此机会向张所献计说："国家建都汴京，靠河北作屏障。如果各要地都练兵作好准备，一城被围，各城都去救应，那么金人就无法深入到河南（黄河以南），京师也就安全了。"张所听了大为高兴，给他一个借补武经郎的官职，

岳飞母子雕像

命从王彦渡河北上。至新乡，王彦见金兵势力很强，不敢进攻，岳飞单独率部与金兵鏖（áo）战，勇夺敌军旗。在侯兆川恶战中，岳飞以少胜多，打退大队金兵。他还率部转战太行，杀死敌帅黑风大王。他虽累立战功，但由于和主帅王彦不和，没过多久就投奔东京留守宗泽。

不久，金兵进犯汜水关（今河南汜水），岳飞奉宗泽之命率部迎敌。在竹芦渡与敌相持时，岳飞令三百士卒在半夜时，每人点起两束多头火把，烧得满山通明，虚张声势。金兵以为是大批宋援军赶到，慌忙撤退。岳飞趁机掩

杀，大败金兵。岳飞遂因战功升至统制官，后来又升为都统制。

宋高宗无意抗金，在称帝不久后就往南逃。金兵穷追不舍，直至江南。在宗泽去世以后，继任的杜充不愿坚守东京，岳飞无奈只能随杜充部队撤到建康。

建炎三年（1129年）秋，金兵进攻建康。杜充弃城逃跑，宋军大乱。岳飞在此危难之际，对部下慷慨陈言："我们应以忠义报国，不让敌人占据建康这座战略重镇，要逃跑者斩首！"部下被岳飞的爱国激情所感动，纷纷表示愿跟岳飞在敌后坚持抗战。

岳飞军在广德对敌军中的汉人分化瓦解，然后里应外合，连破敌营。在宜兴，肃清散兵游匪，保境安民。在常州，截击北返的金兵，取得四战四胜的好成绩。岳飞军在江南转战四个多月，收复了许多战略据点，岳飞的队伍越来越壮大，与韩世忠军一道，对建康形成了包围。

不久，韩世忠军在黄天荡给北伐的金兵以重创。岳飞军则在静安杀敌三千，夺得大批战争物资，并乘胜收复了建康。

岳飞治军严谨，他要求部下严守军纪，驻扎时不外出扰民，行军中不轻入民户。"冻死不拆屋，饿死不卤（掳）掠"是其铁的纪律。这就使岳家军在群众中具有良好的声誉，使部队的战斗力和久不衰的根本原因。

建炎四年（1130年）九月，金统治者立刘豫为伪"大齐"皇帝，替金看守河南、陕西等地。绍兴三年（1133年）冬，伪齐军占领了襄阳六郡，江北大震。岳飞清醒地看到襄阳六郡是出击中原的战略要地，便上书请求进兵襄阳。高宗同意了这一计划，派岳飞率大军前往执行。这是岳飞在抗金战场上首次独当一面。渡江北上时，岳飞发誓道："我不擒贼，就再也不渡此江！"表示了他必胜的决心。

岳飞大军先是消灭了号称"万人敌"的京超所率七千多伪齐军，收复了郢州。继而攻克随州，俘敌五千，生擒伪齐将王嵩。岳飞则亲率大军，直取襄阳。伪齐大将李成在城外四十里摆开十万大军迎战。岳飞观其阵势，讥笑道："步兵利于险阻，骑兵利于平旷。李成却把骑兵布于江岸，步兵摆在平地。"于是命王贵率长枪步卒对付敌骑兵，命牛皋率骑兵冲击敌步兵，利用地形之利，一举大败敌军，收复了襄阳。接着岳飞在

岳王庙的岳飞雕像

143

新野再破李成军三十万，敌军横尸二十余里。随后岳飞大军又乘胜收复了邓州、唐州和信阳郡等地。

岳飞在征战的同时，还十分注意恢复生产。他一方面令部下大搞屯田，另一方面招抚百姓，发给耕具种子，帮助他们重建家园。由此可见，岳飞并不是只会一味打仗的武夫，而是颇有经济头脑的战略家。在岳飞的经略下，襄阳六郡军事经济实力上升，不久便成为抗金的重要基地。

岳飞还想乘胜直捣中原，但高宗不许。高宗封岳飞为清远军节度使和武昌开国侯，令他驻守鄂州。当时，岳飞虽仅 32 岁，却位高权重，与韩世忠、张俊、刘光世等镇守一方的大将齐名了。但他并不因此志满意得，他在所填《满江红》一词中抒发了自己的胸怀，要"从头收拾旧山河"！

绍兴六年（1136 年）春，都督张浚派岳飞进驻襄阳，北伐为作准备。他对岳飞说："这是你一直以来的愿望。"年秋，岳家军进袭豫西，先后收复了卢氏、虢（guó）州、长水、伊阳、商州等地，降敌数万，夺敌粮十五万石。可惜的是，由于高宗对北伐态度冷淡，岳家军军粮不继，只好又退出了豫西。岳飞的第一次北伐尝试就这样半途而废了。

绍兴七年（1137 年）春，高宗召见岳飞。岳飞向高宗上了一封《乞出师札子》，详谈北伐方略，要求消灭刘豫伪齐政权。高宗表面上对此十分赞赏，内心却十分的不以为然。不久，被金统治者视为累赘的刘豫政权被金废黜了。岳飞再次上书，希望趁伪齐倒台之机，兴师北上。但这一要求也落了空。

绍兴十年（1140 年）五月，兀术率金兵倾巢而出，分四路向南宋大举进攻。宋高宗为了保住自己的地位，不得不派兵抵挡。岳飞奉命率部出荆襄，进入河南。岳家军在河南腹地的出现，使中原人民欢欣鼓舞，争相前来犒军。岳飞在执行"联结河朔"计划时联络北方忠义民兵，北方忠义民兵纷纷响应岳飞的号召，积极配合岳家军作战。

岳飞率北伐大军一路攻城略地，向敌巢汴京杀奔而去。仅用一个来月时间，岳家军连战连胜，先后收复蔡州、颖昌、陈州、郑州、洛阳等地，对汴京形成了三面包围之势。

敌帅兀术大惊，听说岳飞统帅部在郾城，便带上几员大将和一万五千精锐骑兵，奔袭而来。岳飞遂与之决战。兀术使出杀手锏，派出号称"铁浮图"的装甲骑兵，用两面包抄的"拐子马"战术向岳家军发起进攻。岳飞则技高一筹，命军士手持长柄钢刀，照着敌人马脚猛砍，砍得金兵马翻人仰，阵脚大乱，狼狈而逃。

兀术在郾城碰得头破血流，又冲向颖昌，也被岳飞之子岳云打得大败而逃。岳飞乘势进军至距汴京四十五里的朱仙镇。

在岳飞取得北伐胜利的同时，两河义军也在敌后展开了猛烈的袭击，他们"累战皆捷，中原大震"。其他义军均积极准备与宋军会师，旗帜都以"岳"字为号。中原人民都争向义军送粮草，等待欢迎岳飞军队的老百姓，充盈于道。在这一形势下，兀术不得不惊呼："撼山易，撼岳家军难！"准备弃汴京而走。宋军收复北方故土，指日可待。岳飞兴奋地说"直捣黄龙（金都），与诸君痛饮耳！"以此来策励自己和部下争取抗金斗争的最后胜利。

可是，南宋当权的投降派对此并不高兴，因为这有违其投降主义的立场，因此他们又出来破坏抗战了。宰相秦桧以高宗的名义，命岳飞等路大军退兵。岳飞极为气愤，上了一道《乞止班师诏奏略》，力主继续北伐，以免错过良机，可惜功败垂成。可是高宗、秦桧根本听不进这番忠告，向岳飞连发十二道金牌，令其速退。岳飞无奈，叹息道："十年之功，废于一旦！"引军南还。已收复的广大地区，又重陷敌手。

岳家军撤退时，当地百姓十分悲伤，百般挽留。岳飞于心不忍，将大批百姓带回南方，安置在襄汉六郡。

岳飞等军虽已退回，但高宗、秦桧对这些执掌重兵的抗金将领仍视为肉中之刺，不拔不快。于是，便仿效宋太祖"杯酒释兵权"的诡计，请岳飞、韩世忠等人赴宴。在宴会上，秦桧突然宣布高宗制书，任韩世忠为"枢密使"、岳飞为"枢密副使"到中央任职，明升暗降，由此夺走了他们的兵权。

秦桧为了满足金统治者的要求，还要置岳飞于死地而后快。他指使人诬告岳飞部将张宪与岳云谋反，将岳飞父子和张宪投入临安大理寺狱。韩世忠打抱不平，质问秦桧："岳飞有什么罪？"秦桧含糊其词地回答："这事情（指岳飞谋反事）'莫须有'（无须有）。"韩世忠愤慨反诘："'莫须有'三个字怎能令天下人信服！"

秦桧罗织了几条罪名，于绍兴十一年除夕（1142年1月28日）将岳飞害死于狱中。抗金的一代名将岳飞没能在战场上捐躯，却被隐藏在己方阵营中的敌人暗害了，时年仅39岁。

余玠

南宋理宗淳祐二年（1242年）腊月的一天，一队武士骑着战马，护卫着一位身披铠甲、雄姿威武的大将军急驰重庆。百姓见状，喜出望外，纷纷传说：四川来了救命恩人。他，就是南宋兵部侍郎、著名大将军余玠。余玠精通韬略，在出任四川安抚制置使，执掌四川军政大权过程中，设置招贤馆，广纳贤才，被传为佳话。

余玠到任不久，在帅府左侧住宅的门头挂上嵌有"招贤馆"三个金色大字的横匾，墙壁上贴有招贤榜文："四川自古出贤才。今日国家需要英雄豪杰，良才贤士献计献策。臣为卫国救民，渴望与各位豪杰贤能共商大计，近者可径往我府，远者可就近告诉郡府，我将视其才华，奏报朝廷，高官重赏。豪杰之士，报效朝廷，为国为民，施才展志，今其时矣。"（见《宋史·余玠传》）

余玠设馆招贤的消息，很快传遍巴蜀大地。思贤若渴的余玠，像盼望久别的亲人一样每天恭候着贵客来临。可是过了很长时间，却不见一名贤士登门。正在这时，一位儒生装扮的贤士来到招贤馆。余玠心喜，连忙拱手迎接，经询问知其为四川举人阳枋。这位当地有名的贤达，看到余玠开诚布公，礼贤下士，才从乡间赶赴重庆拜见余玠。见面后，阳枋针对时弊，直言不讳："巴蜀危难，时已日久，积弊太甚，必须实心求贤，共同治蜀，方能扭转危局，共济时难，过去几任安抚使皆言称用贤，实则嫉贤妒能。小人乞盼贵官言行一致，勿失人心。"这样的忠言相告，对余玠来说真是千金难买，当即表示："我余某竭诚求贤，实为治国安邦之策，决不叶公好龙，口是心非，弃贤不用。"阳枋为余玠求贤的一片诚心和发自肺腑的话语所感动，遂将自己思虑

余玠雕像

多年的治蜀之计奉献出来。余玠见阳枋不凡，随即委以官职，留府参政谋军。

阳枋得官的消息不翼而飞。许多贤士闻讯，纷纷来投招贤馆，就连千里之外的名流亦前往投奔。余玠对来者，不论其门第、相貌、服饰，一视同仁，热情接待。凡是良策佳计，给予重赏，是官者，加官晋级，非官者，委以官阶，暂时非用之策，也以厚礼酬谢。就这样，余玠以礼待贤、惜才如命的美事，很快传扬各地。

一天，余玠张榜招贤的消息，传到长期隐居深山的播州（今贵州遵义北）贤士冉琎、冉璞兄弟的耳朵里，冉氏兄弟畅晓文韬武略，盛名巴蜀，只因不满南宋朝廷的软弱

腐败，治蜀将臣屈膝求荣，言而不行，遂隐居山中。恰在这时，一位在重庆为官的堂弟公干顺道探望，冉氏兄弟第一句就询问余玠的为人。他们在得知余玠力主抗敌，严惩贪官，整军肃武，设馆招贤的真情后，决定出山辅助余玠治理巴蜀。

冉氏兄弟来到招贤馆，目睹馆内来者不绝，余玠礼贤下士，迎来送往，亲同手足，深受感动，决定入府献策。余玠素闻冉氏大名，立即出见，先安排休息，然后再恭听高论。

然而，冉氏兄弟住进深宅大院，却很久一言不语。余玠感到奇怪，便设宴款待，以探真情。酒席宴上，余玠在对招待不周、未能奉陪表示歉意后，接着说："四川是抵御蒙古精骑的第一道防线，也是大宋江山的屏障，地位非同一般。臣奉命守蜀，甘愿誓死效国。然而志大才疏，难驾时局，乞盼贤士早日赐教守蜀之计、御敌之策。"随着余玠的说明，冉氏兄弟越感责任重大，仍未开口。又过了多日，余玠在帅府里再次接见冉氏兄弟。二冉见到余玠，首先下跪磕头道："卑人有罪，让大帅久等了，请恕罪。"余玠急忙迎上，扶起二贤，说："我久闻贤士大名，深信言寡必重，久虑必精。"冉琎内疚地说："因事关大局，我兄弟二人不敢妄言。时至今日，斗胆相见，略表愚意，不敬之处，乞盼谅解。"稍停片刻，冉璞接着说："西蜀是大宋江山的西部门户，战略地位十分重要。依我兄弟之见，防守巴蜀关键在于迁徙合州城。"余玠大喜，激动地握着冉璞的手说："此正合我志也。"冉璞继续说道："合州上通嘉陵、涪、渠三江，下达长江，是抵御蒙古精骑的天然屏障，而合州之东的钓鱼山又是防守蜀口的要地，若徙城到此，再委任得力将领积粟固守，那将胜过雄兵十万，巴蜀是不难守矣。"余玠连声称赞："高论！实在是高论！我久闻先生是名贤，今日所谈高见实属御敌之要计，我不敢掠以归己，马上奏请朝廷，委以重任。"

此后不久的一天深夜，余玠突然接到皇上诏令："朕据臣之荐，特命贤士冉琎为承事郎、冉璞为承务郎，全权指挥迁徙合州城。"余玠接旨后，急遣传令兵通知驻府城重要文武官员火速至帅府，说有要事相商。

半夜时分，文武官员齐聚帅府，暗自猜测今日何事如此紧急？坐在帅位的余玠庄严宣布诏令后，众将哗然。有的说："区区儒生，岂知天下兵事！"有的竟然忘记这是皇上诏令，当众大发雷霆："巴蜀名臣宿将如林，朝廷弃之不用，偏用深山隐士，真是昏君庸臣当道，有志忠良难为！"甚至还有的当场摘下乌纱，掷于地上，要求辞官归乡。余玠面对这种目无圣上、诬骂朝臣、蔑视贤士的非礼言行，拍案而起，严正而又愤怒地说："诸位将军，我余玠受皇上重托，全权守蜀，苦思寻贤，终得二冉。现在朝廷下令，委二冉重任，迁徙合州，实为守蜀之大计。只有建成此城，巴蜀才能转危为安，我余玠才能实现治蜀十年，手挈全蜀，还予朝廷的宏愿。如若此城不成，四川危局不变，我余玠独自革职入狱，决不牵连诸将。"众将闻余玠口出怒言，都低头不敢妄议。余玠随即转换口气，说："当然，大敌当前，诸将为了抗敌，精诚效国，情辞有所偏激之处，情有可原，既往不咎。"这样一说，诸将深深地吸了一口气，紧张的气氛得到缓和。余玠接着又说：

"诸位将领，我愿各位竭尽忠心，全力效国，打败敌寇，再立奇功。"余玠话音刚落，文武官员齐声高呼"谢大帅恩德！""甘愿效国，誓死抗敌！"这时，冉琎、冉璞奉命领旨，走出帅府。

数年后，冉氏兄弟统率十万军民修筑了钓鱼（今合川县东）、青居（今南充市南）、大获（今苍溪县东南）等十余城。各城皆因山为垒，棋布星分，屯兵聚粮，形成坚固的山城防御体系。然后，冉氏兄弟调整兵力部署，加强大获、青居、钓鱼一线防守兵力，使整个防御体系成为抗击蒙古军的坚固防线。余玠依托这一坚固设防，指挥蜀军多次击败蒙古军的进攻，确保边关十余年无警，使衰败的南宋朝廷再次出现一线生机。

宝祐元年（1253年），宋廷听信谗言，召余玠回朝。余玠听说后很不安，虽然听从诏命来到了京城，但在这年七月，余玠仍逃不过被残害的厄运。

 知识链接

因名字而遭忌

余玠有一子一女，儿子叫余如孙，取名出自"生子当如孙仲谋"之意。但也正是因为这个名字的原因，让人认为余玠父子有当皇帝的野心。余如孙并未子承父业，而是一直当文官。余玠死后，被一干人等污蔑声名，加之名字上的忌讳，余如孙被革职削官，家产充军被迫改名为师忠。

他后来又被征为大理寺丞，不过终究没有逃出被残害的命运，宋末的奸相贾似道随便找了个理由就将这位忠良之后杀害。受到牵连同样冤枉的还有余玠的部下王惟忠。

第三节
辽夏金元的名将

◆ 元昊

元昊（1003—1048 年）是党项族人，本姓拓跋，因唐、宋王朝为其赐姓，故亦名李元昊、赵元昊，后改为曩霄。元昊小名嵬理，"嵬理"在党项语中是"爱惜富贵"的意思。

元昊的祖父李继迁、父亲李德明，都是党项贵族首领。他们分别受唐、宋的封赐，统治着今陕西白城子、横山、绥德、靖边和宁夏永宁等五州之地。这种完全靠武力保持藩镇割据地位的军阀贵族家世，对元昊产生很大影响。据史载，元昊少年时就喜爱军事，连穿着也好"衣长袖绯衣，冠黑冠，佩弓矢"，打扮成武士模样。元昊还喜爱学习兵法，常把《野战歌》等兵书带在身上，以备随时阅读。他还学习法律，通晓浮图（佛经）学和蕃（西藏）、汉文字。尤其对绘画有较深造诣，因此他还作为我国古代著名画家之一，载入了《中国美术家名人辞典》。

1031 年，其父李德明去世，元昊袭位。宋朝授他为定难军节度使和西平王。之后，元昊不断用兵扩张领土，其统治逐渐扩展到东到黄河、西至玉门、南达兰州、北抵大漠，幅员达 2 万余里的疆域。当他感到其力量足以同宋王朝相抗衡时，遂于 1038 年更名为曩霄，自立为帝，定国号大夏（史称西夏），成为我国古代西夏政权的开国皇帝。

元昊善于发挥骑兵特长，创造性地运用我国古兵法中以计取胜和灵活用兵等原则。这些，是他成功的主要原因。仅举他攻宋的

元昊之死泥塑

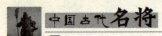

两个例子：一是延州之战。延州（今陕西延安）是宋朝西北边陲的军事重镇，也是通往西夏的交通要道。元昊在攻宋时，首先选取了这个目标。然而，宋军在延州北部地区筑有 36 个据点，其中金明寨是延州正面的主要屏障，宋朝在这里部署的兵力最强，其守将李士彬素有"铁壁相公"的称号。面对这种情况，元昊未采取正面直接进攻的战法，而采取声东击西、诈降、设伏等多种灵活战术。

1040 年二月，元昊声言将发兵攻延州，而实际却派兵一部攻打延州西北的保安郡（今陕西志丹）。保安告急，宋延州边帅范雍令石元孙和刘平两部，分由延州和庆州（甘肃庆阳）驰援保安。宋军被调动后，元昊又巧妙地变声东击西为"声东击东"，亲率主力 10 万乘虚南下，在诈降人员的配合下，里应外合，一举攻占了金明寨，生俘宋守将"铁壁相公"李士彬。紧接着，元昊再用声东击西的战术，仅派一部兵力攻打延州，而将主力埋伏于保安至延州间的三川口地区。胆小怕事的范雍得知延州受敌，又急令刘平、石元孙等从保安东援延州，当行至三川口时，陷入西夏预设的重兵包围圈。苦战数日，宋军伤亡惨重，主将刘平、石元孙被俘，宋军几乎全军覆没。之后，元昊围攻延州 7 日后才撤军北归。

1041 年三月，元昊率兵 10 万从天都寨（今宁夏海原）出发，再次南下攻宋。为麻痹宋军，他事先派人到延州诈向宋将请和。然后，将其主力沿着由北向南走向的瓦亭川（今葫芦河）直抵好水川（今宁夏隆德至西吉间），并在川口预设重兵埋伏；又分兵一部至怀远城（今宁夏西吉县偏城）一带诱敌深入。宋陕西经略安抚副使韩琦闻夏军攻来，一面急令镇戎军（今固原）守将出兵迎战，一面命大将任福率勇士 1.8 万人从侧后攻击。3 月 17 日，担当诱敌的夏军一部进至张义堡（今固原张易）南时，按元昊的原定方案，佯败诱敌，骄傲轻敌的任福等率部脱离辎重，轻装追击。当晚，任福率军宿营好水川、笼络川（今宁夏隆德西北）等地，约定次日汇合各路宋军全歼夏军。次日，任福率军沿川西进，当进至夏军伏击圈时，发现道旁有数个银泥盒，外蒙布幕。宋军打开察看，百余只带哨家鸽腾空飞起，这原来是元昊预定的合击信号。夏军见到信号，立即发起四面合击。经激战，任福阵亡，宋军战死 1 万多人。

元昊率夏兵与宋作战的同时，与辽国的"甥舅之亲"也发生了问题，嫁给元昊的辽国兴平公主突然病死，导致两国关系破裂。1044 年十月，辽兴宗亲率骑兵 10 万向西夏进攻。双方战于贺兰山北。辽兵大败，俘虏辽将萧胡睹等数十人。辽兴宗败回，与夏谈和。

元昊在分别与宋、辽议和后，形成了夏、宋、辽相互对峙的三足鼎立局面。

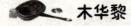 **木华黎**

在成吉思汗麾下，有一员出类拔萃的大将叫木华黎。从蒙古草原到中原战

场，木华黎都自率一军，独当一面，屡立战功，被成吉思汗誉为"四杰"之一。

1216 年，正当成吉思汗指挥攻金战争最激烈的时候，西方发生了杀死蒙古使者和商队的事件。成吉思汗气愤不过，决定亲自西征，而把指挥攻金的大权交给木华黎，并命他为太师、国王。可是，当时只给木华黎留下了 1.3 万兵马，主力都随成吉思汗西征去了。用这样少的部队，在长城内外、黄河流域广阔的战场上作战，别说是打败金军，恐怕连支撑局面也是不容易的。然而智勇双全的木华黎，没有被兵少势单的困难所吓倒，最后顺利地完成了攻金任务。其诀窍之一，就是招纳豪杰，重用降将。

对待降将，蒙古军有一个转变的过程。当初，蒙古兵见了敌军就杀，抓到俘虏不留生路，攻下城池就按惯例屠城。木华黎看到，杀人越多，反抗越烈，因此总想变一变蒙古军这一惯例。当时在河北省有一个叫张柔的人，是金国的抗蒙地主武装首领，有兵十多万人，依仗熟悉风土人情的有利条件，在长城内外与蒙古军周旋，也曾打一些小胜仗，被金国升为元帅，任中都（今北京）地区的最高指挥官。蒙古军对张柔非常愤恨。1218 年，木华黎率蒙古军与张柔的部队在紫荆关附近交战，正在双方激烈拚杀时，张柔的战马中箭跌倒，张柔从马上摔了下来。这时一个蒙古兵举起战刀对准张柔就要砍去，木华黎挥戈将战刀挡回，几个蒙古兵将张柔绑起来。木华黎审问张柔，张柔闭口不答。蒙古兵强迫其下跪，张柔挺直身子坚决不跪，并说："彼帅也，吾亦帅也。大丈夫死即死，终不偷生为人屈。"（《元朝名臣事略》）木华黎十分敬佩张柔这种宁死不屈的精神，便亲自为张柔解绑、让座。几天以后，又把张柔的父母妻子迎入军中，厚加款待。张柔佩服蒙古军的英勇善战，也看清了金国十分腐败、末日临近，于是便归降了蒙古军。从此，木华黎顿时增加了兵力数万人，很快便攻克城邑 30 多座，开辟新区千余里。

当时辽东有一支称"黑军"的抗蒙武装，首领石天应不仅懂兵法、善骑射，而且还会制造作战器具。木华黎觉得此人是个人才，便千方百计地加以招降，命石天应为兴中府的最高长官。石天应看到木华黎十分重用有才华的将领，便一心一意跟随木华黎征战，屡打胜仗，不久便被升为龙虎上将军、元帅右督军。后来，有一次木华黎在向陕西进军途中，被波涛汹涌的黄河挡住了去路。正在木华黎犯难之时，随行的石天应说自有办法。木华黎问有什么妙法？石天应说："造舟楫，建浮桥，以济师。"在场的众将讥笑说："水涨波恶，济师纯系笑谈。"木华黎鼓励说："尽管干，成功了功劳归你，不成功再想他法。"石天应因有木华黎的支持，便厉声道："有沮吾事者，断其舌！"（《元史·石天应传》）石天应说干就干，不出一旬，一条横跨黄河的水上浮

151

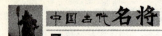

桥架成了，蒙古军顺利地渡过黄河，直趋西安。诸将佩服石天应的才华，更佩服木华黎的用人之道。

据当时某个史学家统计，木华黎先后招纳降将65人，除了极少数反复无常者外，有49人受到重赏重用。其中，有升元帅的，有升万户的，有升兵马都统总管的，有授金紫光禄大夫的，有授金虎符的，有授其他各种荣誉称号的。木华黎厚待降将，促使许多降将不惜以鲜血和生命效忠木华黎。其中最典型的是李守贤兄弟几个。他们在归附木华黎后，人人都受到了重赏、重用，因而个个都甘愿效忠于蒙古军。李守贤官至兵马都总管，积劳成疾，病死军中。兄李伯通官至龙虎上将军，英勇战死。兄李伯温，官至元帅府事，守平阳，城陷，先杀妻子投井中，后以刃植柱自刺心而死。弟李守正官至都元帅，作战负伤，裹疮战死。弟李守忠官至都元帅，被金军俘送开封后，拒绝金廷以高爵诱降，大骂金朝昏庸腐败，被金人置于铁笼中火烹而死。

木华黎厚待降将，直接壮大了蒙古军的实力，在敌方营垒中引起了连锁反应。金军将领武贵，最初听到蒙古军南下的消息，唯恐被杀，便弃城而逃，后来听说木华黎给蒙古军下达了"敢有剽房者，以军法从事"的命令，而且对降将备加重用，便主动跑回来投附，木华黎升其官职。山东济南有个叫严实的首领，管辖8州30万户，听说木华黎的政策大得人心，便主动带领所部归附，使木华黎不战而得8州30万户。木华黎拜严实为金紫光禄大夫、行尚书省事；授其部将刘通为上将军、左副都元帅；严实的女婿张晋亨及其兄张显，都授节度使；严实的外甥刘显时称"神童"，9岁任千户，归附木华黎后，升行军万户。史书记载，归附木华黎的主将或属将，凡是忠勇和有才干者，在官职和荣誉上都各得其所。因而在金国大地上，形成了一股望风归附的潮流，从而为以后蒙古灭金提供了良好的条件。

董文炳

元世祖至元十一年（1274年）盛夏的一天，淮河中游正阳（今安徽霍丘东北）城下，正在进行着一场激烈的大战。南宋淮西制置使夏贵指挥10万水师，乘涨水之时向正阳城发起猛烈进攻。与此同时，城上元军的奋力抵御，炮石似雨，飞箭如蝗，烟火弥漫，杀声震天。有一魁梧战将，时而挽弓射箭，时而挥剑喊杀，毫不畏惧地指挥守军一次次地击退宋军的进攻。他，就是元淮西参知政事、据守正阳的主帅董文炳。

董文炳在长期领军作战中，屡立战功。他的特点是上阵身先士卒，以自己的模范行动激励将士奋战。此次作战，他已数天没下城头，始终与将士们在一起抗击宋军。

宋军屡攻不克，死伤惨重，有的将领建议暂时撤军休整再作计议。宋将夏贵本也无心再战，但想到朝廷之命难违，于是硬着头皮组织全力攻城。宋兵似洪水般向城池涌去，炮石如暴雨自战船上直落城头，激起滚滚浓烟。

在此危急的形势下，董文炳更是不离城头一步。他见一批批将士倒下，心急如焚，一边令大家誓死抗击，一边挽弓放箭，射杀爬上云梯的宋兵。突然，一支利箭穿透董文炳的左肩，鲜血染红了战袍。正在附近指挥作战的部将胡挺见主帅负伤，赶紧过去挽扶。董文炳咬紧双牙，忍痛令其拔出利箭，并顺手撕下一片衣襟按住伤口。胡挺劝主帅下去裹伤，董文炳好似没有听见。此时，宋军纷纷爬上云梯，有几处已突破城垛，上了城头。董文炳猛推胡挺，大声喊道："大家正在浴血奋战，我怎忍心离开帅位！"说完，他倾全身之力拉弓再射，连续发箭40余支，当他发现箭筒已空，又令取来10多支箭继续发射，使冲上来的宋军纷纷倒毙。后来，董文炳终因精疲力竭，昏厥过去。将士们见主帅如此勇悍，都拚死效力，又一次地击退了宋军的进攻。

第二天，数万宋军水兵又乘涨水之时发起进攻。因董文炳的伤势太重，其子董士选代父督战。宋军越攻越猛，元军寡不敌众，损失惨重。正在帅府治伤的董文炳，朦胧中听见部将议论"宋军攻势猛烈"之事，突然惊醒，令左右帮助穿甲取剑。前来探望的行省丞相合丹，上前按住董文炳说："彦明兄，你伤势甚重，怎好忍痛出战？我再命一将辅助董士选指挥就是。"董文炳咬了咬牙，答道："选儿能力有限，况此战关系重大，我怎能安坐得住！"说罢，在几个部将护卫下登城指挥。元军将士见主帅带伤出战，斗志倍增，奋力抗击，又击退了宋军多次强攻，杀死宋兵无数，还俘获宋将一名。自此，宋军被迫撤退，再也不敢进攻正阳城了。

由于各地元军对宋军的有力牵制，元丞相伯颜所率的主力军沿长江而下，所向披靡。1275年，董文炳率所部官兵与伯颜会师于安庆。随后，又进取建康（今南京市）、镇江、广德等地。同年七月，宋将张世杰、刘师勇、孙虎臣等率水军战船近万艘，列阵焦山（今属镇江）江面，每10船连成一舫，欲与元军决一死战。在激战前夕，董文炳深知此战敌众己寡，对元军来说是凶多吉少，于是召集儿子董士元、董士选训教，嘱咐他们要奋力杀敌，绝不能临阵胆怯。并交待说："假若我和士选战死，士元不必悲伤，应更奋勇，接替为父、你弟指挥部队继续杀敌。"（见《元史·董文炳传》）这时，他的侄儿董士表也来请战。董文炳有些犹豫，劝慰说："我弟弟仅有你这一个儿子，怎能

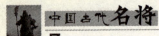

忍心让你出战呢！现有我们父子三人前往，你就不必去了。"后来见董士表再三请求，态度坚决，董文炳只好同意其前往。

焦山之战打得非常激烈。董文炳及其子、侄各率战船领先冲入敌阵，将士们也驾船紧跟，直插宋军舟营，火箭、炮石一窝蜂似地向宋船投去。江面上硝烟弥漫，火焰蔽江，炮声、弩箭声、厮杀声震天动地，从早晨一直打到中午。董文炳再次负伤多处，仍然裹伤再战。当发现宋军主帅张世杰突围东逃时，他又率一支水兵紧紧追杀数十里。此战结果，元军俘杀宋军万余人，获战船700艘，取得水上作战的全胜。

董文炳以自己奋勇当先的实际行动，赢得了众将士的诚心效力，所部参战数十次，从未打过败仗，因而深得元世祖忽必烈的器重。在他临终之时，还不忘军家之任，特地嘱咐其弟董文忠说："愿董氏世有男儿能骑马者，勉力报国，则我死而瞑目矣。"（见《元史·董文炳传》）

 知识链接

抢子妇为妻

元昊是个出色的政治家、军事家，他有他治事的方略。也有他的铁腕和残暴的一面。人无完人，在那个皇帝可以任意而为的年代。他想娶多少个妻妾就有多少个。而元昊这次要的人可不是别人，而是本来要给他做儿媳妇的没藏氏，称为"新皇后"，极尽宠爱。后来她为他生了个儿子，也就是后来的夏毅宗李谅祚。元昊于是更加宠爱这个妃子，并将其兄封为国相。这没藏氏兄妹依仗自己得宠，便想废了太子宁令哥，立自己的儿子。

宁令哥更是因为父亲抢了自己的妻子而气愤难当，正好为没藏氏利用，因为杀了皇上的太子也就不可能再做太子。再加上被废去的皇后野利氏。一个是宁令哥羞愤在心，一个是野利氏悲愤填膺，母子俩一心伺机雪恨。1048年正月的一天，元昊外出游猎。宁令哥以护卫侍候为名，身佩长剑，他看准了一个时机，突然拔出长剑朝元昊的脑后劈去。元昊躲避不及，被削掉了鼻子。他捂鼻呼救，随从闻声赶来，宁令哥只得逃遁。元昊挣扎着骑马回宫，又惊又气，当天晚上就不治身亡。那一年，他42岁。

第六章

明清时期的名将

　　明清是我国封建社会的末期,在对外战争方面也显露出衰退的一面,尤以清末最为显著。但这是因为国家政治、经济的全面落后所造成的,并非无人、无名将可用。

　　常遇春可以十万兵横行天下,戚继光威震倭寇,郑成功从外国侵略者手中收复台湾,冯子材于镇南关大败法军……可见,明清虽为封建末期,但不是名将末日。

第一节
明朝的名将

 **常遇春**

常遇春（1330—1369 年），明初名将，字伯仁，怀远人，以通武著称于世。1355 年，他参加元末农民起义军，投朱元璋麾下。长期的战争锻炼，使常遇春成为一员著名的骁将。朱元璋平定江南，北上灭元时他作统兵副将军立下了赫赫战功。他与当时的主将徐达同称才勇，是朱元璋军事上的左右两臂。他自称"以十万众横行天下"，故军中称其为"常十万"。

常遇春雕塑

1355 年，朱元璋率军渡长江向太平开进。军至牛渚矶，遇敌受阻。该地突出江中，背山面水，是渡江南进的要地。元兵屯矶上，列阵以待，朱军船只距岸三丈余，即搁浅不能行。常遇春见此情景，立即执长戈，操轻舟，急驶矶前，然后挥戈杀向元兵。矶上守兵见常遇春单枪闯阵，故手抓其戈，企图搏斗，常遇春却趁元兵接戈一瞬间，顺势跳上石矶，大呼拼杀。朱元璋督军趁机掩杀，一举攻破敌阵。随后拔取牛渚矶背后的采石，夺占太平。占领太平后，将江中元兵水师，拦腰冲为两段，尽夺其舟，表现了无坚不摧的气概。常遇春孤胆闯阵的行为，博得了朱元璋的赞扬和诸将的称赞。随后朱元璋封其为总管都督，不久又为统军大元帅。常遇春升为将帅后，丝毫不减当年，挡敌锋，破坚城，常常身于将士之先。战斗中，他数次裹创拼搏，有着许多以勇取胜的事例。1363年七月，常遇春随军入鄱阳湖，与陈友谅在湖中康郎山遭遇。陈军舰船高大，且乘上流，占有优势。当时，两军狭路相逢，重要的是看将帅的胆力，勇则进，怯则乱。常遇春针对陈军舟大、行动不便的弱点，驶轻舟率先闯入敌阵。在他的带动下，诸将皆奋勇冲杀，纵火焚烧敌船，接连大败陈军。一天，战至湖口，诸将见陈军尚强，而自身因连日战斗十分疲劳，想放舟东下，纵敌离去。在这关系到能否全歼敌军的关键时刻，常遇春毅然遵照朱元璋的命令溯江而上，切断了陈军的归路。诸将感奋，随其急扼上游，协同奋击，终于获得了击毙陈友谅、俘敌五万余人的大胜利。至此以后，朱元璋对常遇春是很宠信，他传谕诸将指出："当百万众，勇敢先登，摧锋陷阵，所向披靡者，莫如副将军遇春。"

　　常遇春虽然刚勇，但能注意接受批评，遵守统一号令。起初，他在作战中有三个缺点：一是常常轻敌；二是好与部下争执；三是虐杀俘虏。朱元璋曾当众对他进行指责。面对朱元璋的当众指责，他不计较，不固执，而是拜谢遵从，认真改正。1364年，常遇春率兵进围赣州时，朱元璋又特别告诫他"克城勿多杀"。于是，他切记严格约束部队，在围城过程中，浚壕立栅，屯兵六月，使得守军尽降，没有滥杀。同时，他注意克服与人争执的缺点，注意学习手下将士的长处。1366年攻打湖州时，他的部将薛显用兵机动灵活，大败敌人的援军，迫使旧馆守敌举城投降。常遇春本来是全军副将，又是这次阻击战的总指挥，但事后论功，他一再表示：此次胜利，皆薛显之力，"我不如他"。常遇春这种谦躬的精神，在将士中博得一片赞誉。

　　常遇春勇而有谋，在他的指挥下，有许多伏击、奇袭等用兵灵巧的战例。1359年九月，在围攻衢州之战中，他针对城坚固，地形复杂的特点，"树栅围其大门，造吕公车、仙人桥、长木梯、懒龙爪，拥至城下……又于大西门城下，穴地道攻之"，表现了布置周密、机动灵活的指挥艺术。在初攻不利的形势下，他一面督军正面攻击，吸引守敌主力；一面出奇兵，出敌不意，突入南门瓮城，摧毁对攻城部队威胁最大的架炮，迫使敌人迅速投降。1368年，常遇春和徐达在攻克元大都以后，趁元朝太原守将王保保北出雁门之机，直捣太原。当他们千里奔袭，兵抵太原附近时，王保保率军回救，两军不期而遇。常遇春看出，自己的部队由于远道而来，"骑虽集，但步卒未至"。于是他向徐达献策说："假如我们骤与敌战，必多损失，若采用夜劫敌营的办法，可一举得之"。徐达听后，连声叫妙。恰巧，这时王保保的部将豁鼻马来营投降。常遇春和徐达抓住这一机会，制定了一个里应外合的劫营方案。当晚，他们派豁鼻马率众回王保保营作内应，常遇春则简选一支精骑，衔枚往袭敌营。常遇春闯入敌营时，王保保正在灯下看军书，丝毫未曾察觉，明军一至，王保保慌乱不知所措，光着一只脚，乘孱马，仅带亲随18骑，落荒逃往大同。明军拔除敌营，歼敌主力后，又一举攻克太原，得甲士4万。

1369年，常遇春与李文忠出塞消灭元朝残余，沿途连拔数城，攻克开平。凯旋时，因急病逝于军中。朱元璋闻讯大恸，亲自为其发丧，并追封其为开平王，谥号"忠武"。

俞大猷

明代嘉靖年间的杰出军事家，民族英雄俞大猷（1503—1579年），从军50年，一直站在抗倭斗争的第一线，担任过参将、副总兵、总兵，转战今苏、浙、闽、粤诸省。当时，哪里抗倭斗争需要俞大猷，他就出现在哪里，就能在哪里打胜仗，就能在哪里打开抗倭斗争的新局面，直至将东南沿海倭患基本平定为止，俞大猷为保卫我国东南海疆的安全贡献出毕生精力，立下了丰功伟绩，令敌胆寒，令人敬佩。俞大猷率领的军队之所以战斗力强，与他的治军有方有着密切的关系。

俞大猷在治军中，十分重视选将育才。他认为："人才在天地间，苟爱惜之、培养之，则虽中人之才，可以立上智之功；或求备而凌责之，虽上智之士，亦将俯首帖耳，手足无所措，而终不能以自见矣！"（《正气堂集》卷四）就是说，对人才，要重视培养；如果重视培养的话，虽中等的人才，也可以立上等智力人才所能立的功劳；如果是求全责备，就是有上等智力的人才，也不会有大的作为。俞大猷这样讲，也是这样做的。明世宗嘉靖二十一年（1542年），俞大猷担任汀漳（今福建长汀、漳州）守备，官职并不大，部属不过数百人，他却专设"立马读书轩"，类似现在办的军事学校一样，既读兵书，又习武艺，来

俞大猷雕像

培养建军骨干。由于俞大猷对部属结之以诚，教之以义，身体力行，因而他的许多部将，例如卢镗等智勇双全，在抗倭作战中屡立战功，后升为浙江总兵。

俞大猷对部属既认真培养，又关怀备至。当部属发生过错时，他既能严肃批评教育，帮助分析原因，又能对上主动承担领导责任。1565 年，时任广东总兵的俞大猷，率军在广东沿海扫荡倭寇，屡获胜利。但有一次，部将汤克宽追击贼首吴平不力，致使吴平乘渔船逃脱。上面为此追究汤克宽的责任，俞大猷勇于承担，还上书说明"克宽忠勇惯战，请保住，不效甘同罪"。（《明书》卷一四一）在汤克宽罢职后，他以自己的财物来接济汤克宽的妻室，还为此被夺职。汤克宽经过俞大猷的保护，不仅免于一死，而且后来成为名将，当上了广东总兵。正由于俞大猷关心部属，因而他的部属对他也非常尊重和信赖，作战时均争劲死力。

有一次，兵部官员问俞大猷如何训练精兵，他回答说："教兵之法，练胆为先；练胆之法，习艺为先。艺精则胆壮，胆壮则兵强。"（《正气堂集》卷十一）俞大猷不仅这样讲，更重要的是身体力行。当时，使用的刀、枪、剑、棍等长短器械，他样样都行；行军布阵，他料敌如神；特别是剑术，他更是精通。据说当他剑法学成时，他的老师李良钦想试试他的本领，特地同他斗剑，比试完了，李良钦非常高兴，称赞他是"异日剑术天下无敌者"。

俞大猷率领的部队，大部分是招募来的农民、渔民和矿夫，能吃苦耐劳。他把他们编组起来，从实战需要出发，严格训练。当时战士们习武的爱好和所长不同，有的惯用藤牌、标枪，有的惯用长牌、砍刀，有的惯用长枪，还有的惯用短枪。俞大猷就因人而异，"编立队伍，督习技艺，铦牌铳箭，务使专精，起伏进止，务使谙熟"；然后，他把熟悉各种器械的人按作战需要编组起来，再加上"明号令、严赏罚、懂阵式"，因而经他训练的军队，英勇善战，战斗力强，令倭寇闻风丧胆。

俞大猷把严明军队纪律，作为严格训练军队的一个重要方面。1535 年，他开始担任金门（今属福建）守备时，发现这支队伍纪律很差，风气很坏，打架斗殴无所不有，同群众的关系也很差。于是，他就加强教育，严格整顿，不长时间，就使这支队伍的面貌为之一新，同时也有效地改善了同当地群众的关系。因而，俞大猷在金门民众中的威望也越来越高。后来，当他离开金门时，许多群众痛哭流涕，还为他建立了生祠。

从 14 世纪起，日本倭寇经常窜入我国沿海地区进行抢掠。到了嘉靖年间，倭寇趁明朝政治腐败，军备废弛，侵扰更加频繁，给我国沿海地区人民带来极大的痛苦和灾难。1552年，时任宁台（今浙江宁波、台州）诸郡参将的俞大猷，针对倭寇从海上来的特点，提出御倭用兵之策，说："贼由海来，独当以海舟破之。若专备于陆，贼舍此击彼，我不胜其备，贼不胜其击，彼逸我劳，非计也。"（《明书》卷一四一）他改变当时设防陆地、只堪株守的消极做法，指挥从福建调集的舟师，在海上打击敌人。有一次，在温州附近的海战中，遇到台风，战船颠簸得厉害，有些士兵惊慌，而俞大猷却非常镇定，拔刀砍断船桅，使船稳定下来。在他沉着坚定的指挥下，士气大振，一举攻破倭寇据点临山卫和昌国卫，杀虏倭寇千余人，烧毁倭船50余只。1553年，倭寇大举入侵浙江普陀山，俞大猷率领舟师乘夜前往袭击，先火攻，后肉搏，反复冲杀，俘斩倭寇数百人。由于俞大猷接连打胜仗，歼灭登陆的倭寇，进而收复倭寇盘踞的据点，使浙东沿海慢慢恢复了以前的安宁。

俞大猷还根据江南水网地区的特点，调用河船来打击向内陆窜犯的倭寇。1555年四月底，柘林（今上海奉贤附近）倭寇4000余人突犯嘉兴，时任南直副总兵的俞大猷和参将卢镗、汤克宽等率领水陆军联合抗击，互为掎角。五月初一那天，当倭寇进至王江泾（今嘉兴市北）时，俞大猷和卢镗前后夹击，汤克宽率水师从中间出击，斩杀倭寇1900余名，烧死、溺死者很多，取得了当时抗倭战争中空前的大胜利。接着，俞大猷又在陆泾坝、陶宅等地接连打了胜仗，使淞沪地区的秩序日渐安宁。

训练和率领水师同倭寇作战，是俞大猷抗倭中的得意之作。他专门写了一首题为《舟师》的诗，讲道：

倚剑东冥势独雄，扶桑今在指挥中。

岛头云雾须臾尽，天外旌旗上下冲。

队火光摇河汉影，歌声气压虬龙宫。

夕阳景里归篷近，背水阵奇战士功。

（转引自《古代军事诗歌选注》）

这首诗的字里行间，充分反映出这位抗倭名将统帅水师训练和作战的情景，表现出水师的强大气势，充满了战胜敌人的必胜信心。

万历八年（1580年），俞大猷卒于家中，年78岁，直至死前还在领兵训练。为表彰俞大猷一生的功绩，明朝赠他为左都督，谥武襄。俞大猷的墓在晋江县磁灶镇苏坡村，明刑部尚书潘湖人黄光升为他写了墓志铭。广东的崖州、饶平，福建的武平、金门，浙江的宁波等地都建有俞大猷的祠堂。

戚继光

翻开军界名人史册，便可发现许多名将既是血战疆场的虎将，又是才华横溢、文武兼备的著名军事理论家。明代的抗倭名将戚继光就是其中的一位。

戚继光一生戎马，南抗倭寇，北守边陲，战功显赫，青史垂名。然更为后世所尊崇的，还是他利用作战间隙精心撰写兵书，为丰富我国军事理论宝库所作出的贡献。

戚继光所处的时代，正是明王朝日趋衰败的时期。当时，国防空虚，军备废弛，倭寇猖獗，特别是闽浙沿海倭患更为严重。时任山东登州卫指挥佥事的戚继光，立志在抗倭战场建功立业。他激昂地表示："封侯非我意，但愿海波平。"（《止止堂集》）。不久，明廷将戚继光调任浙江参将，指挥宁波、绍兴、台州三府的抗倭作战。但遗憾的是戚继光赴任初期，指挥作战屡遭挫折，受到戴罪立功的惩罚。戚继光分析抗倭作战失利的原因后，发现沿海官军纪律涣散，拘泥前人成法，是抗倭战役失利的重要原因。于是，他亲赴金华、义乌等地招募矿夫和农民，组练抗倭新军。他以"岳家军"为榜样，进行严格训练，成为一支精兵。戚继光率部驰骋东南沿海倭抗疆场，转战福建、广东沿海，协同他路明军消除倭患，屡立战功，被誉为"戚家军"。与此同时，戚继光决定结合自己指挥抗倭作战的实践，写一部源于古兵法，又不拘泥于古兵法，完全适合抗倭作战需要的新兵书。

明世宗嘉靖三十九年（1560年），戚继光开始撰写《纪效新书》。为了尽快写出书稿，他不顾恶劣的战争环境和简陋的写作条件，经常利用作战、训练间隙，席地而作，有时挑灯夜战，彻夜不眠。不久，书稿写成。开始，写了14卷，后又补充4卷。全书除卷首外，分为束伍、号令、军法、禁令、禁约、赏罚、行营、操练、出程、长铫、牌筅、剑经、射法、拳经、器图、旗鼓、守哨和水兵等18卷，各卷又分若干条。其主要思想"选精兵"。戚继光认为，招募士兵必须挑选那些喜爱武艺、热爱百姓、仇恨倭寇，甘愿为杀贼卫民立功者，

戚继光雕像

切不可招那些专为找出路、混饭吃的游猾人；要招体质黑大粗壮、手面皮肉坚实有力者，不可征那些脸庞洁白的奸巧人；要招反映敏捷伶俐者，切不可挑那种胆气不足的怕死鬼。

"明号令"。军队必须具有铁一般的纪律。动、止、进、退，必须听从号令。行营出战，看旗鼓号令。若闻擂鼓，即便是前面有水有火，也要前进；若闻鸣金，就是前面有金山银山，也要依令退回。凡违令者，皆以军法处置。

"行赏罚"。戚继光认为，"赏罚军中要柄"。若该赏处，就是平时要害我的冤家，也要赏；若犯军令，就是我的亲子侄，也要依法施行，决不受个人恩仇所干扰。

"严操练"。练兵要讲究实用，务必学会杀敌本领，不许搞花样，图虚名。训练士卒要从难从严。先从练"兵力"（即人之血气）、"手力"、"足力"、"身力"（即负重能力）等基本功开始，然后再进行"鸳鸯阵"战法训练。

戚继光为尽快用新的军事思想武装抗倭将士，遂将《纪效新书》刻印分发，组织将士认真学习，熟记脑中，照着教练。此后，戚家军如虎添翼，屡摧大敌。

明穆宗隆庆二年（1568 年），刚刚结束东南沿海抗倭战争的戚继光，又被朝廷任命为总理蓟州、昌平、保定三镇练兵事。戚继光离开了惊涛骇浪、楼船帆影的大海和朝夕相处的抗倭将士，来到沙荒严寒的北国边塞。战场转换，作战对象改变，这为戚继光尽快训练一支抵御蒙古铁骑的新军，提出了新的课题。戚继光根据自己多年的作战实践和长期训练边塞士卒的经验，于1571 年写成另一部兵书《练兵实纪》。

此书分正集、杂集两部分。正集分练伍法、练胆气、练耳目、练手足、练营阵（4 卷）和练将等 9 卷；杂集分储将通论（2 卷）、将官到任、登坛口授、军器制解和车步骑解等 6 卷。

戚继光纪念馆

由于此时的戚继光已成为统率十几万精兵、独当一面的高级将领。因此，在作战经验、治军理论，尤其是育将理论方面有了更深刻的感受，提出了许多真知灼见，使该书具有更深刻的理论性。其主要思想为：

一是阐述了训练将士的具体方法。戚继光认为：军队在"严节制"、"明恩成"、"正名分"之后，就要着重抓养成训练。对此，戚继光提出了一套完整的理论和方法。首先是练伍法，训练士兵具有熟练、整齐的队列动作；其次是练技艺（包括练胆气、练耳目，练手足），尔后再练单一兵种营阵；最后再进行马、步、车兵营阵合练。

二是提出了培养将官的理论和方法。戚继光针对当时武人地位日益低下，致使将德、将才逐渐下降的情况，提出了有关培养、使用将官的许多真知灼见。他认为：选拔将官的标准必须是德、才、识、艺四者兼备。德，即具有卫国卫民的品质。如果用将不问将德，只看将才，就会出现只有将才而无将心的骄将逆臣；才，即具有熟知兵法、精通韬略、驾驭战争的能力；识，即具有明辨是非和识别利害的能力；艺，即具有高超的武艺和英勇杀敌的本领。戚继光认为，德、才、识、艺四者，应以将德为首要。

有了标准，怎样培养？戚继光认为：

精选是前提。只有将那些经过战阵考验、确具德才识艺者选拔出来，才有可能培养出合格的将才。

培养是关键。途径就是学习和实践。他要求手下将官熟读《孝经》、《忠经》、《论语》、《孟子》、《武经》、《百将传》、《春秋》、《左传》和《孙子兵法》等书籍，达到政治上光明正大，以实心办实事，思思念念在于敬友、爱军、恶敌，不以生死易信念；气质上能宽度量，刚毅果敢，能驾驭数千万血气之夫；品德上能虚怀若谷，有功能忘，有劳不伐，与人为善，收服人心；威严服众人，言而信，令而行，不怒而威，部众诚服；武艺精湛，凡种种武艺皆需学会，尤专学一两种，务使精绝；行动成楷模，至诚待下，同甘共苦，身先士卒，感召众人。

使用是根本。在熟读经史、精通韬略、掌握技艺之后，就要将所训将官调赴边疆，指挥实战，使其知山川形势，识士卒军情，懂兵法运用，熟旌旗金鼓，这样，才能练就出一大批智勇双全的将才。统将者必须对所育将领了如指掌，看哪些人堪任大将，哪些人只能当偏裨，哪些人只能任小将，能做到胸中有数。只有那德才识艺兼资者，才足以出任大将，统率千军万马；那些优于技艺、励于鼓舞，而短于文学的人，只能当偏裨；勇力有余而才智不足者，只能当小将；至于那些只有一技之长的为愚、为贪、为诈者，只能有事偶一使之，切不可轻易封官晋爵。

三是阐述军队编制必须适应作战需要。北方守边与南方抗倭，作战对象和地形条件都不一样，部队的组织编制也应不同。戚继光认为：北边，光靠守塞步卒是难以阻击蒙古精骑的冲击，必须组建骑兵营、车战营和辎重营。对于各营的组织编制、士兵选择、操练原则和方法等，《练兵实纪》都作了详细阐述。

戚继光运用《练兵实纪》的理论，指导部队训练，使所属部队军容严整，节制精明，器械犀利，边防巩固，成为明朝北方九边之冠，使蒙古骑兵不敢入塞。

戚继光从东南抗倭到北镇蓟州，上司胡宗宪、谭纶、刘应节、梁梦龙，以及执政大臣徐阶、高拱、张居正等人，对他的工作都比较支持。尤其是张居正，常把那些与戚继光作对的官员调开，有的甚至免除职务，使得戚继光能久镇北边，发挥所长。

万历十年（1582 年），张居正病死，反对派群起攻击，戚继光也受到牵连。十一年，戚继光被调往广东。十三年，戚继光被朝廷罢免官职，回到家乡登州。十五年十二月初八日（1588 年 1 月 5 日），戚继光突然发病，与世长辞。

秦良玉

在四川省石柱土家族自治县档案馆里，保存着一套清朝人编写的地方志，名叫《补辑石柱厅志》，里边辑录了歌颂明末著名女将秦良玉（1574—1648 年）的上百首赞美诗词。其中一首赞道：秦夫人，真将军，将军能武复能文。白杆纵横万人敌，奇功书作垂天云。诗中所说的"秦夫人"，就是秦良玉。而

秦良玉雕塑

诗中所说的"白杆兵"，指的就是秦良玉创建的一支英勇善战的部队。

秦良玉生于一个岁贡的家庭，父亲精于刀剑，善于诗文。幼年时的良玉就跟随父亲，每天诵读诗文兵书，清晨早起舞剑挥棒。秦良玉到 22 岁时，嫁给了一个名叫马千乘的英武青年。他是石柱少数民族的一个头领，当时担任土司宣抚使，是明王朝封

的二等武职，手下有兵3500人。良玉结婚后，在家中穿便服，是马千乘的贤妻；在军中穿男服，是马千乘的副将。马千乘虽说武艺不凡，但勇武有余而谋略不足，自从有秦良玉做副将之后，越来越聪明，并在良玉的协助下接连打了几个胜仗。几年后，马千乘遭人陷害，在狱中身之。秦良玉袭夫职统率马千乘所属兵马，成了中国历史上少有的一员女宣抚使，同时她又是名副其实的女将军。秦良玉在担任主将后，深感这支队伍虽然剽悍勇敢，但缺乏严格训练，纪律松弛，技艺低劣。为此，她决定对这支队伍进行严格整训。一天，她把队伍带至一座山脚下，指着一面百十尺高的悬崖峭壁，对众官说："假若敌人就占据着山顶，我们要从这里攀登上去偷袭敌人，大家说能不能办到？"官兵个个面带愁容，有人干脆说办不到。良玉面对队伍中的种种议论，说：

"你们看我的！"说着，她独自一人戎装束戈，随身带了一根涂了白色、两端带钩刀的竹杆，名叫白杆钩刀，从山脚沿着峭壁向上攀登。只见她一会儿象壁虎，身贴石壁登高；一会儿又像猿猴攀枝，用白杆钩刀插入石缝之中往上攀。不多时，便登上了峭壁的顶端。俗话说，上山容易下山难，何况是悬崖峭壁呢！她借助于白杆钩刀和臂力、腿力，如同猴子下树那样灵巧，不多时，便安全平稳地从峭壁上落在地面。众官兵皆仰头兴叹，不禁佩服女统帅如此高超的技艺和不凡的胆魄。

从那以后，秦良玉给每个官兵都配发了一根白杆钩刀，限令大家一个月为期，抓紧练习，到时限要逐个检验，凡登上山顶者赏，否则罚。时限到了以后，秦良玉穿上帅服，亲临现场检阅。绝大多数人都先后攀上了山顶，但有十几个人未能及格。

在未合格的官兵中有个军官叫土登，平时吊儿郎当，凭着与秦良玉沾亲带故，训练时马马虎虎，所以，他不仅是自己不及格，而且所带的小队成绩最差。秦良玉当场下令把这个不执行命令的军官斩首示众。其他十几个不及格者，分别给予了处罚。对成绩优异者，分等给予奖赏。

在攀登训练过关之后，秦良玉命令官兵利用竹杆制成刺锥、标枪和攀登、刺杀、投掷并用的武器。为便于夜间作战识别和联络，秦良玉命令官兵把自制武器涂以白色。因为用白色竹杆为标志，所以这支队伍被世人称为"白杆兵"。秦良玉还带领队伍进行各项技艺操练和行军、宿营、列阵等项野战训练，使原是一支松散的地方武装，逐步变成一支训练有素的节制之师，所有的官兵都能做到有令则行，有禁则止，指到哪里，就打到哪里。一时间，"白杆兵"闻名全国。《明史·秦良玉传》评价说：秦良玉驭下严峻，"每行军发令，戎伍肃然。所部号曰白杆兵，为远近所惮（畏惧）"。

在秦良玉整训白杆兵期间，我国东北地区的后金军屡与明军交战，明军屡战屡败。当时有传言说："后金军满万不可敌！"秦良玉对此半信半疑。她主动向朝廷请命，派兵去东北参战，试试白杆兵的锋芒。获准之后，秦良玉遣其兄秦邦屏、弟秦邦民带领白杆兵数千去辽东。在辽河大战中，白杆兵血染疆场，带立头功。前线总帅向朝廷报告战况，赞称"白杆兵满万不可敌"。不久，秦良玉又亲率三千白杆兵奔赴东北。朝廷深知白杆兵训练有素，便把镇守山海关的重任交给秦良玉。白杆兵屯驻山海关，真是"一夫当关，万夫莫开"，秦良玉带领白杆兵屯驻山海关后很快就稳定了山海关的局势。朝廷鉴于秦良玉治军有方，战功卓著，正式封授她为"夫人"，命为"总兵官"。由此，秦良玉便成了明朝历史上唯一授衔的女总兵官。明思宗崇祯三年（1630年），后金军进攻北京，秦良玉闻讯，献出自己的家财作为军资，亲率白杆兵驰援京师。后金军退去后，崇祯皇帝亲自召见秦良玉，并赐诗四章，盛赞这位巾帼将领。其中有一章诗曰：学就西川八阵图，鸳鸯袖里握兵符。由来巾帼甘心受，何必将军是丈夫！

明隆武二年（1646年），清军攻占北京，大举南侵，秦良玉已年73岁，毅然接受隆武政权赐封太子太保、忠贞侯封号以及"太子太保总镇关防"官印，继续高举扶明抗清的旗帜，准备前往福建抗清，但是郑芝龙叛变，隆武帝被捉，未能成行。

明永历二年（1648年），在西南的永历皇帝派人加秦良玉为太子太傅，授"四川招讨使"。久卧病床的一代女豪杰，闻之瞿然而起，拜伏受诏，感泣道："老妇人朽骨余生，实先皇帝（崇祯）恩赐，定当负弩前驱，以报皇恩！"使者大喜，即刻回朝复命，不过可惜的是，几日之后，秦良玉就因病重抱恨而终，享年75岁。

袁崇焕

袁崇焕生于1584年，卒于1603年，祖籍广东东莞，自幼勤奋好学，长大后屡次参加科举考试，终于在35岁时考中进士，开始踏上仕途。

一开始，袁崇焕在工部任职，不久后他便被调到福建邵武县做知县，虽然在南方做文官，但他更关心北方的战事，认为自己更胜任武将的工作，希望有朝一日能在战场上杀敌立功。
1602 年，明神宗驾崩，光宗即位一个
月后也离开人世，年幼的熹宗被扶上
皇位，后金趁此时机，接连向明朝发
起进攻，在短时间内攻下了沈阳、辽
阳等地，使明朝关外之地尽失。此时
的袁崇焕，正在京城参加官吏考核。
御史侯恂见他英风伟略，便推荐他为
兵部职方司主事。后来，他又被破格
提升为山东按察司佥事，监军山海，
开始了他的军旅生涯。

兴城袁崇焕雕像

　　后金在攻下关外之地后，并没有
紧追明军，当时关外就只有蒙古驻扎，
因此，明朝众将商议在关外修筑一个
重镇，以守住关门抵抗后金。辽东经
略王在晋认为，应在距离关门只有八
里远的八里铺筑城，很多将领都赞成，
唯有袁崇焕坚决反对，他认为应筑城
宁远，王在晋等不听，袁崇焕便向朝廷提出建城计划。朝廷派大学士孙承宗
实地考察后，认为宁远才是山海天然重关，便驳斥了在八里铺筑城的计划，
听从了袁崇焕的建议。1622 年八月，孙承宗自请代替王在晋出关督师辽东，
他是一位满腹韬略的大将，任职以后，便开始大刀阔斧地整顿关外防务，第
一件事就是对袁崇焕委以重任，使袁崇焕的才能得到充分发挥。事实证明袁
崇焕的确是深谋远虑的，宁远筑成以后，他又建议重建锦州，使明军的边防
再次向前推进二百里，接连收复了很多失地。

　　但是，此时的明朝内部，以魏忠贤为首的阉党分子逐渐掌握了朝中大权，
他们倒行逆施，将正直的东林党官吏打击殆尽。1625 年，孙承宗也被阉党割
去职务降为平民，其职务由阉党分子高弟代替。高弟是一昏庸无能之辈，他
认为关外根本守不住，到职后便不顾袁崇焕的反对，要将关外守兵尽数撤回
关内。袁崇焕深知宁远是后金进入中原的咽喉，誓死要守住宁远，高弟就把
宁远以东的兵民全部撤入了关内，只留下 2 万余人驻守宁远。努尔哈赤见明
朝只留了 2 万孤军留守宁远一座孤城，以为伐明时机已经成熟，便于 1626 年

亲率 13 万大军进攻宁远。

面对几倍于己的敌军，袁崇焕沉着应战。他首先把城外的守军全都撤回宁远，命人悉数烧毁了城外的房屋，运回了城外的屯粮，然后命大将严守城池，亲自作战前动员鼓励士兵，并声明了奖罚政策。另外，他还命人认真检查奸细，不放过任何可疑之人，最后，袁崇焕启用了西洋大炮镇守城头。两军开始交战后，金兵在袁崇焕的尖兵利炮抵抗下损失惨重，不仅两天攻下城池的"豪言壮语"没有实现，就连努尔哈赤也受了伤，只好撤军。宁远之战是努尔哈赤领兵以来吃的第一场败仗，回去后不久他便去世了。

宁远大捷后，高弟被撤职，袁崇焕因功升为辽东巡抚，负责关内外的防务。他认真总结了明朝和后金作战的经验教训，与众将士一起提出了一系列正确的抗金战术，做了很多新的战前准备。首先，袁崇焕陆续重修了山海关、前屯及松山等重要城池，并调了一批大炮入锦州，做好死守关外的准备；其次，他多次派人与蒙古各部联络，并亲自会见蒙古头领，与蒙古建立了同盟关系，共同对抗后金；再次，袁崇焕将内地的兵力调回，招募了很多辽民入伍，在缩减兵员的同时提高了军队的素质和作战能力；最后，他还积极开田屯种，以备军需，做好长期镇守的准备。在明军积极应战的同时，后金的新首领皇太极也厉兵秣马，准备再次出击。

1627 年，皇太极征服了朝鲜，解除了两面作战之忧的同时也巩固了皇帝宝座，便倾举国之力来攻打明朝。五月十一日，后金大军包围锦州，十二日便开始攻城，明军防守严密，又有大炮在手，后金根本无法攻入，只好退兵五里之外，皇太极派人向沈阳调兵援助。此时，明廷见后金兵多将广，唯恐锦州失守，急命袁崇焕调兵援助锦州，而袁崇焕深知宁远就是后金的第二个目标，锦州难攻，敌军必定率军前来攻打宁远，便坐守宁远等待敌军。不出袁崇焕所料，皇太极攻不下锦州便转攻宁远，而此时袁崇焕早已备好大炮，和赶回来的援锦之兵形成掎角之势，任凭后金怎样猛烈攻击，宁远城仍久攻不下。两天后，皇太极又回师锦州，但锦州也是壕深炮猛，后金损失几千人仍没能攻破锦州，加上暑天酷热难耐，后金只好班师回朝。

宁锦之战明军大胜，袁崇焕立下了汗马功劳，但是，他不但没能得到封赏，反而被腐败的朝廷冠以不救锦州的罪名。在这种情况下，袁崇焕只好告病回到了东莞老家。袁崇焕本以为自己就这样告别了战场，不料就在同年，熹宗驾崩，崇祯皇帝朱由检即位，这位机智果断的皇帝不仅清除了阉党流派，还重请东林良臣入朝，袁崇焕也被任命为兵部尚书兼右副都御史，总督蓟、辽、天津等地的军务。1628年，崇祯帝召袁崇焕入朝，嘱咐他早日克敌，解救百姓之苦，袁崇焕深受感动，给崇祯帝许下了一个考虑不周的保证：五年之内，东事可平，全辽可复。崇祯帝听后大喜，袁崇焕提出各项军需，均被获准。

但是，袁崇焕离开辽东一年，形势已经发生了巨变。首先，袁崇焕离职后，军中士气大降，锦州等城不战而降，军队的战斗力也因缺粮断饷越来越低；其次，蒙古方面和明军的联络已经中断，明朝失去了蒙古的庇护，京师北面暴露无余，十分危险；再次，皇太极和明军交战多次失败后，总结了很多经验，不仅提高了八旗军的战斗力，还逐渐缓和了与汉族人之间的矛盾，争取了部分民心。总之，此时的形势已经对明军非常不利了。袁崇焕到任后，加紧了和蒙古各部的联系，甚至将明军自己都缺的粮食拿去接济蒙古喀喇沁部，使他们保证不会背明投金。但是，令袁崇焕没有想到的是，正是这支他在奏章中认同"断不敢诱奴入犯蓟辽"的蒙古部族，日后背叛了自己的诺言，成为后金进攻北京的领路人。另外，袁崇焕对皇太极的实力也估计过低，而这一切都为他日后的失败埋下了诱因。

1629年，皇太极亲率大军伐明，趁袁崇焕在中后所之际攻克了宁远，袁崇焕闻讯后悲痛万分。紧接着，后金由遵化出发向京师进军，袁崇焕顾不得朝廷的命令率领将士直趋京师，先于后金抵达城下，使焦急万分的崇祯帝深感欣慰。后金抵达京师后与明军大战，虽有少数胜绩，仍敌不过袁崇焕大军的顽强抵抗，皇太极连连叹息。攻城不下，皇太极便让部将鲍承先等智取，鲍承先等故意在被俘的明朝太监面前交谈说："今日撤兵是计策，我看皇上（皇太极）与袁经略（袁崇焕）说了好久，此事肯定能成功。"然后故意将太监放走。这个太监回去果然向崇祯皇帝禀报了此事，十二月十一日，袁崇焕被捕入狱。主将入狱，明军战况迅速恶化，崇祯急命袁崇焕修书一封指挥作战，众将士接到书信，全军悲痛不已。

1603年八月十六日，袁崇焕被绑赴刑场，临刑前，他用一首诗表达了无限的感慨："一生事业总成空，半世功名在梦中。死后不愁无勇将，忠魂依旧守辽东。"一代名将就这样含冤枉死。袁崇焕的冤案，直到清代时修撰《明史》，真相才大白于天下，原来他中了皇太极的反间计。袁崇焕的悲剧，是明朝末年的国家悲剧，但他"仗策只因图雪耻，横戈原不为封侯"的爱国精神，将永远激励和教育着我们。

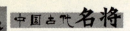
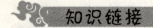

知识链接

明代的战争谶语

　　明代宁王朱宸濠谋反，军队在安庆被打败，战船停在黄石矶，宁王问手下人停船的是什么地方，左右人回答说叫黄石矶。江西人把"黄"念成"王"音，朱宸濠感叹说："我本来应当在这里失去时机啊！"没多久，就被擒了。

　　明成祖的军队到达怀来城时，毁掉了五虎桥才前进。接着到达狼山、土墓，猪窝等地方，他都不在这些地方驻扎，因为这些地名太让人讨厌了。

　　明弘治十八年，昆山顾鼎臣中状元，阁老尹直正免官在家，对人说："这个名字不好。"因为"臣"与"成"音相近，鼎成龙驾，名字是犯忌讳的。到了五月，果然得到验证。人们认为尹直说的话也是有根据的。

　　明代景泰二年中状元的叫柯潜。当时的人说："'柯'与'哥'同音。"没过多久，被掠走的明英宗朱祁镇从北方鞑靼人那里被放回来，居住在皇城南宫，称太上皇，他的弟弟朱祁钰当皇帝，正是应验于"哥潜"的谶语。

第二节
清代的名将

多尔衮

　　清初顺治朝一度当过摄政王的多尔衮，足智多勇，战功显赫，是一位有名的军事统帅。

多尔衮（1612—1650 年），清太祖努尔哈赤第 14 子。他和爱新觉罗家族的许多子孙一样，擅长骑射，驰骋疆场，并用他过人的智慧，率师入主中原，辅助年幼的顺治皇帝建立起清王朝对全国的统治，从而完成了努尔哈赤、皇太极的未竟之业。

　　多尔衮的军事业绩，大致体现在以下三个阶段：第一阶段是努尔哈赤、皇太极在世时，他先被封为旗主贝勒、固山贝勒，他按年龄序列排行第九，故又称九贝勒或九王，后被授予"奉命大将军"称号，跟随皇太极征战。

　　1628 年，17 岁的多尔衮随皇太极征察哈尔多罗特部，取得傲穆大捷。因作战有功，荣获"墨尔根戴青"的美称，即聪明的统帅之意。次年开始，他多次从皇太极伐明。大凌河之战后，他和阿巴泰跟着降而复叛的祖大寿，扮为溃逃的明军，诱使守锦州的明军出援，然后将其击败。

　　1633 年，皇太极与诸贝勒、大臣探讨征明与征察哈尔、朝鲜何者为先的问题。22 岁的多尔衮从夺取全中国的目标出发，力主以征明为先，后伐察哈尔，毁其屯堡，立足久驻，以待其敝。这种深入关内，消耗明朝国力，然后再与之决战的战略，深得皇太极的赞同。后来清军几次入边，追袭察哈尔部林丹汗、征朝鲜，特别是松锦决战等军事行动，基本上都是按照多尔衮的设想行事，并取得了成功。

　　多尔衮的聪明睿智和高瞻远瞩的战略眼光，主要表现在两方面：一是皇位继承问题，一是入关战役的指挥。当时因皇位继承人问题，在满洲贵族上层内发生了尖锐矛盾和斗争，清政府处于极为混乱的状态。多尔衮作为一派的首脑，首先自己主动放弃对皇权的争夺，并从全局考虑，提出立皇太极 6 岁的九子福临为帝，并由他和济尔哈朗辅政的方案，从而避免了一次内战。这充分表现了多尔衮为了满洲贵族的长远利益，能以大局为重的谋略才能。

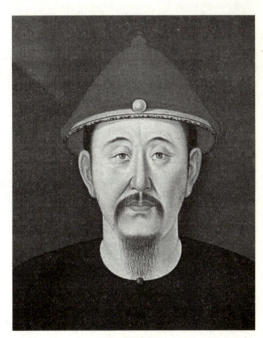

多尔衮画像

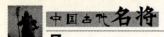

1644 年初，国内几支互相敌对的势力并存，形势错综复杂，瞬息万变，6 岁的顺治帝是不可能驾驭这种形势的。摄政王多尔衮先以明军为主要敌人，曾派人去联络农民军。后来由于形势急剧变化，他又立即采取谋士范文程的建议，把主要矛头指向李自成的大顺军。当听到农民军攻克北京，吴三桂徘徊不定的消息后，他又放慢步伐，采取游移观望态度。当吴三桂献山海关投降，他见机而行，毫不迟疑地与吴三桂结盟，挥师入关，进占京师，建立起清朝对全国的统治。

多尔衮如此审时度势，相机而动，体现了统帅的优良素质。

清王朝定鼎北京之后，形势更加复杂，于是开始了多尔衮军事业绩的第三阶段。在此以后的 7 年时间内，他对李自成的大顺军、张献忠的大西军和全国各族人民的抗清斗争进行了血腥镇压，消灭了弘光、隆武等南明政权，对中国的统一、对社会和历史的发展是有积极意义的。但是，他所推行的民族征服和屠杀政策，也给汉族和其他各族人民带来了极大灾难。1651 年，多尔衮出边狩猎，病死于喀喇城。

多尔衮虽然只活了 39 岁，但他对清王朝的建立和中国的统一作出了很大贡献，堪称智勇双全的军事统帅。

郑成功

郑成功，原名叫郑森，出生于 1624 年，祖籍福建南安（今福建南安东北）。他的父亲郑芝龙是明朝的福建总兵，母亲田川氏是日本人。

少年时代的郑成功，聪慧过人，11 岁时写的诗文就使师长们大为赞赏。15 岁时，郑成功中监生，后来入南京国子监，成为太学生。

清军入关后，1645 年，郑芝龙在福建拥立唐王朱聿键为帝（隆武）。郑成功因此受到特别的恩遇，被封为忠孝伯，赐皇姓"朱"。随后，百姓就叫他"国姓爷"。

郑成功的军事生涯是从反清开始的。1646 年，清军大举进攻福建，郑成功的父亲降清，郑成功的母亲被辱自杀。他悲愤交集，来到南安孔庙，在大殿脱下身上的儒衣将它烧掉，然后向孔子像拜了几拜，表示今后要弃文从武，起兵抗清。随后，他招兵买马，以金门、厦门为基地，开始了反清复明的军事生涯；1648 年，他在福建同安、泉州等地连败清军，队伍不断扩大；1649 年，他同在西南称帝抗清的永历帝取得联系，被封为威远侯、延平公；1653

年，他在福建沿海多次与清军作战，相继取得小盈岭、海澄（今福建龙海）、江东桥等地的胜利，威震闽南；1658—1659 年，他率兵 10 多万、战船 300 余艘开始北伐，连克瓜州（今属江苏扬州）、镇江，进逼南京，后因麻痹轻敌遭到清军突然反击，败退厦门；1660 年，他在福建海门港（今龙海东）歼灭清将达素率领的水师 4 万多人，军威复振。

1661 年，郑成功在厦门召开军事会议，决定收复台湾作为抗清复明的根据地，揭开了他军事生涯中最辉煌的一页。

台湾，自古以来就是中国领土不可分割的一部分。早在春秋战国时期，大陆人民就知道了这一岛屿。东汉三国时期，大陆流民大批到了台湾，最早开发并建设了台湾。东吴大将卫温、诸葛直也率船队到过台湾，当时，台湾被称为夷州。隋、唐时，更有许多大陆人来到台湾，朝廷也派官员多次巡视台湾，当时台湾又被称为流球。南宋年间，中国政府开始在澎湖一带派兵屯戍。元朝时期，中国政府正式设置澎湖巡检司，管理澎湖和台湾事务。到了

鼓浪屿皓月园郑成功石雕像

明代，中国政府正式改称台湾，并在台湾设立巡检司，同时派兵驻防澎湖。

自明代起，外国侵略者开始入侵中国。荷兰殖民主义者乘明朝政治腐败、海防松弛之机，出兵强占了台湾岛。荷兰人在台湾实行军事镇压、政治分治、经济掠夺，并以台湾为基地在沿海劫商掠货，俘获华人为奴，激起了台湾人民的强烈愤慨和反抗。

郑成功收复中国领土台湾，是中华民族反抗侵略、维护国家领土完整和主权的光辉壮举，得到了台湾同胞的积极响应和全力支持。

出兵之前，一位名叫何廷斌（又名何斌）的人从台湾来到厦门，要求觐见郑成功。何廷斌在台湾多年，曾被迫给荷兰人当翻译。他久闻郑成功忠贞为国，胸怀大志，十分钦佩，于是向郑成功献计说：台湾沃野数千里，实王霸之区。若得此地"国可富"，"兵可强"，"民足食"。接着，他又向郑成功献出了台湾地图，并详细介绍了台湾的地理特征和台湾人民所遭受的压迫和苦难，表示愿做大军收复台湾的向导。听罢何廷斌的一番话，郑成功备受鼓舞，更加坚定了收复台湾的决心。

为确保收复台湾一举成功，郑成功命令将士们抓紧检修战船，筹措军火军粮，并派人前导引港，探测航道，侦察敌情。经过精心筹划，郑成功还制

鼓浪屿皓月园石碑

定了先取澎湖，然后通过鹿耳门港（今台南市安平港北），在台南抢滩登陆，突袭赤嵌城（今台南市）的作战方案。

1661 年三月二十三日，郑成功乘侵台荷军兵力薄弱（当时只有千余人），援军受季风影响难以赴台之机，率领将士 25000 余人、战船数百艘作为第一梯队，在何廷斌和熟悉航路的渔民的引导下，由金门料罗湾出发，向澎湖开进。经过一昼夜航行，顺利渡过台湾海峡，到达澎湖。不料，此时连天狂风大作，航行受阻。为了抓住战机，三十日，郑成功决定乘风破浪，继续前进。四月二日拂晓，船队到达荷疏于防守的鹿耳门港外。乘中午满潮之机，郑成功率领船队，在何廷斌的引导下，绕过敌炮台，迅速进入鹿耳门内海。在岛上数千同胞的接应下，船队兵分两路，顺利抢滩登陆。中国军队出现之突然，进展之神速，使荷兰守军措手不及。当时荷军守将描难实叮惊呼道："中国兵太可怕了，他们都是些神兵，是从天上掉下来的。"

但是，荷兰侵略者并未就此罢休，荷兰殖民总督揆一多次组织反扑。在海上，荷兰海军出动 4 艘战舰向鹿耳门港湾北线的郑军发起猛攻。在陆上，揆一派出乌铳兵向登上北线尾岛的郑军进行袭击。郑成功立即督军还击：在海战中，击沉、烧毁、重创荷兰战舰 3 艘，仅有 1 艘逃脱；在陆战中，郑成功采取主力正面还击、另出奇兵迂回敌兵夹击的战法，全歼进攻之敌。

四月三日，郑成功乘胜扩大战果，集中 12000 人的兵力包围了赤嵌城。他命令众将士切断城内水源，在城周围布设大量火器，对荷军形成军事威慑。同时，他还遣送俘获的赤嵌守军头目描难实叮之弟夫妇回城劝降，实施心理攻势。迫于各种"压力"，描难实叮很快便率众出城。郑成功对他予以厚待，又派他去荷兰总督及评议会所在地台湾城（今台南市西安平镇）劝降揆一。揆一提出，每年送郑成功万两税银，后又答应送劳师银 10 万两，要求郑成功退出台湾，被郑成功严词拒绝。

不久，郑成功率领大军攻到台湾城下。揆一凭借坚城利炮和守兵千人，负隅顽抗。在此之前，郑成功听说台湾城是用糖调灰垒砖筑成，厚处达 6 英尺，易守难攻。于是，郑成功便改变策略：一方面，对台湾城采取"长期围困、切断联系、迫其自降"的战法；另一方面，分兵收复岛上其他失地，着手台湾的整顿、恢复和建设。根据这一策略，郑成功在围困封锁台湾城的同时，很快收复了鸡笼（今基隆）、淡水等地，并下令屯垦令解决军需，还到高山族同胞居住区察访、慰问。

荷兰东印度公司为挽回败局，派 12 艘舰船和 700 余名官兵于七月增援台湾，和揆一合兵进行反攻，很快被郑军击退，并毁、伤敌舰 7 艘。十月，揆一再次向巴达维亚求援。荷兰殖民政府又派兵前来救援，再次被郑军击退。

台湾城被围困 8 个月后，第二批郑军登陆。1662 年一月，郑成功见时机已到，下令发起总攻。二月一日，荷兰侵略者在孤立无援、兵疲粮绝的情况下，灰溜溜地出城在投降书上签字。被殖民者侵占达 38 年之久的台湾，终于回到了祖国的怀抱。

🖌 施琅

郑成功死后，台湾由其子郑经继续统治。当时，"三藩之乱"已经平定，以农民军为主力的各地抗清斗争已先后失败，清朝廷统一全国已成定局，国内的民族矛盾已相对缓和下来。在这种新形势下，郑经集团仍以南明王朝为正统，割据台湾，已失去原来抗清斗争的意义和作用，成为国家走向统一的障碍。后来，康熙统一台湾，对维护国家统一和防止外国侵略具有重大意义，深得人心。在康熙统一台湾的过程中，施琅立有不可磨灭的历史功勋，成为我国历史上杰出的爱国名将。

施琅，字尊侯，号琢公，福建晋江龙湖衙口人。他从小跟随其父航海经商，对台湾海峡水路十分熟悉，尤识海中风候。同时他对兵法很有研究，治军严整，通阵法，尤善水战。曾任同安副将、总兵，后升为福建水师提督，负责筹划和督军统一台湾，著有《靖海纪事》。施琅初为明朝总兵郑芝龙的部将，顺治三年（1646 年）随郑芝龙降清。郑成功对此极为不满，次年招施琅抗清，施琅不肯，乃执施琅及其家属。施琅以计得脱，而其父大宣、弟施显及子侄皆被郑成功所杀。

康熙元年（1662 年），郑成功病死，其子郑经继位后率众欲犯海澄，被施琅战败，斩其将林维，缴获大批战船、军械。不久，三藩头目之一的耿继茂进攻厦门，又被施琅战败，斩级千余，乘胜攻取浯屿、金门二岛。由于施琅立有战功，康熙三年（1664 年）被清朝廷封为靖海将军，负责筹划向台湾进兵。

施琅遵照康熙的旨意，为统一台湾进行各种准备：加紧练兵造船，排选熟悉水性的官兵上万，训练水战技术，加强军队纪律。造水艍船十余只、渡马船二十余只，还造大量小船，以载官兵。同时又研究和制定统一台湾的战略战术。康熙七年（1668 年），施琅上疏指出"郑经腐败无能，其兵不满数万，战船不过数百。应先攻取澎湖，以扼其吭，然后以重师进兵台湾，计日可平"。他还说："澎湖不破，台湾无取理；澎湖失，则台湾不攻自溃。"康熙对这种战略战术，十分赞赏。

康熙二十年（1681年），郑经病死，其子郑克塽继位。当时，克塽年幼无知，大权落在将军刘国轩、冯锡范等人手里，郑氏内部争权夺位十分激烈。鉴于这种情况，康熙认为统一台湾的时机已经成熟，于是授施琅为福建水师提督，要他相机进兵台湾。并命福建总督姚启圣统辖福建全省兵马，同提督施琅配合作战。

康熙二十二年（1683年）六月，台湾海峡风平浪静，康熙下令施琅攻打澎湖。六月十四日，施琅率领战船三百、水兵二万，由铜山岛扬帆出发，进攻台湾的要塞澎湖。当时，郑氏主将刘国轩早已率领台湾主力军驻守澎湖，沿岸筑短墙，置腰铳，周环二十余里，壁垒森严。为了攻取澎湖，施琅首先派遣游击蓝理以鸟船进攻，不幸被敌人重重包围，施琅立即乘楼船突入敌阵，被流矢射中眼睛，血流不止，但他仍督战不退却。清总兵吴英继续冲入敌阵，将士奋勇冲击，斩敌三千，攻克虎井、桶盘二屿。旋以百船分列东西，遣总兵陈蟒、魏明、董义、康玉率兵东指鸡笼峪、四角山，西指牛心湾，以分散敌人兵力。施琅自督五十六船分八队，以八十船继后，扬帆直进。敌悉众拒战，总兵林贤、朱天贵先入阵，天贵战死。施琅督军猛冲猛打，焚敌舰百余，杀死无数敌兵，溺死者无算。双方激战十多小时，消灭敌将四百余名，水兵一万二千余人，缴获楼橹甲杖器械不计其数，敌人守将刘国轩败退台湾，施琅占领了澎湖。

施琅是一位智勇双全的名将。他攻占澎湖后，立即向郑氏政权发起强大的政治攻势，敦促郑氏投降。当时，刘国轩回到台湾后，郑氏大为震惊，内部矛盾重重，台湾岌岌可危。鉴于这种情势，施琅立即上奏建议康熙下招抚令。康熙采纳其建议，向台湾的郑氏集团发了一道招抚谕旨。谕旨指出：郑氏控制台湾，使双方处于对峙状态，沿海地方不宁，"时遭兵燹之厄"，现在清军进攻台湾，就是为了维护国家的统一，希望郑氏认清形势，"审图顺逆，善计保全"。只要郑氏真心回归，则既往不咎，"从优叙录，加恩安插，务令得所"。这道谕旨下达前后，在朝廷内有人议论，说施琅与郑氏有杀父之仇灭兄之恨，并断定他必乘机报私仇，不可能实行招抚政策。但是，出人们意料之外，施琅却能深明大义，"以国事为重，不计私仇"，坚决贯彻康熙的招抚谕旨。施琅说："绝岛新附，一有诛戮，恐人情反侧。吾所以衔恤茹痛者，为国事重，不敢顾私也。"这样就解除了郑克塽等人的疑虑，促使他们归顺投诚。郑氏先后两次派遣差官到澎湖施琅军前求抚，施琅和姚启圣都能以礼相待，并多次颁布晓谕台湾官民的安民告示，宣传康熙的招抚政策，劝谕台湾地方官兵，百姓、土番人等："各宜乐业，无事惊心。收成在迩，农务毋荒。贸易如常，垄登有禁。官兵违犯，法在必行。人民安生，事勿自缓。"当年十月三日，施琅率师抵达台湾，得到台湾人民的支持和拥护，"百姓壶浆相继于路，海兵皆预制清朝旗号以迎王师"。郑克塽等人也出来迎见，施琅与郑克塽等人在天妃宫相见时，双方握手开诚，礼待优厚。当施琅向郑氏集团宣读赦诏后，郑克塽等"欢呼踊跃，望阙叩头谢恩。"就这样，在和平的气氛中实现了统一台湾的大业。

统一台湾之后，清朝廷派遣侍郎苏拜到福建，与福建督抚姚启圣及施琅共同商讨对台湾的善后处理问题。当时朝廷内一些昏愚的大臣认为台湾是一个荒岛、无用之地，主张弃其地而不守。施琅严厉驳斥这种谬论，极力主张坚守台湾。他指出台湾是我国领土不可分割的一部分，"中国之民潜往生聚，已不下万人"。经过我国人民的长期开发，台湾不仅已成为"沃野土腴，物产利溥"的富庶之地，而且已成为我国"东南数省之屏蔽"，在国防上极为重要，如果弃而不守，西方殖民者"乘隙复踞，必窃窥内地，蛊惑人心"，到那时候，我国沿海诸省，"断难安然无虞"。康熙采纳了施琅等人的意见，于1684年在台湾设一府三县，即台湾府和台湾、凤山、诸罗三县，隶福建省管辖，并在台湾设总兵一员、副将二员，驻兵八千，分为水陆八营；又在澎湖设副将一员，驻兵二千，分为二营。同时对台湾郑氏人员实行既往不咎，从优录用的宽大政策，授郑克塽公衔，刘国轩、冯锡范伯衔，俱隶上三旗。又因刘国轩劝降有功，还授予直隶天津总兵官职。其他归诚官兵，也都加以妥善安置。

台湾统一之后，清政府不仅加强了台湾的设防，而且密切了台湾和祖国大陆的联系。大陆上的汉人不断迁入台湾，据统计，郑氏经营台湾时，居台湾的汉人为十万，到嘉庆年间增至二三百万。大陆的人民把生产工具、技术和经验带到高山族地区，共同开发台湾，促进了台湾高山族社会经济的发展。

历史事实证明：施琅坚决主张在台湾设防留守，不仅有利于祖国的统一和安全，而且也有利于大陆与台湾人民的经济文化交流，有利于台湾高山族社会经济的发展。由于施琅对统一台湾作出了重大贡献，康熙对他愈来愈信任，封他为靖海侯。康熙二十七年（1688年）施琅入觐，得到康熙的"温旨慰劳，赏赍优渥"，并鼓励他"益加敬慎，以保功名"。康熙三十五年（1696

年），施琅卒于官，终年76岁。康熙赠以太子少傅，赐祭葬，谥襄壮。

施琅为了实现统一台湾立下了不可磨灭的功绩，从维护祖国的独立和统一来看，他和郑成功一样，都是有杰出贡献的人物。他们的爱国精神，永远值得中国人民的尊敬和纪念。

关天培

关天培为清末名将，字仲因，号滋圃，江苏山阳（今淮安）人。他在任广东水师提督时，坚决支持林则徐的禁烟政策，训练水师，修筑炮台，曾多次击退英国侵略军的进攻。1841年二月英军进攻虎门时，他孤军奋战，英勇战死。关天培著有《筹海初集》。

关天培在鸦片战争中，协助林则徐奋勇抗击英国侵略军，给殖民主义强盗以狠狠的打击，成为中国历史上著名的爱国将领。

1834年，英国的鸦片走私贸易越来越猖獗，威胁着我国东南沿海地区的安全。为了防备英国海盗的武装骚扰，关天培由江南提督调任广东水师提督，担负起广东沿海的防御重任。

他一上任，就不辞辛苦地沿海岸巡视了一遍，检查了每一个军事要塞，并增修了以虎门炮台为主体的十几座炮台，添铸了四门6000斤以上的大炮，以便有一天敌人来犯时，用重炮教训教训那些狗胆包天的入侵者。与此同时，他还在浅海放置粗大的铁链，防止洋鬼子闯进来。

1839年，英国商船"萨克逊"号船长当朗同林则徐进行了正式谈判，表示愿意签订协约，进行合法的买卖。林则徐立即批准了当朗的要求，允许他到广州做生意。这一正当行动，使英国侵略者的头子义律又气又急。十一月二日，义律命令英舰"窝拉夷"号和"海拉新"号驶进我国南海的穿鼻洋面。第二天一早，"萨克逊"号在中国水师保护下，正向中国内河驶去，那两艘

爱国名将关天培

英国军舰竟蛮不讲理地加以阻拦，并且把大炮对准了中国军舰。

率领中国水师的关天培感到来者不善，正要调查和追问时，"窝拉夷"号突然向中国军舰连连开炮，又一次明目张胆地进行武装挑衅。关天培见敌人这样的卑鄙无耻，气得白须抖动，"唰"地抽出指挥刀，下令中国军舰开炮，并指挥广大士兵向敌人射击。老将军手挥大刀，威风凛凛，一步跨到桅杆前，向将士们高呼："报国的时候到了，敢后退者立斩！"士兵们在老将军的爱国豪情激励下，团结一致，勇猛杀敌。

忽然，敌人的一颗炮弹击中桅杆，桅杆"哗啦"一声倒了下来，擦伤了老将军的手，鲜血直流。但老将军仿佛没事一样，仍巍然屹立在甲板上，英姿勃勃地指挥作战。

我国官兵越战越勇，打得敌人狼狈不堪。关天培兴奋极了，他取出几个银锭放在桌案上，高声呼道："有击中敌舰一炮者，立刻赏银两锭，今天就让洋鬼子有来无回！"说罢，老将军亲自开炮轰击敌人。官兵们也争先恐后地拼命杀敌。我国军舰上威力最大的一门3000斤铜炮"轰"的一声，不偏不倚，准确击中"窝拉夷"号舰头。老将军连声叫"好"，督令水师继续向这艘敌舰的要害部位连轰数炮，炸得"窝拉夷"号的侵略军鬼哭狼嚎，纷纷落水，一顶顶军帽在海面漂流。接着"窝拉夷"号的后楼和左右舱等处也被击中，船帆歪了，旗子也掉下来，"窝拉夷"号见势不妙，冒着浓烟逃走了。另一艘敌舰"海拉新"号一看大事不好，也急忙尾随"窝拉夷"号匆匆逃跑。

1841年二月二十六日，不甘心失败的英国殖民主义强盗又来窜犯虎门要塞。关天培亲临虎门炮台指挥反击，给穷凶极恶的侵略军以迎头痛击。战斗爆发前夕，关天培把一只密封的木匣和一封信寄给远在江苏的九旬老母，木匣里放着几件旧衣服和几颗掉落的牙齿，作为老将军以身报国，与家人永别的纪念。

当时敌众我寡，卖国贼琦善又拒绝派兵增援，虎门炮台危在旦夕。关天培镇定自若，布置士兵将15门大炮排列在要塞前，准备与敌人决一死战。

"轰！轰！……"敌炮像飞蝗一般飞来，我军将士一个一个倒下了。关天培这时已身负重伤，浑身血流不止。他的双眼冒出了火光，不断地像狮子一般大吼着，指挥战士们还击敌人。炮手牺牲后，他跳下城垛，亲自燃放火炮轰击敌人。一发发仇恨的炮弹呼啸着飞向敌军阵地，炸得敌人鬼哭狼嚎。

这时，要塞被敌炮炸开了一个大豁口，敌兵蜂拥而上，想抢夺炮台。关天培一看形势危急，大吼一声跳上炮台前沿，挥"鬼头刀"向敌军砍去。战士们受到了老将军的感染，齐声喊："杀！"奋不顾身的挥刀冲向敌群，与老将军并肩作战，可是就在这时，一发敌炮在老将军的身后炸开了，弹片穿透了他的胸膛。他的身子震了一下，向前走了几步，便像一棵大树一样倒下去了……

就这样，关天培和他的 400 多位官兵全部壮烈殉国，虎门炮台也落入敌手，已被罢了官的林则徐听到这一噩耗，悲痛万分，当即书写了一幅挽联悼念这位爱国老将。关天培是一个富有作战经验的老将，他立志"以死报国"，表现了一个中国军人保家卫国的决心和崇高心愿。在战斗中，他总是身先士卒，巍然屹立在战场前沿，指挥战士痛杀敌人，多么威武不屈！多么慷慨悲壮！这就是民族之魂，民族的脊梁！

冯子材

中法战争中最有名的战斗是镇南关大捷。清军赢得这次大捷的指挥官，就是著名爱国将领冯子材。

冯子材（1818—1903 年），字南干，号萃亭，广东钦州（今属广西）人。他从小做过木匠，送过牛帮，备受欺凌，因而养成了嫉恶如仇的性格，并练就一身好武艺。他早年参加过天地会起义，后归顺清朝，帮助镇压过农民起义。他还 3 次被邀出关援越；因此对边境地区和越南情况非常熟悉。冯子材性格耿直，在官场中常常受到排挤打击，后在担任广西提督时被解甲归田。

他的老家离越南很近，法军侵略步步向中国逼近，具有强烈爱国心的冯子材坐不住了，曾多次派人深入越境打探虚实。中法战争开始，由于北宁失守，广西提督畏罪自杀，清廷慌了手脚，这时才想起熟悉边情的老将冯子材，又请他出山抗法。开始李鸿章认为他老了，不是法军对手，只给他一个没有实权的督办团练的差事。后来张之洞任两广总督的时候，年近 70 的冯子材主动上书，要求带军入越开辟第三战场。张之洞很欣赏他的建议，就同意了他的要求。

行前，冯子材祭别祖先，送家眷回江南祖籍，并嘱咐他们要永为中国国民。他身边带了两个儿子，准备自己战死后好料理后事。正在冯子材整装待发的时候，战场形势突变，法军占领了我国镇南关，清军望风而逃。法军因兵力不足，在炸毁镇南关工事后，退回了义渊（今越南同登）。冯子材率军赶到前线，立即召开会议，劝说大家要消除派系成见，以国事为重，同心协力保卫国家，会上被大家推为前敌主帅。

冯子材分析了敌我形势，他认为，敌能战之兵只有四五千人，又远离后方，补给困难，没有军舰火力支援。而我军已集中生力军 2 万余人，紧靠补给基地，不难取胜。他亲到现场勘察，选定镇南关内 8 里的关前隘做预设战场，决心在这里给法军构筑一个坟墓。

关前隘是一个谷墙，两侧都是高山。冯子材在谷地修造了一条 3 里多的长墙，外挖深沟，两侧高山各修多座堡垒，以控制制高点，并在两翼部署了兵力，防敌迂回，在阵后屯置了强大预备队，随时准备投入反攻，这就使镇南关形成了布袋式的山地防御体系。

冯子材在部署好防御后，为了诱敌入瓮，派人夜袭法军前哨阵地文渊，击毁敌人两座炮台，打死了不少敌人。法军头目感到丢了面子，不待援军到齐，就仓促发起进攻。这天，大雾弥漫，法军 1000 多人偷偷进入镇南关，一路顺关前险隘谷地前进，主力沿东岭前进，企图先占顶峰，再夹击清军阵地。冯子材率部在长墙顽强阻击，顶住敌人的进攻。这时敌人在炮火掩护下夺占了小青山 3 座堡垒，威胁清军正面阵地和翼侧的安全。冯子材亲自鼓舞士气，坚守不退，后援军到达才稳住了阵脚。入夜，法军停止进攻。冯子材乘隙调整部署，充实一线兵力，同时派兵抄敌侧后。次日晨，法军按计划再次发起进攻，不想进攻大青山顶峰的法军因道路难行退了回去。法军指挥官见顶峰没有动静，以为偷袭成功，就指挥大军顺谷地猛攻。冯子材待敌人攻到长墙前，他手持长矛大吼一声，带领两个儿子冲出长墙，与敌展开肉搏，全军也打开栅门冲入敌阵。与此同时，清军在法军后路也发起了进攻。法军遭到前后夹击，伤亡惨重，全线溃退。冯子材不给敌人喘息之机，立即率队追击，连克文渊、谅山。这场战役就是历史上有名的镇南关——谅山大捷。镇南关大捷之后，中法签订了"停战协定"，这是中国近代史上第一个既不割地又不赔款的协定。

知识链接

绿营兵的堕落

清朝所实行的低水平粮饷政策，也给绿营的训练带来了恶劣的影响。按照清朝的军制，绿营平时每兵每月除可领饷米 3 斗外，一名马兵仅得饷银2两，步兵1两5钱，守兵1两。这点粮饷，在清初物价平贱时，还能勉强维持其家庭生活。

在清朝中叶后，物价渐贵，士兵的家庭负担渐重，军官对士兵的粮饷克扣日渐厉害，而士兵的粮饷却长期不变，士兵的实际收入越来越低，乃至于还不如当时东南沿海一带自耕农的收入水平。鸦片战争前，不少士兵的衣食都已成了大问题。不仅如此，当时士兵比之社会其他行业成员的相对收入的偏低，也引起了士兵阶层心理的严重不平衡。他们由于生计牵扯精力和受不平衡心理的驱使，必然将训练抛置脑后。

林则徐1838年任湖广总督时曾发现过这样一件事：驻在长沙的许多绿营士兵常年在外做生意赚钱，军营中不见他们的人影。他们的训练和当差任务常常由他人顶替，转付一定报酬。士兵做生意五花八门，有开茶店的，有开杂货铺的，有贩鱼肉的，如此等等。

图片授权

全景网

壹图网

中华图片库

林静文化摄影部

敬　启

本书图片的编选，参阅了一些网站和公共图库。由于联系上的困难，我们与部分入选图片的作者未能取得联系，谨致深深的歉意。敬请图片原作者见到本书后，及时与我们联系，以便我们按国家有关规定支付稿酬并赠送样书。

联系邮箱：932389463@qq.com

参考书目

1. 刘占武．中国名将正传．西安：三秦出版社．2012

2. 李天白．江西古代名将谱．南昌：江西教育出版社．2012

3. 宋晓军．中外军事名将．北京：星球地图出版社．2012

4. 将典丛书编写组．中国名将：第贰卷——王朝战神．哈尔滨：哈尔滨出版
社．2012

5. 将典丛书编写组．中国名将：第叁卷——乱世豪杰．哈尔滨：哈尔滨出版
社．2012

6. 沈沈．那时英雄：正说三国名将．北京：中国财富出版社．2012

7. 赵镇琬．中国名将故事．北京：新世界出版社．2011

8.《菁菁校园精品读物丛书》编委会．中国历史名将大观．北京：世界图书
出版公司．2009

9. 何雷．名将与名战（中国篇）．北京：京华出版社．2008

10. 张一文，王显臣．中华名将．北京：军事科学出版社．2007

11. 姜国柱，李明亮．清朝顶级名将．石家庄：花山文艺出版社．2007

12. 墨人主．中国历代名臣名将之谜．北京：中国戏剧出版社．2006

13. 何东仁．中国名将传奇．成都：四川文艺出版社．2000

14. 中华书局．古代名将传．北京：中华书局．1997

中国传统风俗文化丛书

一、古代人物系列（9 本）
1. 中国古代乞丐
2. 中国古代道士
3. 中国古代名帝
4. 中国古代名将
5. 中国古代名相
6. 中国古代文人
7. 中国古代高僧
8. 中国古代太监
9. 中国古代侠士

二、古代民俗系列（8 本）
1. 中国古代民俗
2. 中国古代玩具
3. 中国古代服饰
4. 中国古代丧葬
5. 中国古代节日
6. 中国古代面具
7. 中国古代祭祀
8. 中国古代剪纸

三、古代收藏系列（16 本）
1. 中国古代金银器
2. 中国古代漆器
3. 中国古代藏书
4. 中国古代石雕
5. 中国古代雕刻
6. 中国古代书法
7. 中国古代木雕
8. 中国古代玉器
9. 中国古代青铜器
10. 中国古代瓷器
11. 中国古代钱币
12. 中国古代酒具
13. 中国古代家具
14. 中国古代陶器
15. 中国古代年画
16. 中国古代砖雕

四、古代建筑系列（12 本）
1. 中国古代建筑
2. 中国古代城墙
3. 中国古代陵墓
4. 中国古代砖瓦
5. 中国古代桥梁
6. 中国古塔
7. 中国古镇
8. 中国古代楼阁
9. 中国古都
10. 中国古代长城
11. 中国古代宫殿
12. 中国古代寺庙

五、古代科学技术系列（14 本）
　　1. 中国古代科技
　　2. 中国古代农业
　　3. 中国古代水利
　　4. 中国古代医学
　　5. 中国古代版画
　　6. 中国古代养殖
　　7. 中国古代船舶
　　8. 中国古代兵器
　　9. 中国古代纺织与印染
　　10. 中国古代农具
　　11. 中国古代园艺
　　12. 中国古代天文历法
　　13. 中国古代印刷
　　14. 中国古代地理

六、古代政治经济制度系列（13 本）
　　1. 中国古代经济
　　2. 中国古代科举
　　3. 中国古代邮驿
　　4. 中国古代赋税
　　5. 中国古代关隘
　　6. 中国古代交通
　　7. 中国古代商号
　　8. 中国古代官制
　　9. 中国古代航海
　　10. 中国古代贸易
　　11. 中国古代军队
　　12. 中国古代法律
　　13. 中国古代战争

七、古代文化系列（17 本）
　　1. 中国古代婚姻
　　2. 中国古代武术
　　3. 中国古代城市
　　4. 中国古代教育
　　5. 中国古代家训
　　6. 中国古代书院
　　7. 中国古代典籍
　　8. 中国古代石窟
　　9. 中国古代战场
　　10. 中国古代礼仪
　　11. 中国古村落
　　12. 中国古代体育
　　13. 中国古代姓氏
　　14. 中国古代文房四宝
　　15. 中国古代饮食
　　16. 中国古代娱乐
　　17. 中国古代兵书

八、古代艺术系列（11 本）
　　1. 中国古代艺术
　　2. 中国古代戏曲
　　3. 中国古代绘画
　　4. 中国古代音乐
　　5. 中国古代文学
　　6. 中国古代乐器
　　7. 中国古代刺绣
　　8. 中国古代碑刻
　　9. 中国古代舞蹈
　　10. 中国古代篆刻
　　11. 中国古代杂技